Der Rechtsstreit um Wohnung und Hausrat

in der gerichtlichen, anwaltlichen und notariellen Praxis

von

Dr. Rainer Kemper

Lehrbeauftragter an der Westfälischen Wilhelms-Universität, Münster
und der Universität Paris X

ERICH SCHMIDT VERLAG

Bibliografische Information der Deutschen Bibliothek

Die Deutsche Bibliothek verzeichnet diese Publikation in der Deutschen
Nationalbibliografie; detaillierte bibliografische Daten sind im Internet
über http://dnb.ddb.de abrufbar.

ISBN 3 503 06367 6

Dieses Papier erfüllt die Frankfurter Forderungen
der Deutschen Bibliothek und der Gesellschaft für das Buch
bezüglich der Alterungsbeständigkeit und entspricht sowohl den
strengen Bestimmungen der US Norm Ansi/Niso Z 39.48-1992
als auch der ISO Norm 9706.

Satz: multitext, Berlin
Druck: Danuvia Druckhaus, Neuburg

Vorwort

Die Zahl der Scheidungen nimmt unaufhörlich zu; in den letzten zehn Jahren ist sie um ein Viertel gestiegen. Auch Lebensgemeinschaften werden immer instabiler – der Trend zu Beziehungen auf Zeit steigt weiter. In allen Trennungsfällen tauchen Rechtsfragen darum auf, wie die Lebensgemeinschaft wieder auseinanderzusetzen ist. Oft werden die bisherigen Partner einverständlich zu Lösungen gelangen. In vielen Fällen kommt es aber zu erbittertem Streit um den lieb gewonnen Hausrat und die Wohnung, die beiden Partnern ans Herz gewachsen ist. Die Lösung der dann aufgeworfenen Rechtsfragen ist nicht einfach: Zum einen ist die Rechtslage abhängig davon, in was für einer Partnerschaft die Parteien gelebt haben: Für Eheleute gelten andere Regeln als für Lebenspartner, und wieder andere für die Partner einer eheähnlichen oder lebenspartnerschaftsähnlichen Lebensgemeinschaft. Durch das Inkrafttreten des Gewaltschutzgesetzes hat sich die Rechtslage weiter verkompliziert, da jetzt auch unter Eheleuten und Lebenspartnern vorläufige Regelungen in bezug auf die gemeinsame Wohnung in Betracht kommen, wenn noch kein Wille zur Trennung gegeben ist.

Dieses Werk stellt für jede Streitsituation gesondert die jeweils relevanten materiellrechtlichen Grundlagen dar. So können die streitentscheidenden Normen leicht aufgefunden werden. Durch die umfassende Einbeziehung der Rechtsprechung und Hinweise auf ausgewählte Literatur wird es dem Leser ermöglicht, einerseits schnell auf Problemlösungen zuzugreifen und sich andererseits tiefer in die Problematik einzuarbeiten, wenn das erforderlich scheint. Das Werk soll damit eine Hilfe für alle sein, die mit Streitigkeiten über Hausrat und Wohnungen in der Praxis befaßt werden, angefangen bei den Betroffenen selbst über Anwälte und Notare, die streitvermeidende oder -beendende Vereinbarungen gestalten, bis hin zu den Richtern, die die streitigen Fälle entscheiden.

Das Manuskript wurde im Dezember 2003 abgeschlossen und berücksichtigte den zu diesem Zeitpunkt gegebenen Stand von Rechtsprechung und Literatur. Ein neues Buch ist immer verbesserungsfähig. Der Autor würde sich daher über eine kritische Unterstützung und Verbesserungshinweise freuen.

Münster, im Dezember 2003   Rainer Kemper

Inhaltsverzeichnis

Inhaltsverzeichnis

Inhaltsverzeichnis

Abkürzungsverzeichnis

a. A.	anderer Ansicht
a. a. O.	am angegebenen Ort
Abs.	Absatz
a. F.	alte Fassung
AG	Amtsgericht
BayObLG	Bayrisches Oberstes Landesgericht
BayObLGZ	Entscheidungssammlung des Bayrischen Obersten Landesgerichts in Zivilsachen
BGB	Bürgerliches Gesetzbuch
BGBl.	Bundesgesetzblatt
BGH	Bundesgerichtshof
BT-Drucks.	Bundestagsdrucksache
BVerfG	Bundesverfassungsgericht
bzw.	beziehungsweise
DDR	Deutsche Demokratische Republik
DNotZ	Deutsche Notarzeitung
EGBGB	Einführungsgesetz zum Bürgerlichen Gesetzbuch
FA-FamR	Handbuch des Fachanwalts, Familienrecht
FamGB	Familiengesetzbuch der DDR
FamRZ	Zeitschrift für das gesamte Familienrecht
FF	Forum Familienrecht
FGG	Gesetz über die Angelegenheiten der freiwilligen Gerichtsbarbeit
FPR	Familie, Partnerschaft, Recht
FuR	Familie und Recht
Gbl. DDR	Gesetzblatt der Deutschen Demokratischen Republik
GewSchG	Gewaltschutzgesetz
GmbH	Gesellschaft mit beschränkter Haftung
GVG	Gerichtsverfassungsgesetz
HausrVO	Hausratsverordnung
HK-BGB	Handkommentar zum Bürgerlichen Gesetzbuch
HK-LPartG	Handkommentar Lebenspartnerschaft
h. M.	herrschende Meinung
HGB	Handelsgesetzbuch
i. d. F.	in der Fassung

IPrax	Praxis des Internationalen Privat- und Verfahrensrechts
JMBl.	Justizministerialblatt
JR	Juristische Rundschau
JZ	Juristenzeitung
KG	Kammergericht
KGR	Jahrbuch für Entscheidungen des Kammergerichts
KK-FamR	Kurzkommentar Familienrecht
LM	Lindenmeier Möhring
LPartG	Lebenspartnerschaftsgesetz
MDR	Monatsschrift für deutsches Recht
m.w.N.	mit weiteren Nachweisen
MünchKomm-BGB	Münchener Kommentar zum BGB
MünchKomm-ZPO	Münchener Kommentar zur Zivilprozessordnung
NdsRpfl.	Niedersächsischer Rechtspfleger
NJW	Neue Juristische Wochenschrift
NJW-RR	Neue Juristische Wochenschrift, Rechtsprechungs-Report
OLG	Oberlandesgericht
OLGR	Neue Juristische Wochenschrift, OLG-Report
Rpfleger	Der Deutsche Rechtspfleger
Rdnr.	Randnummer
S.	Seite
UÄndG	Unterhaltsrechtsänderungsgesetz
ZPO	Zivilprozessordnung
ZVG	Zwangsversteigerungsgesetz

1. Einführung

Trennen sich Eheleute, Lebenspartner oder andere Personen, die zusammen leben, dann stellt sich neben allen anderen mit der mit Trennung bzw. der Vorbereitung oder Durchführung einer Scheidung oder Aufhebung der Ehe oder der Lebenspartnerschaft verbundenen Problemen vor allem auch die Frage danach, wer die derzeit bewohnte Wohnung weiter nutzen darf und wie die Gegenstände verteilt werden, die von den Partnern gemeinsam angeschafft oder zumindest gemeinsam genutzt wurden. In sehr vielen Fällen werden die Betroffenen sich einigen und einvernehmlich eine Regelung dieser Fragen herbeiführen. Diese Fälle sind relativ unproblematisch; bis auf Auslegungsprobleme und andere typische vertragsrechtliche Fragen tauchen kaum Rechtsprobleme auf.

1

Der Rechtsanwender wird mit den geschilderten Trennungsfolgen regelmäßig dann befasst, wenn die Partner nicht dazu in der Lage sind, eine einvernehmliche Regelung der Rechtsverhältnisse an ihrer Wohnung und den von ihnen genutzten Gegenständen herbeizuführen. In diesen Fällen besteht ein großes Bedürfnis nach Hilfe bzw. nach gerichtlicher Klärung. Dafür sind die allgemeinen Rechtsinstitute wenig geeignet: Die Herausgabeansprüche auf der Grundlage von § 985 BGB versagen, wenn es um Gegenstände geht, die dem anderen Partner gehören, die aber für denjenigen, der sie weiter nutzen will, von großer Bedeutung sind. Sie eignen sich ebensowenig zur Lösung von Konflikten zwischen Miteigentümern. Die Regeln über das Miteigentum helfen ebenfalls nicht weiter, weil sie im Extremfall dazu führen können, dass der streitbefangene Gegenstand veräußert werden muss, damit dann der Erlös geteilt werden kann (§§ 752 ff. BGB). Probleme dieser Art lassen sich heute noch bei der Trennung von Partnern einer nichtehelichen Lebensgemeinschaft und von Partnern einer lebenspartnerschaftsähnlichen Lebensgemeinschaft beobachten; denn für diese gibt es keine Spezialregelungen (Rdnr. 491 ff.).

Lösungsmodelle dieser Art sind vor allem dann unbefriedigend, wenn Wohnraum knapp und die von den sich trennenden Partnern benötigten Gegenstände nicht ohne weiteres neu beschafft werden können. Das ist zwar heute nicht mehr aufgrund von Kriegseinwirkungen der Fall, wie es war, als die wesentliche Rechtsgrundlage für das Hausrats- und Ehewohnungsverfahren geschaffen wurde (Rdnr. 3 ff.); es darf aber auch nicht außer acht gelassen werden, dass Trennungen regelmäßig zu sehr ange-

17

spannten finanziellen Verhältnissen der Beteiligten führen, in denen es durchaus für beide Seiten noch sehr bedeutend sein kann, wer bestimmte Gegenstände des gemeinschaftlichen Haushalts weiter nutzen darf und wer sich Ersatzstücke dafür neu beschaffen muss.

1.1 Die Rechtsquellen für die Regelung der Rechtsverhältnisse an Wohnung und Hausrat

2 Für die Entscheidung von Streitigkeiten in bezug auf die Rechtsverhältnisse an der gemeinsamen Wohnung und am Hausrat bestehen ähnliche Regelungen für Eheleute und für Lebenspartner. Für andere Paare gibt es nur im Fall der Gewaltanwendung des einen gegen den anderen Partner oder seiner Bedrohung mit Gewalt eine Regelungsmöglichkeit in bezug auf die weitere Nutzung der Wohnung.

Endgültige Regelungen können für Eheleute nach der HausratsVO (dazu unter 1.1.1, Rdnr. 3) ergehen, vorläufige nach §§ 1361a und 1361b BGB (dazu unter 1.1.2, Rdnr. 6 f.) sowie in bezug auf die Wohnung nach § 2 Gewaltschutzgesetz (dazu unter 1.1.4, Rdnr. 9). Für Lebenspartner finden sich Vorschriften mit vergleichbarem Regelungsgehalt wie in der HausratsVO und in §§ 1361a und § 1361b BGB im Lebenspartnerschaftsgesetz (dazu unter 1.1.3, Rdnr. 8). Auf sie ist das Gewaltschutzgesetz (dazu unter 1.1.4, Rdnr. 9) ebenfalls anwendbar. Diese Rechtsquelle gilt schließlich sogar im Verhältnis von Partnern nichtehelicher und lebenspartnerschaftsähnlicher Lebensgemeinschaften untereinander, ist aber in ihrem sachlichen Anwendungsbereich auf Wohnungen beschränkt. In bezug auf Hausrat fehlen insoweit Sonderregeln; es bleibt bei den allgemeinen Grundsätzen (Rdnr. 491 ff.).

1.1.1 Die Verordnung über die Behandlung der Ehewohnung und des Hausrats

3 Die bis heute geltende wichtigste Grundlage für die Zuweisung der Ehewohnung und des Hausrats von Ehegatten ist die Verordnung über die Behandlung der Ehewohnung und des Hausrats, kurz HausratsVO. Sie wurde als Sechste Durchführungsverordnung zum Ehegesetz 1938 vom Reichsjustizminister am 21. 10. 1944 erlassen. Zum damaligen Zeitpunkt war Deutschland weitestgehend zerstört; Wohnraum war knapp, und die für ein Wohnen notwendigen Gegenstände waren selbst für viel Geld kaum zu erhalten (amtliche Begründung: DJ 1944, 278). Es bedurfte daher einer Regelung, durch die dem Richter ein flexibles Instrument gegeben wurde, um für die Parteien die sich aus den schwierigen äußeren

Umständen ergebenden Konsequenzen möglichst erträglich zu gestalten und so die Durchführung einer Scheidung mit dem damit einhergehenden Aufbau neuer eigenständiger Lebensverhältnisse überhaupt erst zu ermöglichen. Dieser ursprüngliche Zweck der HausratsVO ist mittlerweile längst entfallen. Die Mechanismen der HausratsVO haben sich aber in der Praxis bewährt und ermöglichen in ihrer Flexibilität auch heute noch für die Parteien akzeptable Lösungen, ohne den Richter in ein unangemessen aufwendiges Verfahren zu zwingen, dessen Anforderungen in keinem Verhältnis zum Wert der Gegenstände stehen, um die gestritten wird und das die Durchführung des Scheidungs- bzw. Aufhebungsverfahrens wesentlich verzögert.

Inhalt der HausratsVO sind sowohl materielle als auch Verfahrensregeln. Sie hat 27 Paragraphen, von denen die ersten beiden Allgemeines regeln, §§ 3–7 die Zuweisung der Ehewohnung und §§ 8–10 die Besonderheiten bei der Verteilung des Hausrats. In den §§ 11–19 finden sich besondere Verfahrensvorschriften (die aber nicht abschließend sind und vielfach von Regelungen in der ZPO und dem FGG überlagert werden). §§ 20–23 betreffen die Kosten des Verfahrens; §§ 24–27 enthalten die Schluss- und Übergangsregeln.

Seit ihrem Inkrafttreten ist die Hausratsverordnung vielfach geändert worden; andere Gesetze verweisen auf sie. Sie ist deswegen in verfassungsrechtlicher Hinsicht als nachkonstitutionelles Recht anzusehen. **4**

Die Änderungen der Hausratsverordnung erfolgten durch:

das Gleichberechtigungsgesetz vom 18. 6. 1957 (BGBl. 1957 I 609),

das Gesetz zur Änderung und Ergänzung kostenrechtlicher Vorschriften vom 26. 7. 1957 (BGBl 1957 I 861),

das Familienrechtsänderungsgesetz vom 11. 8. 1961 (BGBl I 1221),

das 1. Eherechtsreformgesetz vom 14. 6. 1976 (BGBl. I 1421),

das Gesetz zur Beschleunigung und Vereinfachung gerichtlicher Verfahren vom 3. 12. 1976, BGBl. I 3281,

das Gesetz zur Erhöhung der Wertgrenzen in der Gerichtsbarkeit vom 8. 12. 1981 (BGBl I 1615),

das Unterhaltsänderungsgesetz vom 20. 2. 1986 (BGBl. I 301),

das Rechtspflege-Vereinfachungsgesetz vom 17. 12. 1990 (BGBl I 2847),

das Kostenrechtsänderungsgesetz vom 24. 6. 1994 (BGBl. I 1325),

das Gesetz zur Neuordnung des Eheschließungsrechts vom 4. 5. 1998 (BGBl. I 2600), das Gesetz zur Änderung der Bundesrechtsanwaltsordnung, der Patent-anwaltsordnung und anderer Gesetze vom 31. 8. 1998 (BGBl. I 2600),

das Gesetz über Fernabsatzverträge und andere Fragen des Verbrau-cherrechts sowie zur Umstellung auf den Euro vom 27. 6. 2000 (BGBl. I 897),

das Gesetz zur Beendigung der Diskriminierung gleichgeschlechtlicher Gemeinschaften: Lebenspartnerschaften vom 16. 2. 2001 (BGBl. I 266),

das Gesetz zur Neugliederung, Vereinfachung und Reform des Miet-rechts vom 19. 6. 2001 (BGBl. I 1149)

und das Gewaltschutzgesetz-Einführungsgesetz vom 11. 12. 2001 (BGBl. I 3513).

5 In Bezug genommen wird die Hausratsverordnung unter anderem durch die Zivilprozessordnung (§ 621 ZPO), das Gerichtsverfassungsgesetz (§ 23b GVG), mittelbar durch das Gesetz über die Angelegenheiten der Freiwilligen Gerichtsbarkeit (§ 64 FGG), das Lebenspartnerschaftsgesetz (§§ 18 – 20 LPartG) und das Gewaltschutzgesetz (§ 2 GewSchG).

In der DDR galt die Hausratsverordnung bis zum 1. 4. 1966; für die Zeit danach enthielt § 34 Familiengesetzbuch Bestimmungen über die Zuweisung der Ehewohnung und die Regelung der Rechtsverhältnisse daran (§ 34 FamGB). Dagegen gab es keine Sonderregelungen für die Verteilung des Hausrats, sofern es sich um Gegenstände handelte, die nicht güterrechtlich auseinandergesetzt werden mussten. Vor allem schied eine Zuweisung von solchen Gegenständen aus, die im Alleinei-gentum eines der Ehegatten standen; denn nur das gemeinschaftliche Ei-gentum war auf diesem Wege aufzuteilen. Allerdings wurde vermutet, dass die von den Ehegatten während der Ehe erworbenen Gegenstände gemeinschaftliches Eigentum waren, wenn sie durch Arbeit, Arbeitsent-gelt oder aus Sozialleistungen erworben wurden (§§ 13, 14 FamGB), so dass für die meisten Fälle eine güterrechtliche Lösung in Betracht kam – besonders wenn die Ehe nicht nur von kurzer Dauer gewesen war. Der jeweilige Besitzer des Gegenstandes wurde Alleineigentümer, wenn nicht binnen eines Jahres nach der Scheidung ein Antrag auf Vermögenstei-lung gestellt war (§§ 39, 40 FamGB). Im Zuge der Wende wurde in das Familiengesetzbuch eine Regelung eingefügt, die die Zuteilung von im Alleineigentum eines Ehegatten stehenden Gegenständen erlaubte (§ 39a FamGB, GBl. DDR 1990 I 1038) und damit die Lücke schloss, die das Familiengesetzbuch gelassen hatte. Diese Norm hat keine praktische Bedeutung mehr erlangt, weil mit der Wiedervereinigung auch im Gebiet der neuen Bundesländer die Hausratsverordnung in Kraft trat und auf alle Scheidungen anzuwenden war, die am 3. 10. 1990 noch nicht erfolgt waren (Art. 8 Einigungsvertrag). Die Übergangsprobleme haben wegen Zeitablaufs ihre praktische Bedeutung verloren; auf sie soll daher hier nicht weiter eingegangen werden.

1.1.2 §§ 1361a, 1361b BGB

Die HausratsVO bezieht sich auf die endgültige Regelung der Rechts-   6
verhältnisse an Ehewohnung und Hausrat unter Eheleuten. Vorläufige Regelungen in bezug auf Ehegatten ermöglichen dagegen für Hausrat § 1361a BGB und für die Ehewohnung § 1361b BGB. Die letztgenannte Vorschrift wurde zuletzt durch das Gesetz zum zivilrechtlichen Schutz vor Gewalttaten und Nachstellungen (Gewaltschutzgesetz – GewSchG) vom 11. 12. 2001 (BGBl. I 3513) mit Wirkung zum 1. 1. 2002 geändert und dem Schutzstandard des Gewaltschutzgesetzes angepasst, indem der Billigkeitsmaßstab für die Zuweisung der Wohnung von der „schweren Härte" auf den Maßstab der „unbilligen Härte" herabgesetzt wurde.

Einschlägig sind die Regelungen, wenn Eheleute bereits getrennt leben – oder im Fall der Wohnung – wenn sie beabsichtigen, getrennt leben zu wollen. Die Normen gestatten damit vorläufige Maßnahmen für die Zeit zwischen der Trennung und der Scheidung bzw. der Aufhebung der Ehe. Weder wird durch die Vorschriften ein Besitzschutz unter den Eheleuten in der Zeit gewährleistet, in der die eheliche Lebensgemeinschaft besteht, noch können endgültige Maßnahmen angeordnet werden, durch welche die Rechtsverhältnisse unter den Eheleuten und mit Wirkung gegenüber Dritten endgültig umgestaltet werden. Einzelheiten: Rdnr. 144 ff., 327 ff.

Der Besitzschutz in der Zeit des Bestehens der ehelichen Lebensge-   7
meinschaft richtet sich grundsätzlich allein nach §§ 858 ff. BGB. Für die Trennungszeit ist nach dem Zweck der angestrebten Regelung zu differenzieren: Wird ein reiner Besitzschutz ohne Regelung der Nutzungsverhältnisse angestrebt, richtet er sich bei Hausrat nach §§ 858 ff. BGB; zuständig ist die allgemeinen Abteilung des Amtsgerichts bzw. das Landgericht (Einzelheiten: Rdnr. 11). Wird zugleich eine Nutzungsregelung verlangt, ist allein § 1361a BGB einschlägig, zuständig sind die Familiengerichte mit den für sie geltenden Verfahrensregeln (Einzelheiten: Rdnr. 12 f.). Entsprechendes gilt in bezug auf die Wohnung für § 1361b BGB – da es hier aber praktisch kaum Fälle geben dürfte, in denen der Wille zur Alleinnutzung nicht mit dem Willen zum Getrenntleben begründet wird, ist der Anwendungsbereich der allgemeinen Besitzschutzregeln insoweit nur in sehr seltenen Ausnahmefällen berührt. Einzelheiten: Rdnr. 15.

1.1.3 §§ 13, 14, 17–19 Lebenspartnerschaftsgesetz

8   Mit der Schaffung des besonderen Rechtsinstituts der eingetragenen Lebenspartnerschaft durch das Gesetz zur Beendigung der Diskriminierung gleichgeschlechtlicher Gemeinschaften: Lebenspartnerschaften vom 16. 2. 2001 (BGBl. I 266) für Partnerschaften von Paaren mit Partnern gleichen Geschlechts hat der Gesetzgeber zugleich Mechanismen geschaffen, die eine geregelte Auflösung und Abwicklung dieser Lebensform ermöglichen sollen. Zu diesen Regelungen gehören auch § 13 LPartG über die Hausratsverteilung bei Getrenntleben und § 14 LPartG über die Wohnungszuweisung bei Getrenntleben, die inhaltlich mit §§ 1361a und 1361b BGB übereinstimmen. § 14 LPartG wurde durch das Gewaltschutzgesetz an den durch dieses Gesetz begründeten Schutzstandard angepasst; es besteht damit auch heute ein Gleichlauf mit § 1361b BGB. In bezug auf die Abgrenzung zum Besitzschutz nach allgemeinen Regeln gilt das Rdnr. 11 ff. zu Eheleuten Gesagte entsprechend.

Für die Regelung der Rechtsverhältnisse am Hausrat und der lebenspartnerschaftlichen Wohnung für die Zeit nach der Aufhebung der Lebenspartnerschaft gelten § 17 LPartG mit allgemeinen Bestimmungen, § 18 LPartG über die Wohnung und § 19 LPartG über die Regelung der Rechtsverhältnisse am Hausrat, die den Regelungen der HausratsVO für die endgültige Regelung der Rechtsverhältnisse an Ehewohnung und Hausrat nachgebildet sind oder direkt auf sie verweisen. Auch insofern besteht daher im wesentlichen ein Gleichlauf mit den eherechtlichen Regeln.

1.1.4 § 2 Gewaltschutzgesetz

9   Eine Wohnungszuweisung ist seit dem 1. 1. 2002 auch möglich, wenn eine Person, die mit einer anderen einen auf Dauer angelegten gemeinsamen Haushalt führt, von dieser vorsätzlich am Körper, die Gesundheit oder Freiheit widerrechtlich verletzt (§ 2 Abs. 1 GewSchG) oder mit Gewaltanwendung bedroht wird (§ 2 Abs. 3 GewSchG).

Die Regelung unterscheidet sich von denjenigen in der Hausratsverordnung, dem BGB und dem Lebenspartnerschaftsgesetz dadurch, dass der persönliche Anwendungsbereich erheblich weiter ist als dort: § 2 GewSchG setzt nicht das Bestehen einer bestimmten rechtlich verfestigten Lebensgemeinschaft voraus, wie es die Ehe und die Lebenspartnerschaft sind, sondern stellt vielmehr allein auf das Bestehen eines auf Dauer angelegten gemeinsamen Haushalts ab. Eine Wohnungszuweisung nach diesen Regeln ist daher nicht nur in Ehen und Lebenspartnerschaften möglich, sondern auch, wenn die Betroffenen lediglich eine nichteheliche oder eine lebenspartnerschaftsähnliche Lebensgemeinschaft miteinander führen. Allein reine Wohngemeinschaften ohne persönliche Verbindung der Beteiligten sind aus dem Anwendungsbereich dieser Regeln ausgenommen. Zu Einzelheiten s. Rdnr. 198 ff.

Umgekehrt ist der sachliche Anwendungsbereich des Gewaltschutzgesetzes eingeschränkt: Weder ist eine Regelung der Rechtsverhältnisse an Hausratsgegenständen möglich, noch erlaubt § 2 GewSchG eine endgültige Zuweisung der bislang gemeinsam genutzten Wohnung an den bedrohten bzw. angegriffenen Bewohner. Vielmehr sind die gerichtlichen Anordnungen grundsätzlich zu befristen. Es handelt sich also nur um vorläufige Regelungen, die in ihrer Reichweite denjenigen nach § 1361b BGB, § 14 LPartG ähneln. Einzelheiten: Rdnr. 223 ff.

1.2 Das Verhältnis des Hausrats- und Wohnungsverfahrens zu anderen Rechtsschutzmöglichkeiten

Konkurrenzfragen ergeben sich in Bezug auf die Regelung der Rechtsverhältnisse am Hausrat und der ehelichen bzw. lebenspartnerschaftlichen Wohnung vor allem im Hinblick auf die Möglichkeiten, die der Besitzschutz nach §§ 858 ff. BGB bietet (dazu siehe 1.2.1, Rdnr. 11 ff.) und das Verhältnis zum Güterrecht, soweit dieses einen Ausgleich vorsieht, in den auch Hausratsgegenstände und die Wohnung einbezogen werden können (dazu siehe 1.2.2, Rdnr. 19 ff.). In diesen Konstellationen muss eine Konkurrenzlösung gefunden werden, die es ermöglicht, eine den Interessen der Eheleute bzw. Lebenspartner adäquate Aufteilung der Hausratsgegenstände und eine Zuweisung der Wohnung zu erreichen, ohne dass das in dem einen Verfahren gefundene Ergebnis in einem anderen gleich wieder korrigiert werden darf. *10*

1.2.1 Das Verhältnis des Hausrats- und Wohnungsverfahrens zum Besitzschutzverfahren

Trennen sich Eheleute oder Lebenspartner, kommt es häufig zu heftigem Streit darüber, wer die bisherige Wohnung weiter nutzen oder wer bestimmte Gegenstände weiterhin nutzen darf. Bei diesen Auseinandersetzungen kommt es nicht selten zur Ausübung von Selbstjustiz (Mitnahme von Gegenständen, Einbau eines neuen Haustürschlosses), also der Anwendung von verbotener Eigenmacht. Es stellt sich deswegen die Frage, in welchem Verhältnis die Regelungen über die Verteilung von Hausrat und die Zuweisung der ehelichen oder lebenspartnerschaftli- *11* chen Wohnung zu den Regeln des Besitzschutzes nach den allgemeinen Grundsätzen (§§ 858 ff. BGB) stehen.

Die Grenzziehung zwischen beiden Verfahrensarten ist schwierig. Sie richtet sich nach dem Verfahrensgegenstand, letztlich also nach der Reichweite des Begehrens: Allein die Besitzschutzregeln (§§ 858, 862 BGB) sind einschlägig, wenn es dem Antragsteller allein darum geht, den Eingriff in seinen Besitz abzustellen, ohne dass er gleichzeitig die Regelung der Nutzungsverhältnisse nach §§ 1361a, 1361b, §§ 13, 14 LPartG beantragt. Diese Fälle sind in der Praxis die Ausnahme; denn regelmäßig reicht es dem Antragsteller nicht, den bloßen Eingriff in seinen Mitbesitz rückgängig machen zu lassen, sondern er will zugleich die vorläufige Regelung der Nutzungsverhältnisse erreichen. In Wohnungsstreitigkeiten kommt ein reiner Besitzschutz regelmäßig nicht in Betracht; denn das bedeutete, dass dem Antragsteller der Besitz ohne Bezug auf einen Willen zum Getrenntleben entzogen worden sein muss. Sobald das Motiv für die Entziehung des Mitbesitzes an der Wohnung im Willen des Entziehenden liegt, getrennt leben zu wollen, wird dagegen der Anwendungsbereich des § 1361b BGB, § 14 LPartG berührt, so dass es an einem Fall mit einer Geltendmachung einer ausschließlichen Besitzstörung fehlt (wie hier FA-FamR/Klein, Rdnr. 8–15; a. A. Johannsen/Henrich/ Brudermüller, § 1361b BGB Rdnr. 48). Dem widerspricht nicht, dass der Verfahrensgegenstand in erster Linie durch das Begehren des Antragstellers bestimmt wird und ein Verteidigungsvorbringen diesen grundsätzlich nicht beeinflusst. Mit dem Einwand, der Ausschluss des Partners sei wegen des Willens zum Getrenntleben erfolgt, ändert sich zwangsläufig auch dessen Begehr: Vom reinen Besitzschutzbegehren wird es zu einem auf die vorläufige Regelung der Rechtsverhältnisse an der Wohnung während der Trennungszeit gerichteten. Entsprechendes gilt auch für die Partner einer eheähnlichen oder lebenspartnerschaftsähnlichen Lebensgemeinschaft in den Fällen, in denen eine Wohnungszuweisung nach § 2 GewSchG in Betracht kommt.

12 Begehrt der Ehegatte bzw. Lebenspartner mit der Regelung des Eingriffs in seinen Besitz zugleich die vorläufige Regelung der Nutzungsverhältnisse an den Hausratsgegenständen, die der Partner in verbotener Eigenmacht an sich genommen hat, ist das in einem familiengerichtlichen Verfahren zu klären. Einstweiliger Rechtsschutz kommt dann nur unter den Voraussetzungen des § 620g bzw. § 620 Nr. 7 ZPO (bei Lebenspartnern anwendbar durch die Verweisung in § 661 ZPO) in Betracht.

13 Welche Regelungen materiellrechtlich unter Ehegatten bzw. Lebenspartnern einschlägig sind, ist in diesen Fällen sehr streitig. Die wohl

überwiegende Ansicht, der auch der BGH folgt, ist der Auffassung, dass §§ 1361a BGB (BGH FamRZ 1982, 1200, 1991, 928; ebenso die meisten Instanzgerichte: OLG Düsseldorf 1994, 390; OLG Hamm FamRZ 1988, 1303; OLG Köln FamRZ 1997, 1276; OLG Oldenburg FamRZ 1994, 1254; OLG Stuttgart FamRZ 1996, 172) und 1361b BGB (OLG Düsseldorf FamRZ 1987, 483; OLG Hamm FamRZ 1987, 483; 1988, 1303; OLG Oldenburg FamRZ 1994, 1254; OLG Schleswig FamRZ 1997, 892; OLG Zweibrücken FamRZ 1987, 1146) leges speciales zu den Besitzschutzvorschriften sind, soweit es auch um eine Nutzungsregelung geht. Auch für § 2 GewSchG ist das anzunehmen. Der einfache Besitzschutz geht in diesen Fällen im Regelungsbereich der familienrechtlichen Vorschriften auf. Diese Ansicht ist gegenüber der Ansicht, es bestünde eine echte Anspruchskonkurrenz zwischen dem Besitzschutz nach §§ 858 ff. BGB und den Ansprüchen aus § 1361a oder 1361b BGB, vorzuziehen, weil diese Lösung dazu führen könnte, dass die Ansprüche in §§ 1361a, 1361b BGB (bzw. 13 und 14 LPartG und § 2 GewSchG) durch den allgemeinen Besitzschutz überlagert und verdrängt werden könnten. Ebensowenig sinnvoll ist es, anzunehmen, dass Maßnahmen gegen verbotene Eigenmacht auch in bezug auf Hausrat immer nur nach §§ 858 ff. BGB erreicht werden können; denn auf diese Weise wird das besondere Verhältnis unter den Ehegatten bzw. Lebenspartnern ignoriert, das der Gesetzgeber durch die besondere und flexible Lösung in § 1361a BGB berücksichtigen wollte – und zwar gerade auch in der komplizierten Situation, in der sich diese Bindung lockert oder sogar ganz auflöst.

Das bedeutet in bezug auf Hausrat, dass ein Ehegatte, der zugleich *14* eine Regelung der weiteren Nutzung der Gegenstände will, vom anderen die eigenmächtig an sich genommenen Hausratsgegenstände herausverlangen kann, wenn der andere (eigenmächtig handelnde Ehegatte) sich nicht auf einen eigenen Anspruch auf Benutzung nach § 1361a Abs. 1 S. 2 BGB oder auf Überlassung nach § 1361a Abs. 2 BGB stützen kann. Unter Lebenspartnern gilt das gleiche Ergebnis wegen der § 1361a BGB entsprechenden Regelung in § 13 LPartG. Von den Besitzschutzregeln weicht diese Lösung insofern ab, als in jedem Fall eine Billigkeitsabwägung stattfindet, während bei Anwendung der Besitzschutzregeln allein eine Wiederherstellung des status quo ante erfolgen müsste, ohne dass der andere Ehegatte bzw. Lebenspartner einen Anspruch auf Überlassung oder Nutzung einwenden könnte (vgl. § 863 BGB).

In bezug auf die Wohnung der Eheleute und Lebenspartner bedeutet *15* der Anwendungsvorrang des § 1361b BGB, der HausratsVO und des § 14 LPartG, dass nahezu jeder Antrag auf Regelung der Besitzverhältnisse an einer zuvor gemeinsam genutzten Wohnung nicht nach Besitzschutzgrundsätzen, sondern allein in Anwendung der genannten familienrechtlichen Regelungen zu entscheiden ist; denn deren Vorrang ist begründet, sobald sich die Trennung der Partner in der Besitzentziehung an der Wohnung ausgewirkt hat, d. h. sobald der Streit eine spezifisch familienrechtliche Prägung erhält. Da das aber fast immer der Fall sein dürfte, wenn Eheleute oder Lebenspartner sich wegen der Krise ihrer Beziehung um die bisher gemeinsame Wohnung streiten, bleibt für die allgemeinen Besitzschutzregeln hier kaum noch ein Anwendungsbereich. Entsprechendes gilt in den Gewaltschutzfällen in bezug auf die Wohnungszuweisung nach § 2 GewSchG.

16   Unter Partnern einer ehe- oder lebenspartnerschaftsähnlichen Lebensgemeinschaft gelten die allgemeinen Besitzschutzregeln uneingeschränkt, sofern nicht das Begehren auf Nutzung (bzw. auf Ausschluss des anderen Partners) gerade auf § 2 GewSchG gestützt wird. In diesen Fällen wird der Besitzschutz durch die Spezialregelung verdrängt.

1.2.2   Das Verhältnis der Regelung der Rechtsverhältnisse an Hausrat und Wohnung zu Herausgabe- und Verschaffungsansprüchen

17   Im laufenden Hausrats- und Wohnungsverfahren ist der Herausgabeanspruch aus § 985 BGB ebenso wie der Anspruch aus § 1007 BGB suspendiert; denn der Herausgabeanspruch aus § 1361a Abs. 1 S. 1 BGB ist als abschließende Regelung für die Trennungszeit in bezug auf die Geltendmachung von Herausgabeansprüchen in bezug auf Hausratsgegenstände konzipiert. Die auf Herausgabe nach den allgemeinen Regeln gerichtete Klage ist nicht unbegründet, sondern bereits unzulässig, weil dieser Streit nur als Herausgabestreit im Hausratsverfahren geführt werden kann (BGH FamRZ 1983, 794; 1984, 575; OLG Hamm FamRZ 1990, 54; OLG Bamberg FamRZ 1997, 378; OLG Zweibrücken FamRZ 1991, 848; vgl. auch FA-FamR/Klein, Rdnr. 8–13).

Während der Trennungszeit kann ein Ehegatte oder Lebenspartner grundsätzlich nicht verlangen, dass der andere ihm gemeinsamen Hausrat herausgibt, wenn kein Fall des § 1361a BGB oder des § 13 LPartG vorliegt. Auch in den Fällen, in denen er Besitzschutzansprüche geltend macht (Rdnr. 12), kann der Ehegatte oder Lebenspartner ohne Benutzungsregelung nur erreichen, dass der status quo ante wieder hergestellt wird, dass also die Hausratsgegenstände wieder in die ehemals gemeinsame Wohnung zurückgeschafft werden (FA-FamR/Klein, Rdnr. 8–13). Seinen Antrag muss er entsprechend ausrichten, weil er sonst den Rechtsstreit insoweit verliert. Ihn trifft dadurch kein besonderer Nachteil; denn auf diese Weise wird genau der Zustand wiederhergestellt, der auch ohne das beanstandete Verhalten des anderen Ehegatten bestanden hätte.

Andere Ansprüche auf Herausgabe oder Übereignung von Gegenständen können während oder nach dem Hausrats- und Wohnungsverfahren geltend gemacht werden, wenn der Anwendungsbereich der Regelungen sich mit denen der HausratsVO nicht deckt, so dass eine Kollision im Regelungsgegenstand nicht in Betracht kommt. Zu denken ist an die aus dem Widerruf einer Schenkung (vor allem nach § 530 BGB) folgenden Rückübereignungsansprüche, an Ansprüche auf Rückübereignung wegen Wegfalls der Geschäftsgrundlage (§ 313 BGB), an solche wegen der Auflösung einer unter den Eheleuten oder Lebenspartnern bestehenden Gesellschaft (§§ 705 ff. BGB) oder an Ansprüche der Eheleute oder Lebenspartner gegeneinander, durch die andere als Hausratsgegenstände betroffen sind. Zu Kollisionsfragen mit güterrechtlichen Ausgleichsmechanismen s. sogleich unter 1.2.3, Rdnr. 19. *18*

1.2.3 Das Verhältnis des Hausrats- und Wohnungsverfahrens zum güterrechtlichen Ausgleich

Hausrat bildet regelmäßig auch einen wesentlichen Posten in der Vermögensbilanz von Ehegatten und Lebenspartnern. Soweit Vermögen güterrechtlich auszugleichen ist, stellt sich daher regelmäßig die Frage, ob der Hausrat im Hausratsverfahren aufzuteilen ist oder ob er im güterrechtlichen Wege auszugleichen ist (sofern der Güterstand einen solchen Ausgleich kennt) oder ob beide Mechanismen nebeneinander anzuwenden sind. Relevant wird dieses Problem beim Zugewinnausgleich (bei Lebenspartnern: Ausgleich der Ausgleichsgemeinschaft, § 6 Abs. 2 LPartG), denn bei Gütertrennung findet keine Vermögensauseinandersetzung statt, und bei der Gütergemeinschaft wird ohnehin das gesamte nicht ausnahmsweise dem Vorbehaltsgut zuzuordnende Vermögen geteilt bzw. auseinandergesetzt. Dass die Wohnung oder der Hausrat zum Sondervermögen gehört, kommt nicht in Betracht, da diese Gegenstände nicht die dafür erforderlichen Voraussetzungen erfüllen können (vgl. § 1417 Abs. 2 BGB). *19*

In bezug auf das Verhältnis zwischen dem Hausratsverfahren und der Berücksichtigung von Hausrat im Zugewinnausgleich wird wohl überwiegend vertreten, ein güterrechtlicher Ausgleich komme nicht in Betracht, soweit Gegenstände nach der Hausratsverordnung zu verteilen sind oder jedenfalls verteilt worden sind (BGHZ 89, 137; KK-FamR/Weinrich, § 1 HausratsVO Rdnr. 2). Das führt dazu, dass diese Gegenstände, die im *20*

Hausratsverfahren berücksichtigt werden, weder dem Anfangs- noch dem Endvermögen zugerechnet werden können.

21   Problematisch an dieser pauschalen Lösung ist vor allem, dass die Verteilung der Hausratsgegenstände sich ebenso wie die Zuweisung der Ehewohnung, wo parallele Probleme auftreten, in erster Linie an den Eigentumsverhältnissen orientiert (vgl. § 9 HausratsVO). Das bedeutet, dass im Regelfall der Eigentümer derjenige ist, dem die Gegenstände bzw. die Wohnung zur weiteren Nutzung zugewiesen werden. Nur wenn überwiegende schutzwürdige Interessen des anderen Ehegatten bzw. Lebenspartners in der Weise bestehen, dass er auf die Nutzung dieser Gegenstände angewiesen ist, wird dieses Prinzip durchbrochen. Nimmt man also alle Gegenstände aus dem Zugewinnausgleich heraus, die der Verteilung nach der HausratsVO unterliegen, führt das regelmäßig dazu, dass der Ehegatte bzw. Lebenspartner bevorzugt wird, der in der Ehe ein Mehr an Hausratsgegenständen erwirbt, weil dann insofern kein güterrechtlicher Ausgleich stattfindet. Um diese Gerechtigkeitsdefizite zu vermeiden, besteht daher Einigkeit, dass jedenfalls die Gegenstände, die nur einem Ehegatten bzw. Lebenspartner allein gehören und die im Hausratsverfahren nicht dem anderen Ehegatten zugewiesen werden, weiterhin in den Zugewinnausgleich einzubeziehen sind (BGH FamRZ 1984, 144, 147; Schwab FamRZ 1984, 429; MünchKomm-BGB/Müller-Gindulis, § 1 HausratsVO Rdnr. 17; KK-FamR/Weinrich § 1 HausratsVO Rdnr. 3).

22   Umgekehrt führt die Hausratsverteilung nach der HausratsVO dann regelmäßig nicht zu erheblich abweichenden Ergebnissen, wenn die zu verteilenden Hausratsgegenstände im gemeinsamen Eigentum der Ehegatten bzw. Lebenspartner stehen. Zwar ist auch in der Zugewinngemeinschaft nicht vorgesehen, dass der Zugewinnausgleich durch die Zuweisung einzelner Gegenstände erfolgt (von der Härteregelung in § 1383 BGB abgesehen, die nur in besonderen Fällen auf Antrag des Gläubigers einen Zugewinnausgleich durch die Übertragung von bestimmten Gegenständen gestattet). Die güterrechtliche Auseinandersetzung führt vielmehr dazu, dass die Partner vermögensmäßig so gestellt werden, als hätten sie in der Ehe (bzw. während der Zeit des Bestehens der Zugewinngemeinschaft) gleich viel erworben. Das kann in bezug auf das gemeinschaftliche Eigentum ohne weiteres angenommen werden, da die Eheleute insoweit Miteigentümer zu gleichen Teilen sind. In der vermögensrechtlichen Bilanz neutralisieren sich diese Positionen deswegen gegenseitig. Werden nun diese Gegenstände im Wege der Hausratsverteilung jeweils dem einen oder dem anderen Ehegatten zugewiesen, so ergibt sich jedenfalls dann kein abweichendes Ergebnis, wenn die Bilanz

der zugewiesenen Gegenstände wertmäßig ausgeglichen ist. Dass es zu einer ausgeglichenen Bilanz kommt, muss der Richter bei seiner Verteilung zu erreichen versuchen; denn andernfalls wären seine Maßstäbe nicht solche, die zu einer „gerechten und zweckmäßigen" (§ 8 Abs. 1 HausratsVO) Verteilung führten. Es spricht deswegen schon aus Gründen der Arbeitserleichterung einiges dafür, die im gemeinschaftlichen Eigentum der Ehegatten stehenden Hausratsgegenstände allein im Hausratsverfahren auseinanderzusetzen. Im Zugewinnausgleichsverfahren ist ihr Wert außer acht zu lassen. Die Gegenstände dürfen weder beim Anfangs- noch beim Endvermögen berücksichtigt werden.

Bei dieser Lösung muss es auch bleiben, wenn ausnahmsweise bei der Verteilung kein Ausgleich erreicht wird oder erreicht werden kann (z. B. weil einige der Hausratsgegenstände einen weit höheren Wert als der Rest haben). Insoweit kommt nur eine Lösung im Hausratsverfahren selbst durch Anordnung einer Ausgleichszahlung in Betracht.

Schwieriger ist die Frage zu beurteilen, wie mit Hausrat zu verfahren *23* ist, der einem Ehegatten allein gehört, aber dem anderen zugewiesen wird. Insofern trägt der Gedanke, dass das Hausratsverfahren bereits im Regelfall zu einem angemessenen Ausgleich der Interessen der Eheleute führt, nicht ohne weiteres. Zwar muss der Ehegatte, der den Gegenstand zugewiesen erhält, als Ausgleich dafür ein angemessenes Entgelt an den anderen Ehegatten zahlen (§ 9 Abs. 2 S. 2 HausratsVO). Eine Nichtberücksichtigung des an den Ausgleichspflichtigen zugewiesenen Gegenstands im Zugewinnausgleichsverfahren kann aber bei diesem dazu führen, dass sich seine Ausgleichsschuld um die Hälfte des Wertes des Hausratsgegenstands erhöht, weil dieser Gegenstand aus dem Vermögen des Ausgleichsberechtigten ausscheidet, während er außerdem verpflichtet ist, die Ausgleichszahlung nach § 9 Abs. 2 S. 2 HausratsVO zu entrichten. Umgekehrt kann die Nichtberücksichtigung auf seiten des Ausgleichsberechtigten dazu führen, dass der Ausgleichsanspruch auf seiner Seite bis zum halben Wert des Hausratsgegenstandes verringert sein kann. Beide Ergebnisse sind unbefriedigend. Sinnvollere Ergebnisse lassen sich dadurch erzielen, dass die Hausratsgegenstände im Zugewinnausgleichsverfahren nach den normalen Regeln berücksichtigt werden und dass dann der Wertzuwachs oder Wertverlust in der Weise im Hausratsverfahren berücksichtigt wird, dass die Ausgleichszahlung nach § 9 Abs. 2 S. 2 HausratsVO entsprechend herabgesetzt oder heraufgesetzt wird (MünchKomm-BGB/Müller-Gindulis, § 1 HausratsVO Rdnr. 17). Diese Lösung entspricht den Interessen der Ehegatten weit besser, als die Hausratsgegenstände aus dem Zugewinnausgleich ganz auszunehmen. Sie ermöglicht flexible Lösungen, durch die die beiderseitigen Interessen der Eheleute bzw. Lebenspartner zum Ausgleich gebracht werden können.

24 Problematisch ist bei diesem Lösungsweg dann nur noch das Verhältnis zwischen der Hausratsverteilung nach der HausratsVO und § 1383 BGB. Nach dieser Vorschrift kann der Gläubiger des Zugewinnausgleichanspruchs die Zuweisung von einzelnen Vermögensgegenständen des Ausgleichspflichtigen an sich beantragen, wenn das erforderlich ist, um eine grobe Unbilligkeit für den Gläubiger zu vermeiden und dem Schuldner zumutbar ist. Zu weit ginge es, wenn man ein völlig freies Konkurrenzverhältnis zwischen den beiden Verfahren annehmen würde. Andererseits ist es auch nicht gerechtfertigt, einen völligen Ausschluss des § 1383 BGB in bezug auf Hausratsgegenstände anzunehmen (so aber anscheinend Johannsen/Henrich/Jaeger, § 1383 BGB Rdnr. 2; in bezug auf gemeinschaftliches Eigentum auch Soergel/Lange, § 1383 BGB Rdnr. 19); denn nicht jeder Hausratsgegenstand muss in den Zugewinnausgleich einbezogen sein – vor allem die im gemeinschaftlichen Eigentum stehenden Gegenstände fallen ja nicht hierunter.

Allerdings stehen beide Verfahren auch nicht vollständig beziehungslos nebeneinander. Es muss insoweit aufeinander Rücksicht genommen werden, als das in dem einen Verfahren gefundene Ergebnis nicht wieder in sein Gegenteil verkehrt werden. Alle Gegenstände, die im Hausratsverfahren zugewiesen wurden, müssen deswegen bei einer Entscheidung nach § 1383 BGB außer Betracht gelassen werden (MünchKomm-BGB/Koch, § 1383 BGB Rdnr. 36). Soweit Gegenstände nach § 1383 BGB dem Zugewinnausgleichsgläubiger zugesprochen wurden, kommt ihre Einbeziehung in das Hausratsverfahren selbst dann nicht in Betracht, wenn es als isoliertes Verfahren erst nach der Rechtskraft der Scheidung bzw. der Aufhebung durchgeführt wird; denn in diesem Verfahren können nur solche Hausratsgegenstände zugeteilt werden, die bereits während der Ehe bzw. Lebenspartnerschaft Eigentum des Ehegatten bzw. Lebenspartners waren.

1.2.4 Das Verhältnis des Hausrats- und Wohnungsverfahrens zur Auseinandersetzung von Miteigentum

25 Keine Streitigkeit im Hausrats- oder Ehewohnungsverfahren ist der Streit zwischen Ehegatten oder Lebenspartnern um die Auseinandersetzung von ihnen gemeinsam zustehendem Miteigentum (KK-FamR/Weinreich, § 1 HausratsVO Rdnr. 5). Die Grundlage sind insoweit allein die Vorschriften über das Miteigentum; es fehlt an der familienrechtlichen Überlagerung des Streits. Entsprechendes gilt für den Streit um die

Regelung der Verwaltung und Nutzung einer im Miteigentum der Eheleute bzw. Lebenspartner stehenden Wohnung, die nicht Ehewohnung
oder lebenspartnerschaftliche Wohnung war, selbst wenn einer der Streitenden nunmehr beabsichtigt, in der im gemeinsamen Eigentum stehenden Wohnung zu wohnen. Auch insoweit handelt es sich allein um einen
Streit auf der Grundlage des Miteigentums, der allein nach § 745 Abs. 2
BGB zu entscheiden ist (BGH NJW 1982, 1753; FamRZ 1994, 98). Zuständig ist deswegen nicht das Familiengericht, sondern die allgemeine
Prozessabteilung bzw. das Landgericht.

Streitigkeiten mit Dritten sind nie Gegenstand des Hausrats- oder
Wohnungsverfahrens (BGH FamRZ 1994, 98). Insbesondere das Her-
ausgabeverlangen in bezug auf bei Dritten gelagerten Hausrat oder die
Wohnung, die nach der Trennung der Ehegatten bzw. Lebenspartner
(auch) von einem Dritten bewohnt wird, sind deswegen nicht vor dem
Familiengericht, sondern die der allgemeinen Prozessabteilung bzw. dem
Landgericht geltend zu machen.

1.3 Vorläufige und endgültige Regelungen

Für die Reichweite der gerichtlichen Regelungsbefugnis in bezug auf   *26*
Hausrat und die Wohnung ist danach zu differenzieren, ob die Regelung
für die Zeit der Trennung begehrt wird oder ob sie die Zeit nach der
Scheidung oder Aufhebung der Ehe bzw. Lebenspartnerschaft betreffen
soll.

Für die Trennungszeit können die Eheleute oder Lebenspartner allein
vorläufige Regelungen in bezug auf die Nutzung der Hausratsgegenstände und der Wohnung erreichen. Das ergibt sich bereits daraus, dass
für dieses Stadium materiellrechtlich §§ 1361a und 1361b BGB (Eheleute) bzw. §§ 13 und 14 LPartG anzuwenden sind. Die für endgültige
Regelungen gedachten §§ 1–10 HausratsVO bzw. §§ 18 und 19 LPartG
gelten dagegen nicht. Im Eherecht ist die Trennungszeit nur ein dem
Scheidungsverfahren vorausgehendes Entscheidungsstadium, in dem
nach der Vorstellung des Gesetzgebers das weitere Schicksal der Ehe
noch offen sein sollte (wenngleich in der Rechtswirklichkeit eine Trennung auch regelmäßig in eine Scheidung einmündet). Den Eheleuten
darf daher nicht durch endgültige Regelungen der Weg zu einer funktionierenden Lebensgemeinschaft zurück erschwert werden. Im Lebenspartnerschaftsrecht trägt dieser Gedanke zwar nicht ohne weiteres, weil
die Lebenspartnerschaft weder eine Lebensgemeinschaft fordert (HK-
LPartG/Kemper, § 2 LPartG Rdnr. 9) noch die Aufhebung der Lebenspartnerschaft ein Getrenntleben voraussetzt (HK-LPartG/Kemper, § 15

LPartG Rdnr. 3). Auch hier kann aber angenommen werden, dass ein vorschneller endgültiger staatlicher Eingriff in bezug auf das Eigentum am Hausrat oder die Nutzung der lebenspartnerschaftlichen Wohnung zu einer unerwünschten Verfestigung des Ablösungsprozesses führte, der dem Charakter der Lebenspartnerschaft als einer auf Lebenszeit geschlossenen Partnerschaft widerspräche.

Auch das Verfahren nach § 2 GewSchG ermöglicht grundsätzlich nur vorläufige Regelungen, die zudem zu befristen sind. Nur in dem seltenen Fall, dass dem Gewalttätigen bzw. Drohenden kein eigenes Nutzungsrecht an der Wohnung zusteht, kommt eine endgültige Regelung in Betracht (Rdnr. 225).

27 Bei der Beschränkung auf vorläufige Regelungen während der Trennungszeit bleibt es auch dann, wenn die Parteien übereinstimmend eine endgültige Regelung der Rechtsverhältnisse an der Wohnung oder am Hausrat wollen (OLG Köln FamRZ 1994, 632; OLG Zweibrücken FamRZ 1990, 55). Die gesetzlichen Regelungen sind nicht dispositiv. Angesichts des in §§ 1361a, 1361b BGB, §§ 13 und 14 LPartG zum Ausdruck gekommenen Willens des Gesetzgebers, gerade nicht pauschal auf die HausratsVO und ihre Regelungsmöglichkeiten zu verweisen, verbieten sich auch Analogien zu dieser mangels einer Regelungslücke. Den Parteien bleibt nur die Möglichkeit, den Streit dadurch zu beenden, dass sie eine Vereinbarung über die bislang streitbefangenen Gegenstände treffen und damit den Streit endgültig beenden.

28 Endgültige Regelungen in bezug auf Wohnung und Hausrat können unter Eheleuten im Scheidungs- oder Aufhebungsverfahren für den Fall der Scheidung bzw. Aufhebung der Ehe und unter Lebenspartnern im Aufhebungsverfahren (§ 15 LPartG) verlangt werden. Es besteht dann ein Verhandlungs- und Entscheidungsverbund mit dem Scheidungs- bzw. Aufhebungsverfahren (§§ 623, 661 ZPO). Außerhalb des Scheidungs- oder Aufhebungsverfahrens kann das Hausrats- oder Wohnungsverfahren in bezug auf endgültige Regelungen als isoliertes Verfahren durchgeführt werden, für das dann allein die Verfahrensvorschriften der HausratsVO (§§ 11 ff.) gelten. Zu einer endgültigen Wohnungszuweisung aufgrund von § 2 GewSchG s Rdnr. 225.

2. Die gerichtliche Zuständigkeit für Verfahren über Hausrat und Wohnung

In bezug auf die gerichtliche Zuständigkeit hinsichtlich der Verfahren *29* über Hausrat und Wohnung ist – wie sonst auch – zwischen der internationalen (dazu unter 2.1, Rdnr. 30 ff.), der sachlichen und innergerichtlichen Zuständigkeit (dazu unter 2.2, Rdnr. 41 ff.) sowie der örtlichen Zuständigkeit (dazu unter 2.3, Rdnr. 56 ff.) zu unterscheiden.

2.1 Die internationale Zuständigkeit deutscher Gerichte

Die internationale Zuständigkeit für Familiensachen folgt regelmäßig *30* aus der örtlichen und wird damit grundsätzlich nach § 621 Abs. 2, 3 ZPO bestimmt (BGH FamRZ 1983, 806; 1992, 426, 427; OLG Düsseldorf FamRZ 1981, 1005, 1006; OLG München FamRZ 1982, 315, 316). § 621 Abs. 2 ZPO stellt aber nach seiner Neufassung durch das IPR-Reformgesetz klar, dass die Zuständigkeit deutscher Gerichte im Verhältnis zu derjenigen ausländischer Gerichte keine ausschließliche ist.

2.1.1 *Staatsvertragliche Zuständigkeitsregelungen*

Die Bestimmung der internationalen Zuständigkeit nach der örtlichen *31* Zuständigkeit ist ausgeschlossen, wenn die internationale Zuständigkeit besonders staatsvertraglich geregelt ist. In diesem Fall geht die staatsvertragliche Regelung als lex specialis vor (BGH FamRZ 1984, 350, 353). Im hier betroffenen Sachbereich ist das allerdings nur ausnahmsweise der Fall:

Die Verordnung über die Zuständigkeit und die Anerkennung und Vollstreckung von Entscheidungen in Ehesachen und in Verfahren betreffend die elterliche Verantwortung für die gemeinsamen Kinder der Ehegatten vom 29. 5. 2000 (EheVO, auch als Brüssel II bezeichnet, ABl. EG L 160, 19) ist auf Hausrats- und Wohnungsverfahren nicht anwendbar, weil diese Gegenstände nicht zu den in Art. 1 VO genannten Sachgebieten gehören, auf die sich die Verordnung bezieht. Das gilt selbst dann, wenn diese Streitigkeiten im Verbund mit einer Ehesache stehen, auf welche die Verordnung grundsätzlich anwendbar ist. Für Streitigkeiten unter Lebenspartnern (vgl. HK-LPartG/Kiel, Art. 17a EGBGB Rdnr. 81; Thomas/Putzo/Hüßtege, Vor Art. 1 EheVO Rdnr. 5) und nicht miteinander verheirateten Personen gilt die Verordnung ohnehin nicht.

32   Teilweise anwendbar sind dagegen die Verordnung Nr. 44/2001 über die gerichtliche Zuständigkeit und die Anerkennung und Vollstreckung von Entscheidungen in Zivil- und Handelssachen vom 22. 12. 2000 (sog. Brüssel I Verordnung, ABl. EG L 12 vom 16. 1. 2001, S. 1), das Europäische Übereinkommen über die gerichtliche Zuständigkeit und die Vollstreckung gerichtlicher Entscheidungen in Zivil- und Handelssachen vom 27. 9. 1968 (EuGVÜ, BGBl. 1972 II 773), die Vorgängerregelung dazu, die weiterhin im Verhältnis zu Dänemark in Kraft ist, sowie das Übereinkommen über die gerichtliche Zuständigkeit und Vollstreckung gerichtlicher Entscheidungen in Zivil- und Handelssachen vom 16. 8. 1988 (Luganer Übereinkommen, BGBl. 1994 II 2658), das mit dem EuGVÜ inhaltlich und textlich deckungsgleich ist und das Verhältnis zu Island, Norwegen, Polen und der Schweiz gilt.

Der räumliche Anwendungsbereich dieser Abkommen und der Verordnung umfasst unterschiedliche Staaten. Soweit es aber ihren sachlichen Anwendungsbereich und die daraus abzuleitenden Folgen betrifft, weisen die Abkommen und die Verordnung keine Unterschiede auf. Das im folgenden Gesagte gilt daher für alle:

In bezug auf Hausrats- und Wohnungsstreitigkeiten auf der Grundlage der Hausratsverordnung und des BGB sind alle diese Regelungen unanwendbar. Nach Art. 1 Abs. 2 lit. a) sind alle Verfahren über die ehelichen Güterstände ausgenommen. Das umfasst alle vermögensrechtlichen Streitigkeiten, die sich unmittelbar aus der Ehe oder ihrer Auflösung ergeben (OLG München IPrax 1999, 14; Musielak/Weth, Art. 1 EuGVÜ Rdnr. 4 zur Vorbildregelung des EuGVÜ). Hierher gehört auch der Streit um Hausratsgegenstände und die Ehewohnung (wie hier Zöller/Philippi, § 621 ZPO Rdnr. 77; Stein/Jonas/Schlosser, § 621 ZPO Rdnr. 62; a. A. Jayme IPrax 1981, 49 f.); denn insoweit handelt es sich gerade um Streitigkeiten, die sich aus der Beendigung der Ehe ergeben und die meist auch stark güterrechtlich überformt sind.

33   Nicht ganz so eindeutig ist, wie mit Streitigkeiten unter Lebenspartnern zu verfahren ist. Die Lebenspartnerschaft ist keine Ehe. Andererseits steht sie dieser aber sowohl in statusrechtlicher Hinsicht als auch in ihren Folgen sehr nahe. Alle Argumente, die dafür sprechen, die in Art. 1 Abs. 2 lit. b) genannten Streitigkeiten unter Eheleuten aus dem Anwendungsbereich des EuGVÜ herauszunehmen, treffen deswegen auch auf Lebenspartnerschaften zu. Wie die Hausrats- und Wohnungsstreitigkeiten unter Eheleuten unterfallen deswegen diejenigen unter Lebenspartnern nicht der Brüssel I Verordnung, dem EuGVÜ und dem Lugano-Übereinkommen.

Dieser Gedanke trägt aber nicht für die Gewaltschutzstreitigkeiten und 34
damit die Wohnungszuweisung nach § 2 GewSchG. Insoweit handelt es
sich gerade nicht um eine Streitigkeit unter Eheleuten im Zusammenhang mit der Beendigung der Ehe, sondern der Streit kann zwischen
Eheleuten, Lebenspartnern und anderen Paaren gleichermaßen auftreten. Das Verfahren dient auch nicht dazu, eine Partnerschaft abzuwi-
ckeln, sondern eine vorläufige Regelung zu treffen, nachdem es zu Gewaltanwendung gekommen ist. Es gleicht damit mehr einem Verfahren
auf Unterlassung oder Beseitigung einer Verletzung. Es handelt sich deswegen um ein Verfahren, das der Brüssel I Verordnung, dem EuGVÜ
oder dem Lugano-Abkommen unterfällt. Es ist als deliktische Streitigkeit
zu qualifizieren.

Die genannten Rechtsquellen sind nur auf Verfahren anwendbar, de- 35
ren Parteien ihren Wohnsitz in verschiedenen Vertragsstaaten haben.
Vertragsstaaten der Brüssel I Verordnung sind zur Zeit alle Mitglieds-
staaten der EU mit Ausnahme Dänemarks (insoweit gilt das EuGVÜ
weiter). Das Luganer Abkommen gilt im Verhältnis zu Island, Norwegen, Polen und der Schweiz. Nach Art. 2 Abs. 1 VO Brüssel I, EuGVÜ
und LugÜ sind dann unter den Gerichten der Vertragsstaaten die Gerichte des Wohnsitzstaates des Beklagten international zuständig. Auf
die Staatsangehörigkeit des Beklagten kommt es nicht an. Daneben eröffnet Art. 5 VO Brüssel I, EuGVÜ und LugÜ die internationale Zuständigkeit des Gerichts an dem Ort, an dem sich die Gewalttat ereignet
hat (Keidel/Kuntze/Weber, § 64 FGG Rdnr. 18p).

2.1.2 *Allgemeine Zuständigkeit ohne Anhängigkeit einer Ehesache oder Lebenspartnerschaftssache*

Ist eine Ehesache oder eine Lebenspartnerschaftssache nicht anhängig 36
und greift keine besondere staatsvertragliche Regelung ein, folgt die internationale Zuständigkeit für Hausrats- und Wohnungsstreitigkeiten
der örtlichen. Das Gleiche gilt für Gewaltschutzsachen nach § 2 Gew-
SchG.

Soweit die örtliche Zuständigkeit nicht ausschließlich ist, kann auch die
internationale Zuständigkeit durch Vereinbarung oder rügelose Einlas-
sung begründet werden.

2.1.3 Allgemeine Zuständigkeit bei Anhängigkeit einer Ehe- oder Lebenspartnerschaftssache

37 Ist eine Ehesache oder Lebenspartnerschaftssache in der Bundesrepublik Deutschland anhängig, sind die deutschen Gerichte grundsätzlich auch für die anderen, diese Lebensgemeinschaft betreffenden Folgesachen international zuständig (BGHZ 75, 241, 243; BGH FamRZ 1990, 32; 1993, 176; OLG Düsseldorf FamRZ 1980, 1005, 1006; OLG Frankfurt IPrax 1983, 294, 295; OLG Hamm FamRZ 1990, 781, 782; OLG München FamRZ 1982, 315; OLG Zweibrücken FamRZ 1988, 624). Dabei werden die Hausrats- und Wohnungsstreitigkeiten ausdrücklich einbezogen (§ 621 Abs. 2 S. 1 ZPO am Anfang, für Lebenspartnerschaftssachen durch die Verweisung in § 661 Abs. 2 ZPO), Gewaltschutzsachen nur dann, wenn sie auf Anordnungen gegenüber dem anderen Ehegatten oder Lebenspartner abzielen (§ 621 Abs. 2 S. 1 Nr. 5 ZPO).

Anhängig wird die Ehe- bzw. Lebenspartnerschaftssache durch die Einreichung des Scheidungs- oder Aufhebungsantrags. Die Einreichung eines Prozesskostenhilfegesuchs reicht dagegen nicht aus. Die Anhängigkeit endet durch die rechtskräftige Entscheidung der Sache, durch die Rücknahme des Antrags, die beidseitige Erledigungserklärung und den Tod mindestens eines der Ehegatten oder Lebenspartners.

38 Anders als die örtliche Zuständigkeit ist die internationale keine ausschließliche (OLG Celle FamRZ 1993, 95).

39 Ist die Ehesache oder Lebenspartnerschaftssache im Ausland anhängig, sind die deutschen Gerichte trotzdem für die anderen Familiensachen zuständig, wenn sie für diese nach den allgemeinen Grundsätzen örtlich zuständig sind (OLG Frankfurt FamRZ 1990, 171); denn die Anhängigkeit im Ausland begründet keine Zuständigkeitskonzentration bei dem Gericht der Ehesache bzw. Lebenspartnerschaftssache nach § 621 Abs. 2 ZPO, weil insoweit nicht die Ausschließlichkeit der Zuständigkeit angeordnet ist.

40 Eine Überleitung nach § 621 Abs. 3 ZPO kommt bei Rechtshängigwerden der Ehe- oder Lebenspartnerschaftssache bzw. einer Ehe- oder Lebenspartnerschaftssache im Ausland nach Anhängigkeit einer anderen Familiensache in Deutschland nicht in Betracht; denn durch deutsche Vorschriften kann einem ausländischen Gericht keine Zuständigkeit aufgedrängt werden (OLG Frankfurt FamRZ 1982, 528; 1990, 171; OLG München FamRZ 1979, 153, 154).

2.2 Die sachliche und innergerichtliche Zuständigkeit für Hausrats- und Wohnungsverfahren

2.2.1 Zuständigkeitsregelungen

Die sachliche Zuständigkeit für Hausrats- und Wohnungsverfahren in *41* bezug auf Streitigkeiten von Eheleuten folgt aus § 11 Abs. 1 HausratsVO, in bezug auf die Verfahren nach §§ 1361a und 1361b BGB aus § 18a HausratsVO, wo auf die Verfahrensregeln der HausratsVO im allgemeinen verwiesen wird: Zuständig ist das Gericht der Ehesache des ersten Rechtszugs. Das ist das Familiengericht, eine besondere Abteilung der Amtsgerichte. Für Streitigkeiten unter Lebenspartnern ergibt sich dieselbe Rechtsfolge aus § 17 Abs. 1 S. 1 LPartG.

Im Verhältnis zur Zuständigkeit der allgemeinen Prozessabteilung des *42* Amtsgerichts ist die Zuständigkeitszuweisung eine gesetzliche Regelung der Geschäftsverteilung (BGHZ 71, 264 ff.; Rolland/Roth, § 621 ZPO Rdnr. 1.; a. A. vor allem Jauernig, FamRZ 1977, 681; 1989, 1, der annimmt, es handele sich um die Regelung der sachlichen Zuständigkeit).

Wohnungszuweisungen nach dem Gewaltschutzgesetz fallen nach *43* § 23a Nr. 7 GVG in die sachliche Zuständigkeit der Amtsgerichte und nach § 23b Abs. 1 S. 2 Nr. 8a GVG, § 621 ZPO in diejenige der Familiengerichte, wenn die Beteiligten einen auf Dauer angelegten gemeinsamen Haushalt führen oder innerhalb von sechs Monaten vor der Antragstellung geführt haben. Da § 2 GewSchG für eine Wohnungszuweisung materiellrechtlich ebenfalls das Führen eines gemeinsamen Haushalts verlangt, ist diese Voraussetzung in allen Fällen gewahrt, in denen eine Wohnungszuweisung nach dem Gewaltschutzgesetz in Betracht kommt. Für Wohnungsverfahren i. S. d. § 2 GewSchG ist deswegen immer das Familiengericht zuständig.

2.2.2 Korrektur von Zuständigkeitsfehleinordnungen

In bezug auf die Korrektur von Zuständigkeitsfehleinordnungen ist nach *44* den unterschiedlichen Verfahren zu differenzieren: Für Streitigkeiten unter Eheleuten, für die die HausratsVO anzuwenden ist, findet sich eine Teilregelung der Problematik in § 18 HausratsVO. Für Streitigkeiten unter Lebenspartnern ist auf diese Vorschrift gerade nicht verwiesen, weil das Lebenspartnerschaftsgesetz nur die materiellrechtlichen, nicht aber die verfahrensrechtlichen Vorschriften der HausratsVO in seine Verweisungen einbezieht. Gleichwohl spricht nichts dagegen, in diesen Fällen § 18 HausratsVO entsprechend anzuwenden; denn die Regelungen über Hausrat und Wohnung im Lebenspartnerschaftsgesetz sind denen der HausratsVO bis ins Detail nachgebildet. Das Vergessen des Verfahrensrechts dürfte als Versehen des Gesetzgebers einzuordnen sein bzw. auf der bislang noch nicht realisierten Umsetzung des Lebenspartnerschaftsgesetzergänzungsgesetzes beruhen.

Dagegen sind die Vorschriften der HausratsVO auf das Verfahren nach dem Gewaltschutzgesetz nicht anzuwenden; insoweit bleibt es bei den allgemeinen Regeln für die Korrektur von Zuständigkeitsfehleinordnungen.

2.2.2.1 Hausrats- und Wohnungsverfahren nach HausratsVO, BGB und LPartG

45 Geregelt ist die Korrektur von Zuständigkeitsfehleinordnungen für den Fall, dass ein Beteiligter Ansprüche hinsichtlich der Wohnung oder des Hausrats in einem anderen Rechtsstreit geltend macht. In diesem Fall muss das Prozessgericht die Sache insoweit an das nach § 11 HausratsVO zuständige Familiengericht abgeben (§ 18 Abs. 1 S. 1 HausratsVO). Der Abgabebeschluss kann nach Anhörung der Parteien auch ohne mündliche Verhandlung ergehen (§ 18 Abs. 1 S. 2 HausratsVO). In Streitigkeiten um Hausrat und Wohnung unter Lebenspartnern gilt das entsprechend.

Die Verweisung ist für das in ihm bezeichnete Gericht bindend (§ 18 Abs. 1 S. 3 HausratsVO). Das gilt auch in bezug auf die Zuordnung der Sache zum Familiengericht (OLG Hamburg FamRZ 1982, 941; OLG Karlsruhe FamRZ 1976, 93; 1992, 1082, 1083; OLG Köln FamRZ 1980, 173; Heintzmann, FamRZ 1983, 957, 960; Zöller/Philippi, § 621 ZPO Rdnr. 49; a. A. Johannsen/Sedemund-Treiber, § 621 ZPO Rdnr. 15; Rolland/Roth, § 621 ZPO Rdnr. 37, die annehmen, die Bindung erstrecke sich auch in diesem Fall nur auf das Gericht, nicht aber die Abteilung); denn wie schon der von § 281 ZPO abweichende Wortlaut der Vorschrift erkennen lässt, meint § 18 Abs. 1 S. 3 HausratsVO nicht nur verschiedene Gerichte, sondern gerade auch die verschiedenen Abteilungen innerhalb eines Gerichts (OLG Frankfurt FamRZ 1981, 479; Ewers, FamRZ 1990, 1373; Heintzmann, FamRZ 1983, 957, 960).

46 Nicht von § 18 HausratsVO erfasst ist der umgekehrte Fall, dass ein nicht in das Hausrats- oder Wohnungsverfahren gehörender Anspruch in diesem Verfahren geltend gemacht wird. Insoweit ist zu differenzieren:

Handelt es sich bei der Sache zwar nicht um eine Hausrats- oder Ehewohnungssache, aber um eine Streitigkeit, die in die sachliche Zuständigkeit des Amtsgerichts fällt, gibt das Familiengericht die Sache formlos an die zuständige Abteilung ab. Bindungswirkung entfaltet diese Abgabe nicht; denn § 18 Abs. 1 S. 3 HausratsVO erfasst nur den umgekehrten

Fall, und für die Anwendung des § 281 ZPO im Fall der Geschäftsverteilungsunzuständigkeit besteht kein Raum (BGHZ 71, 264, 272 f.; 1979, 217; 1980, 554; 989; OLG Hamburg FamRZ 1978, 797; OLG Düsseldorf FamRZ 1978, 125; OLG Hamm FamRZ 1989, 526; anderer Ansicht sind konsequenterweise diejenigen, welche die Regelungen in §§ 23b GVG, 621 ZPO als Regelung der sachlichen Zuständigkeit annehmen und deswegen § 281 ZPO unmittelbar anwenden; vgl. Bergerfurth, DRiZ 1978, 230; Jauernig, FamRZ 1978, 676, 677). Das bedeutet, dass die Abteilung, an die abgegeben wurde, ihre Zuständigkeit selbst überprüfen muss.

Fällt der Streit in die sachliche Zuständigkeit des Landgerichts, verweist das Familiengericht an dieses. Die Verweisung hat insoweit Bindungswirkung; denn es geht nicht mehr nur um die Geschäftsverteilungszuständigkeit wie bei der Verweisung innerhalb des Amtsgerichts, sondern um die Korrektur einer Fehlzuordnung der sachlichen Zuständigkeit (BGH FamRZ 1990, 147; Wieczorek/Schütze/Kemper, § 621 ZPO Rdnr. 10; Rolland/Roth, § 621 ZPO Rdnr. 38). Insoweit gilt § 281 ZPO unmittelbar. Das Landgericht ist deswegen gehindert, an das Amtsgericht zurückzuverweisen.   *47*

Das Berufungs- bzw. das Beschwerdegericht prüft nicht, ob die entschiedene Sache eine Familiensache ist (621e Abs. 4 S. 1 ZPO). Hat das Gericht der ersten Instanz irrtümlich eine Hausrats- oder Wohnungssache angenommen, kann dieser Fehler deswegen nicht mit der Berufung bzw. der Beschwerde angegriffen werden.   *48*

Kompetenzkonflikte zwischen dem Familiengericht und der Prozessabteilung des Amtsgerichts werden in entsprechender Anwendung des § 36 Nr. 6 ZPO durch das im Instanzenzug nachfolgende Gericht entschieden (BGH FamRZ 1978, 582; 1979, 421; 1990, 36; 1992, 664; FamRZ 1992, 794; BayObLG FamRZ 1980, 1034, 1036; 1983, 1246; OLG Karlsruhe FamRZ 1991, 90). Obwohl es sich bei der Aufgabenzuweisung nur um einen Fall der gesetzlichen Geschäftsverteilung handelt (Rdnr. 42), ist die Entscheidung über den innerhalb des Gerichts bestehenden Konflikt der Entscheidung des Präsidiums entzogen. Dieses ist nur dazu berufen, den von ihm selbst erstellten Geschäftsverteilungsplan auszulegen, nicht aber gesetzliche Geschäftsverteilungsfragen verbindlich zu regeln, da das Grundrecht auf rechtliches Gehör insoweit ein justizförmiges Verfahren verlangt, in dem die Parteien die Gelegenheit zur Stellungnahme haben (OLG Schleswig SchlHA 1980, 212; Zöller/Philippi, § 621 ZPO Rdnr. 74; Wieczorek/Schütze/Kemper, § 621 ZPO Rdnr. 15).   *49*

Da § 36 Nr. 6 ZPO nur entsprechend angewendet wird, ist weder eine rechtskräftige Unzuständigkeitserklärung noch das Entscheidungsgesuch einer Partei (§ 37 ZPO) erforderlich (BGH FamRZ 1978, 582; 1979, 421; BayObLG FamRZ 1980, 1034, 1036; OLG Hamm FamRZ 1991, 1070; OLG Düsseldorf FamRZ 1991, 1070; OLG Karlsruhe FamRZ 1991, 90; a. A. aber Baumbach/Lauterbach/Hartmann, § 36 ZPO Rdnr. 7). Diese Erfordernisse passen nicht, wenn es nur um die Klärung der Zuständigkeit innerhalb eines Gerichts und nicht unter verschiedenen Gerichten geht. Die Entscheidung des Kompetenzkonflikts selbst ist weder eine Familien-, noch eine normale Streitsache (Schlüter/König, FamRZ 1982, 1159, 1168). Die gerichtsinterne Zuständigkeit innerhalb des übergeordneten Gerichts ergibt sich daher allein aus dessen Geschäftsverteilungsplan (OLG Düsseldorf FamRZ 1981, 479; Bergerfurth, DRiZ 1978, 230, 232). In der Praxis kommen daher Entscheidungen sowohl von Familien- als auch von Zivilsenaten vor.

2.2.2.2 Verfahren nach § 2 Gewaltschutzgesetz

50 In Verfahren nach § 2 GewSchG gilt § 18 HausratsVO nicht. Für die Korrektur von Zuständigkeitsfehleinordnungen gelten daher die allgemeinen Regeln. Die Unterschiede zu den gerade dargestellten Grundsätzen sind allerdings gering. Sie ergeben sich vor allem daraus, dass bei einer Verweisung nach § 281 ZPO nicht an das Familiengericht, sondern nur an das Amtsgericht zu verweisen ist, wenn beim Landgericht festgestellt wird, dass eine dort anhängig gemachte Streitigkeit nicht in seine Zuständigkeit fällt, weil es sich um eine Gewaltschutzsache handelt. Daraus folgt:

51 Verweist das Prozessgericht eine irrtümlich bei ihm anhängig gemachte Gewaltschutzsache, ist zu unterscheiden: Eine Verweisung der Prozessabteilung des Amtsgerichts an das Familiengericht ist eine formlose Abgabe ohne Bindungswirkung; denn betroffen ist nur die Geschäftsverteilungszuständigkeit. Das Rdnr. 46 Gesagte gilt insofern entsprechend. Verweist das Landgericht eine bei ihm anhängig gemachte Gewaltschutzsache, handelt es sich um eine Verweisung, die lediglich vom Landgericht an das Amtsgericht erfolgt; denn nur insoweit ist die sachliche Zuständigkeit betroffen. Welche Abteilung des Amtsgerichts sich mit der Sache zu befassen hat, fällt nicht in die Entscheidungskompetenz des Landgerichts, sondern ist dem Amtsgericht zur Entscheidung überlassen. Das Amtsgericht hat also selbst darüber zu befinden, ob das Familiengericht oder die Prozessabteilung zuständig ist (vgl. BGH FamRZ 1979, 1005; 1980, 557; 1988, 155, 156; OLG Hamm FamRZ 1979, 1035; Zöller/Philippi, § 621 ZPO Rdnr. 73; Rolland/Roth, § 621 ZPO Rdnr. 36; MünchKomm-ZPO/Walter, § 621 ZPO Rdnr. 12; Wieczorek/Schütze/

Kemper, § 621 ZPO Rdnr. 10; a. A. OLG Frankfurt FamRZ 1980, 471; OLG Köln FamRZ 1982, 944 f.; OLG Stuttgart FamRZ 1980, 607). Das gilt auch dann, wenn das Landgericht die Verweisung ausdrücklich an das Familiengericht ausspricht.

Eine erweiterte Bindungswirkung besteht auch, wenn eine vom Land- *52* gericht als sonstige FGG-Sache eingeordnete Streitigkeit aus diesem Grund an das Familiengericht verwiesen wird. Insoweit handelt es sich nicht um eine Verweisung nach § 281 ZPO, sondern um eine solche nach § 17a Abs. 2 GVG, der nach allgemeiner Ansicht entsprechend auf die Abgrenzung zwischen Zivilprozess und Verfahren der Freiwilligen Gerichtsbarkeit angewendet wird (BayObLGZ 1991, 186, 188; NJW-RR 1992, 597; KG NJW-RR 1991, 461). Nach dem Zweck des § 17a GVG, den Rechtsweg (im Fall der entsprechenden Anwendung die Verfahrensart) dem weiteren Streit der Gerichte zu entziehen, muss diese Verweisung bezüglich der Verfahrensart als bindend angesehen werden (§ 17a Abs. 2 S. 3 GVG analog). Wie es aber bei der direkten Anwendung des § 17a GVG dem Gericht, an das verwiesen wird, vorbehalten bleibt, die sachliche, örtliche und funktionelle Zuständigkeit selbst zu überprüfen und gegebenenfalls weiterzuverweisen, wenn es diese verneint, kann auch bei der entsprechenden Anwendung des § 17a GVG das im Verweisungsbeschluss bezeichnete Gericht an ein anderes weiterverweisen bzw. abgeben, wenn dieses ebenfalls nach den im Verweisungsbeschluss für anwendbar erklärten Verfahrensregeln judiziert. Wird die Sache an das Familiengericht verwiesen, darf dieses daher noch entscheiden, ob die Sache von ihm übernommen wird oder ob es sie an eine andere nach den Vorschriften des FGG verfahrenden Abteilung (z. B. an das Vormundschaftsgericht) abgibt. In Wohnungs- und Hausratsstreitigkeiten dürften derartige Fälle kaum vorkommen.

Für Verweisungen seitens des Familiengerichts an das Landgericht *53* oder die Prozessabteilung des Amtsgerichts gilt das Rdnr. 46 f. Gesagte; denn insoweit bestehen auch im Hausrats- und Wohnungsverfahren keine Besonderheiten, weil § 18 HausratsVO für diese Konstellation nicht gilt (Rdnr. 46).

Die Korrektur von Zuständigkeitsfehlern in der zweiten Instanz ist *54* nicht mehr möglich (Rdnr. 48).

Die Klärung von Kompetenzkonflikten richtet sich nach den in *55* Rdnr. 49 dargestellten Grundsätzen. Allerdings ist bei Kompetenzkonflikten, in denen Fragen der sachlichen mit der Geschäftsverteilungszuständigkeit vermischt sind, durch das zur Entscheidung über den Kompetenzkonflikt berufene Gericht zunächst allein die sachliche Zuständigkeit zu klären (Rolland/Roth, § 621 ZPO Rdnr. 41; Zöller/Philippi, § 621 ZPO Rdnr. 74). Wenn also etwa ein Landgericht sich für unzuständig erklärt hat, weil es irrig annahm, der zu entscheidende Fall betreffe eine Gewaltschutzsache und das Familiengericht die Übernahme der Sache ablehnt, darf im Verfahren nach § 36 Nr. 6 ZPO zunächst nur entschieden werden, dass die Verweisung an das Amtsgericht nach § 281 Abs. 2 ZPO für dieses bindend war. Die Verweisung hat aber keine Bindungswirkung hinsichtlich der Frage, welche Abteilung innerhalb des Amtsgerichts zuständig ist; denn über diese Frage ist noch kein Kompetenzkonflikt aufgetreten, weil sich die Prozessabteilung des Amtsgerichts mit der Zuständigkeitsfrage noch gar nicht befasst hat. Äußerungen des über den Konflikt hinsichtlich der sachlichen Kompetenz entscheidenden Gerichts zu dieser Frage binden das Amtsgericht daher noch nicht. Erst wenn innerhalb des Amtsgerichts ein neuer Konflikt zwischen Familien- und Prozessabteilung auftritt, ist dieser Streit dann im Verfahren nach § 36 analog ZPO zu entscheiden (Wieczorek/Schütze/Kemper, § 621 ZPO Rdnr. 16).

2.3 Die örtliche Zuständigkeit für Hausrats- und Wohnungsverfahren

56   Die örtliche Zuständigkeit für Hausrats- und Wohnungssachen hängt davon ab, ob zugleich eine Ehe- oder Lebenspartnerschaftssache anhängig ist. Das gilt unabhängig davon, ob es sich um ein Verfahren zur vorläufigen Regelung der Rechtsverhältnisse an Hausrat oder Ehewohnung nach §§ 1361a und 1361b BGB handelt, ob es ein Verfahren zur vorläufigen Regelung der Rechtsverhältnisse am Hausrat oder der lebenspartnerschaftlichen Wohnung nach §§ 13 und 14 LPartG ist, ob es um eine Wohnungszuweisung nach § 2 GewSchG geht oder ob endgültige Regelungen der Rechtsverhältnisse nach der HausratsVO oder nach §§ 17 ff. LPartG angestrebt werden.

57   Ist eine Ehesache oder eine Lebenspartnerschaftssache nicht anhängig, gelten für die örtliche Zuständigkeit die allgemeinen Vorschriften (§§ 621 Abs. 2 S. 2, 661 Abs. 2 ZPO); ist dagegen eine Ehesache bzw. eine Lebenspartnerschaftssache anhängig, ist unter den deutschen Gerichten das Gericht des ersten Rechtszugs ausschließlich örtlich zuständig, bei dem die Ehesache bzw. Lebenspartnerschaftssache anhängig ist oder war (§§ 621 Abs. 2 S. 1, 661 Abs. 2 ZPO). Wird eine Ehe- oder Lebenspartnerschaftssache schließlich erst nach der anderen Familiensache rechtshängig, ist das Verfahren an das Gericht der Ehesache bzw. der Lebenspartnerschaftssache abzugeben (§§ 621 Abs. 3, 661 Abs. 2 ZPO). Durch diese Regelungen sollen Familiensachen beim Gericht der Ehe-

bzw. Lebenspartnerschaftssache konzentriert werden, um Doppelbefassungen zu vermeiden und die Voraussetzungen für die Durchführung des Verhandlungs- und Entscheidungsverbunds zu schaffen.

2.3.1 Örtliche Zuständigkeit ohne Anhängigkeit einer Ehesache bzw. einer Lebenspartnerschaftssache

Ist eine Ehesache bzw. eine Lebenspartnerschaftssache nicht anhängig, 58
richtet sich die örtliche Zuständigkeit für die Entscheidung der isolierten Familiensache nach den allgemeinen Grundsätzen. Welche das sind, wird durch den Charakter der Familiensache bestimmt, so dass dieselbe Familie betreffende Familiensachen bei verschiedenen Gerichten anhängig sein können: Die örtliche Zuständigkeit für das Hausratsverfahren einschließlich der Verfahren nach §§ 1361a und 1361b BGB richtet sich nach § 11 HausratsVO. Diese Vorschrift ist für Hausrats- und Wohnungssachen in Lebenspartnerschaften entsprechend anzuwenden. Gewaltschutzsachen folgen der Zuständigkeitsregelung in § 64b FGG. Die Zuständigkeit für diese FGG-Familiensachen ist immer eine ausschließliche (Rolland/Roth, § 621 ZPO Rdnr. 19).

Wird eine isolierte Familiensache bei einem örtlich unzuständigen Familiengericht anhängig gemacht, ist nach § 281 ZPO zu verfahren. Für die FGG-Familiensachen einschließlich der Hausrats-, Wohnungs- und Gewaltschutzsachen folgt das aus der in § 621a ZPO angeordneten entsprechenden Anwendung der ZPO-Vorschriften (vgl. BGH NJW-RR 1990, 1926; 1991, 1346). Auch in diesem Fall ist aber – anders als im FGG-Verfahren – für die Verweisung ein Antrag erforderlich (KG FamRZ 1980, 470; Zöller/Philippi, § 621 ZPO Rdnr. 87; Rolland/Roth, § 621 ZPO Rdnr. 20; offen gelassen in BGH NJW 1986, 3141). Die Verweisung bindet das Gericht, an das verwiesen wurde, hinsichtlich der örtlichen Zuständigkeit (§ 281 Abs. 2 ZPO); Zuständigkeitskonflikte zwischen dem abgebenden und dem Gericht, an das abgegeben wird, werden entsprechend § 36 ZPO entschieden (BGHZ 71, 15, 17).

2.3.2 Örtliche Zuständigkeit bei gleichzeitiger Anhängigkeit einer Ehesache oder einer Lebenspartnerschaftssache

Ist eine Ehesache oder eine Lebenspartnerschaftssache anhängig, ist das 59
Gericht der Ehesache bzw. der Lebenspartnerschaftssache des ersten Rechtszug ausschließlich örtlich zuständig für alle Familiensachen, die dieselbe Familie betreffen. Auch die Hausrats-, Wohnungs- und Gewalt-

schutzverfahren, soweit sie in die Zuständigkeit des Familiengerichts fallen (Rdnr. 44 ff.), unterliegen dieser Zuständigkeitskonzentration.

Darauf, ob das zur Entscheidung der Ehe- bzw. Lebenspartnerschaftssache angerufene Familiengericht für dieses Verfahren tatsächlich zuständig ist, kommt es nicht an. Die Konzentrationswirkung tritt nur dann nicht ein, wenn die Ehesache oder die Lebenspartnerschaftssache rechtsmissbräuchlich bewusst bei einem örtlich unzuständigen Gericht anhängig gemacht worden ist, um den Streit über die anderen Familiensachen dorthin zu ziehen (KG FamRZ 1989, 1105). Das nachzuweisen, dürfte in der Praxis jedoch kaum gelingen.

60   Die Anhängigkeit der Ehe- bzw. Lebenspartnerschaftssache bestimmt sich nach den allgemeinen Grundsätzen. Sie tritt also durch die Einreichung des Scheidungs- oder Aufhebungsantrags ein; ein Prozesskostenhilfegesuch reicht dagegen zur Begründung der Anhängigkeit nicht aus. Sie endet durch die rechtskräftige Entscheidung der Sache, durch die Rücknahme des Antrags, die beidseitige Erledigungserklärung und den Tod eines der Ehegatten oder Lebenspartners. Durch das bloße Nichtbetreiben des Rechtsstreits (BGH FamRZ 1983, 38, 39 f.; NJW-RR 1993, 898) oder das Weglegen der Akte nach Maßgabe der Aktenordnung (BGH FamRZ 1991, 1042; NJW-RR 1993, 898) wird sie dagegen nicht berührt; in derartigen Fällen kann es dazu kommen, dass ein Gericht ausschließlich zuständig ist, in dessen Bezirk beide Parteien nicht mehr leben. Dieser Umstand kann nur dadurch geändert werden, dass der noch anhängige Scheidungs- bzw. Aufhebungsantrag zurückgenommen wird.

61   Die durch die Anhängigkeit der Ehe- oder Lebenspartnerschaftssache für die anderen Familiensachen begründete Zuständigkeit ist eine ausschließliche; sie ist daher einer Parteivereinbarung entzogen. Probleme entstehen deswegen dann, wenn die ausschließliche Zuständigkeit nach § 621 Abs. 2 ZPO mit anderen ausschließlichen Zuständigkeiten kollidiert. Trifft die ausschließliche Zuständigkeit nach Abs. 2 mit derjenigen des Prozessgerichts bei einer Vollstreckungsgegenklage (§§ 767, 802 ZPO) zusammen, ist der Zuständigkeit des Prozessgerichts der Vorrang einzuräumen (BGH NJW 1980, 1393; Zöller/Philippi, § 621 ZPO Rdnr. 88; Rolland/Roth, § 621 ZPO Rdnr. 9; MünchKomm-ZPO/Walter, § 621 ZPO Rdnr. 136); denn die in § 802 ZPO angeordnete ausschließliche Zuständigkeit ist eine umfassende, während diejenige nach § 621 Abs. 2 ZPO nur die örtliche Zuständigkeit betrifft. Außerdem ist das Prozessgericht das für die materielle Einwendungen gegen den Vollstreckungstitel betreffende Vollstreckungsgegenklage das sachlich nähere Gericht. Dieser Vorrang ist aber nur dann anzunehmen, wenn bereits an

ein gerichtliches Verfahren angeknüpft werden kann. Die Zuständigkeit für Vollstreckungsgegenklagen nach §§ 797, 802 ZPO tritt deswegen nach richtiger Ansicht hinter diejenige nach § 621 Abs. 2 ZPO zurück (BayObLG FamRZ 1991, 1455; OLG Hamburg FamRZ 1984, 68). Ein Kollisionsproblem kann schließlich mit dem Gerichtsstand der Belegenheit beim Arrest (§ 919 ZPO) entstehen. Insoweit ist mit dem OLG Frankfurt anzunehmen, dass der besondere Gerichtsstand der Belegenheit durch § 621 Abs. 2 ZPO nicht verdrängt wird, weil der Gläubiger durch die Schaffung dieses Gerichtsstands in die Lage versetzt werden sollte, zur Wahrung seines Sicherungsbedürfnisses dort schnellen Zugriff auf Vermögensgegenstände des Schuldners zu nehmen, wo diese sich befinden (OLG Frankfurt FamRZ 1988, 184, 185). Dieser Zweck bleibt bestehen, auch wenn der Arrest einen aus einer Familiensache resultierenden Anspruch sichern soll.

Endet die Anhängigkeit der Ehe- oder Lebenspartnerschaftssache, endet auch die ausschließliche Zuständigkeit des Gerichts für alle noch nicht rechtshängigen Familiensachen. Für diejenigen Familiensachen, die während der Anhängigkeit der Ehe- oder Lebenspartnerschaftssache rechtshängig geworden sind, was bei den FGG-Familiensachen, um die es im vorliegenden Zusammenhang geht, der Zeitpunkt der Anhängigkeit ist (BGH FamRZ 1986, 454), bleibt es aber nach den Grundsätzen der perpetuatio fori bei der ausschließlichen Zuständigkeit des Gerichts der Ehe- oder Lebenspartnerschaftssache (§ 261 Abs. 3 Nr. 2 ZPO). **62**

Wird eine Hausrats-, Wohnungs- oder Gewaltschutzsache bei einem anderen als dem nach § 621 Abs. 2 ZPO örtlich zuständigen Familiengericht anhängig gemacht, ist nach § 281 ZPO zu verfahren (§ 621a ZPO), d. h. das Verfahren ist auf Antrag (Zöller/Philippi, § 621 ZPO Rdnr. 87; Rolland/Roth, § 621 ZPO Rdnr. 14; a. A. Thomas/Putzo, § 621 ZPO Rdnr. 42, die stets eine Verweisung von Amts wegen für zulässig halten) an das zuständige Gericht abzugeben. Der Antragsteller dieser Sache muss die durch die Verweisung entstehenden Mehrkosten tragen (§ 281 Abs. 3 Satz 2); § 621 Abs. 3 S. 2 ZPO findet insoweit keine Anwendung. Wird ein Antrag nicht gestellt, ist die Hausrats-, Wohnungs- oder Gewaltschutzsache abzuweisen (Zöller/Philippi, § 621 ZPO Rdnr. 87; Rolland/Roth, § 621 ZPO Rdnr. 14; Thomas/Putzo, § 621 ZPO Rdnr. 42). **63**

2.3.3 Örtliche Zuständigkeit bei späterem Rechtshängigwerden einer Ehesache bzw. einer Lebenspartnerschaftssache

Ist die Hausrats-, Wohnungs- oder Gewaltschutzsache bereits vor der Ehesache anhängig, greift die Zuständigkeitsregelung des § 621 Abs. 2 **64** für diese nicht mehr ein. Um den mit der Zuständigkeitskonzentration verfolgten Zweck, unnötige Doppelbefassungen der Familiengerichte zu vermeiden und alle eine Familie betreffenden Streitigkeiten bei einem Gericht zusammenzufassen, um den Entscheidungsverbund zu ermöglichen, auch in diesem Fall zu erreichen, ergänzt § 621 Abs. 3 ZPO die Zuständigkeitsregelung des § 621 Abs. 2 ZPO durch das Gebot, eine bereits anhängige Familiensache an das Gericht der Ehesache abzugeben oder zu verweisen, wenn eine Ehesache rechtshängig wird. Über § 661 Abs. 2 ZPO gilt das entsprechend, wenn eine Lebenspartnerschaftssache rechtshängig wird, nachdem bereits eine andere Lebenspartnerschaftssache anhängig war.

Parallelvorschriften zu § 621 Abs. 3 ZPO finden sich in § 64 Abs. 2 FGG und § 11 Abs. 3 HausratsVO, der jedenfalls für die hier relevanten Verfahren nach §§ 1 ff. HausratsVO, §§ 1361a und 1361b BGB und §§ 13–14, 17–19 LPartG gilt. Das Verhältnis dieser Regelung zu § 621 Abs. 3 ZPO ist umstritten. Auf den insoweit bestehenden Streit kommt es jedenfalls in der Praxis nicht an; denn alle Vorschriften sind inhaltsgleich.

65 Raum für die Überleitung ist nur, wenn das wegen der Hausrats-, Gewaltschutz oder Wohnungssache angerufene Gericht an sich sachlich und örtlich zuständig war. Fehlt es daran, ist nach § 281 zu verfahren (Johannsen/Henrich/Sedemund-Treiber, § 621 ZPO Rdnr. 8; Rolland/Roth, § 621 ZPO Rdnr. 21, 32).

66 Die Überleitung setzt nach dem Wortlaut des § 621 Abs. 3 ZPO, § 11 HausratsVO zunächst voraus, dass die Hausrats-, Wohnungs- oder Gewaltschutzsache in der ersten Instanz anhängig ist. Ob das der Fall ist, wird nach den allgemeinen Regeln bestimmt. Da aber der Zweck des Überleitungsgebots, die Entscheidung aller eine Familie betreffenden Familiensachen zur gemeinsamen Entscheidung bei einem Gericht zusammenzufassen, nur solange erreicht werden kann, wie noch keine die Instanz abschließende Entscheidung ergangen ist, ist der Tatbestand entsprechend teleologisch zu reduzieren. Sobald daher die die Instanz abschließende Entscheidung verkündet oder zugestellt ist, ist die Überleitung nicht mehr möglich (BGH NJW 1986, 2058; KG FamRZ 1979, 1062; OLG Stuttgart FamRZ 1978, 816). Das gilt gerade auch im Verfahren der Freiwilligen Gerichtsbarkeit (KG FamRZ 1979, 1062, 103; OLG Stuttgart FamRZ 1978, 816); denn in Familiensachen besteht die erleichterte Abänderungsmöglichkeit nach § 18 FGG für Endentscheidungen nicht (vgl. §§ 621e Abs. 3 S. 2, 577 Abs. 3 ZPO).

Die Überleitung ist nur solange möglich, wie die Hausrats-, Wohnungs- oder Gewaltschutzsache in der ersten Instanz anhängig ist. Befindet sie sich schon in der Rechtsmittelinstanz, scheidet die Überleitung daher aus (BGH FamRZ 1985, 800; NJW 1986, 2058). Sie wird erst dann wieder möglich, wenn die Sache von der Rechtsmittelinstanz in die erste Instanz zurückverwiesen wird (BGH FamRZ 1980, 444); d. h. das Rechtsmittelgericht muss dann an das Gericht der Ehe- oder Lebenspartnerschaftssache verweisen.

Die Ehesache bzw. Lebenspartnerschaftssache muss nach der Anhängigkeit der Hausrats-, Wohnungs- oder Gewaltschutzsache rechtshängig geworden, d. h. die Antragsschrift muss zugestellt worden (§§ 261 Abs. 1, 253 Abs. 1 ZPO) sein. Bloße Anhängigkeit (OLG Schleswig SchlHA 1079, 143) oder die Übersendung der Antragsschrift im Rahmen eines Prozesskostenhilfeverfahrens reicht dagegen nicht. **67**

Die Überleitung ist trotz des Vorliegens der Voraussetzungen nicht möglich, wenn das Gericht, bei dem die Hausrats-, Wohnungs- oder Gewaltschutzsache anhängig ist, für diese aus einem anderen Grund ausschliesslich zuständig ist (Kollision ausschließlicher Zuständigkeiten). Das kommt vor allem bei Vollstreckungsverfahren vor; denn die Gerichtsstände des Vollstreckungsrechts sind ausschließliche (§ 802 ZPO). Die Verweisung von Vollstreckungsgegenklagen und Arrestverfahren, in denen das Gericht der Belegenheit angerufen wurde, scheidet also aus. Das Gleiche gilt für Wiederaufnahmeverfahren. Eine Überleitung kann schließlich wegen der Bindungswirkung des § 281 Abs. S. 5 ZPO nicht erfolgen, wenn das (spätere) Gericht der Ehe- oder Lebenspartnerschaftssache die zunächst bei ihm anhängig gemachte Hausrats-, Wohnungs- oder Gewaltschutzsache wegen örtlicher Unzuständigkeit an das nun überleitungswillige Gericht verwiesen bzw. abgegeben hatte (Zöller/Philippi, § 621 ZPO Rdnr. 99; Rolland/Roth, § 621 ZPO Rdnr. 15; a. A. OLG Frankfurt FamRZ 1988, 184). **68**

Die Überleitung des Verfahrens bezüglich der Hausrats-, Wohnungs- oder Gewaltschutzsache wird von Amts wegen bewirkt. Der Beschluss kann ohne mündliche Verhandlung getroffen werden (§ 281 Abs. 2 S. 2 ZPO); den Parteien ist aber vorher rechtliches Gehör zu gewähren. Der Verweisungs- bzw. Abgabebeschluss ist unanfechtbar (§ 281 Abs. 2 S. 3 ZPO). Er ist für das Gericht der Ehe- oder Lebenspartnerschaftssache bindend (§ 281 Abs. 2 S. 5 ZPO). Zu beachten ist jedoch, dass die Bindungswirkung nur soweit geht wie der Regelungsgehalt des Überleitungsbeschlusses: Die Überleitung erfolgt zur Schaffung einer örtlichen Zuständigkeitskonzentration mit der Ehesache bzw. Lebenspartnerschaftssache. Das Gericht der Ehe- oder Lebenspartnerschaftssache ist **69** daher nicht daran gehindert, die Sache an eine andere Abteilung des Amtsgerichts weiterzuverweisen, wenn es der Auffassung ist, bei der übergeleiteten Sache handele es sich nicht um eine Familiensache (BGH FamRZ 1980, 557; BayObLG FamRZ 1980, 1034; 1981, 62). Ebenso ist das Gericht der Ehe- bzw. Lebenspartnerschaftssache nicht an einer Weiterverweisung der Familiensache zusammen mit der Ehe- oder Lebenspartnerschaftssache gehindert.

70   Die übergeleitete Hausrats-, Wohnungs- oder Gewaltschutzsache tritt nicht automatisch in den Verbund mit der Ehesache bzw. der Lebenspartnerschaftssache. Dazu ist vielmehr erforderlich, dass die Hausrats-, Wohnungs- oder Gewaltschutzsache überhaupt Verbundsache sein kann (daran fehlt es bei den auf vorläufige Regelung gerichteten Verfahren, Rdnr. 28) und dass der Antragsteller bzw. Kläger erklärt, dass er die Entscheidung nur für den Fall der Scheidung bzw. Aufhebung der Lebenspartnerschaft begehre (vgl. § 623 Abs. 1 ZPO).

3. Das in Hausrats- und Wohnungsverfahren anzuwendende Recht in Fällen mit Auslandsberührung

Das in Hausrats- und Ehewohnungsverfahren anzuwendende Sachrecht   *71*
bestimmt sich grundsätzlich nach Art. 17a EGBGB. Diese Vorschrift
wurde durch das Gewaltschutzgesetz vom 11. 12. 2001 (BGBl I 3513) in
das EGBGB eingefügt, um den vorher bestehenden Streit über das in
Ehewohnungs- und Hausratsverfahren anzuwendende Recht zu beenden
und zu einer zuverlässigen Basis für die Ermittlung der Rechtsgrundlage
zu kommen.

Vor dem Inkrafttreten des Art. 17a EGBGB am 1. 1. 2002 war die kollisionsrechtliche Beurteilung der Zuweisung der Ehewohnung und der
Aufteilung des Hausrats sehr umstritten und deswegen auch die Praxis
nicht einheitlich. Teilweise wurde auf die Belegenheit der Gegenstände
abgestellt, wie das jetzt auch in Art. 17a EGBGB der Fall ist (Rdnr. 72).
Nach anderer Auffassung war dagegen auf das Ehewirkungsstatut
(Art. 14 EGBGB) abzustellen (KG FamRZ 1991, 1190; OLG Stuttgart
FamRZ 1990, 1354). Andere Gerichte ordneten die Materie dem Schei-
dungsstatut (Art. 17 EGBGB) zu, wenn die Hausratsverteilung oder Zuweisung der Ehewohnung im Rahmen eines Scheidungsverfahrens erfolgte. Andere Lösungen waren, das Recht des Gerichtsortes (bei
fehlender Regelung im ausländischen Recht, OLG Frankfurt FamRZ
1991, 1190; OLGR 1997, 189) oder das Unterhaltsstatut (OLG Düsseldorf NJW 1990, 3091; OLG Hamm FamRZ 1989, 621; 1993, 191; 1998,
1530; OLG Karlsruhe FamRZ 1997, 33; OLG Koblenz NJW-RR 1991,
522) anzuwenden. Wenngleich diese Lösungen in vielen Fällen zu ähnlichen Ergebnissen führten, weil Art. 17 EGBGB an das Ehewirkungsstatut des Art. 14 EGBGB anknüpft, war doch die durch das Nebeneinander entstandene Rechtsunsicherheit unbefriedigend. In vielen Fällen
schien zudem eher die Neigung der Gerichte, möglichst zur Anwendbar-
keit deutschen Rechts zu gelangen, die Wahl der Anknüpfung bestimmt
zu haben als die dogmatische Konsistenz der Entscheidung.

Der Gesetzgeber knüpft in Art. 17a EGBGB nunmehr für die Ehewoh-   *72*
nung und den Hausrat an die Belegenheit an, soweit es um Inlandstat-
bestände geht; Art. 17b EGBGB erstreckt das auch auf die lebenspartnerschaftliche Wohnung und den Hausrat. Deutsches Recht findet also
Anwendung, wenn die Ehewohnung oder der Hausrat in Deutschland
belegen sind. Das betrifft nicht nur die Zuweisung der Wohnung oder

die Aufteilung des Hausrats selbst, sondern auch alle damit zusammen-
hängenden Betretungs-, Näherungs- und Kontaktverbote. Nach zutreffender Ansicht handelt es sich dabei um eine um eine abschließende Regelung für diese Spezialmaterie, die gerade auch die Ansprüche nach
dem Gewaltschutzgesetz erfassen. Die allgemeine Kollisionsnorm für deliktische Ansprüche (Art. 40 EGBGB) wird insoweit verdrängt (Palandt/
Heldrich Art. 17a EGBGB Rdnr. 2; a. A. Schuhmacher FamRZ 2002,
657). Diese Lösung entspricht vor allem dem Bedürfnis nach schneller
Lösung der gebotenen Rechtsprobleme; denn so wird es dem deutschen
Richter ermöglicht, deutsches Recht anzuwenden, und er braucht keine
Zeit darauf zu verwenden, erst das ausländische Sachrecht zu ermitteln.
Gerade im einstweiligen Rechtsschutz ist das ein nicht zu unterschätzen-
der Vorteil.

73   Fraglich ist, ob Art. 17a EGBGB als allseitige Kollisionsnorm ausgebaut werden kann, d. h. ob auch für im Ausland belegenen Hausrat oder
eine im Ausland gelegene Wohnung das Recht des Lageorts anzuwenden
ist. Dafür spräche allein die Parallelität zur innerdeutschen Regelung
und die Schlichtheit der kollisionsrechtlichen Lösung. Dagegen spricht
vor allem, dass der Gesetzgeber Art. 17a EGBGB bewusst nur als einseitige Kollisionsnorm ausgestaltet hat und dass der Einfachheit der kollisionsrechtlichen Lösung dann eine eher komplizierte sachrechtliche
Lage korrespondierte, weil dann in allen Fällen, in denen sich Hausrat
im Ausland befindet oder die Ehewohnung im Ausland liegt, ausländisches Sachrecht zur Entscheidung berufen wäre. Der deutsche Richter
müsste also in all diesen Fällen ausländisches Sachrecht anwenden. Damit verkehrte sich der für Art. 17a herausgestellte Vorteil (Rdnr. 72) in
sein Gegenteil. Das mag zwar letztlich nur in einer geringen Zahl von
Fällen relevant werden; denn es ist relativ unwahrscheinlich, dass eine
deutsche gerichtliche Zuständigkeit in isolierten Verfahren in diesen Fällen gegeben sein wird. Wenn aber die Hausratsverteilung oder die Zuweisung der Ehewohnung im Zusammenhang mit einem Scheidungsverfahren erfolgen soll, dann spricht vieles dafür, es in den in Art. 17a
EGBGB nicht ausdrücklich erfassten Fällen dabei zu belassen, dass für
diese Verfahren das nach den bisher geltenden Grundsätzen zu ermit-
telnde Sachrecht maßgebend ist (so wohl auch Palandt/Heldrich,
Art. 17a EGBGB Rdnr. 2; a. A. Thorn, IPrax 2002, 356). Dafür spricht
vor allem der Gesichtspunkt der Vereinfachung: Statt gegebenenfalls
mehrere ausländische Rechtsordnungen muss nur eine einheitliche angewendet werden, gleichgültig, wo im Ausland sich die Gegenstände und
die Ehewohnung befinden. Außerdem wird die Anwendung von Art. 14
bzw. Art. 17 EGBGB und vor allem von Art. 18 EGBGB in vielen Fällen

wiederum zum deutschen Recht führen und die Entscheidung des Streits damit für den deutschen Richter vereinfachen.

Bei der Anwendung des so gefundenen Sachrechts bleibt es auch dann, *74*
wenn das berufene Recht keine besonderen Regeln für die Verteilung des Hausrats oder die Zuweisung der Wohnung kennt. Es findet in diesen Fällen dann eben keine gerichtliche Verteilung statt. Es ist dagegen nicht angängig, im Wege einer Ersatzlösung deutsches Recht anzuwenden (so aber anscheinend OLG Frankfurt FamRZ 1991, 1190; OLGR 1997, 189, wobei diese Fälle heute von Art. 17a EGBGB erfasst würden; FamRZ 2001, 367).

4. Allgemeine Voraussetzungen für die Entscheidung in Verfahren über Hausrat und Wohnung zwischen Ehegatten und Lebenspartnern

Allgemeine Regeln für die Entscheidung in Verfahren über Hausrat und   75
Wohnung enthalten die §§ 1–2 HausratsVO. Diese Regeln finden in allen Verfahren über Hausrat und Wohnung ohne Rücksicht auf den speziellen Gegenstand Anwendung. Sie gelten sowohl für Ehegatten als auch für Lebenspartner. In Verfahren nach dem Gewaltschutzgesetz sind sie dagegen unanwendbar, da sie sich mit dem Grund dieser Verfahren nicht vereinbaren ließen.

Zu den allgemeinen Voraussetzungen des Wohnungs- bzw. des Hausratsverfahrens gehört vor allem, dass dieses Verfahren nur stattfindet, soweit die Ehegatten (bzw. Lebenspartner) sich nicht über die Aufteilung bzw. die weitere Nutzung einigen können (dazu unter 4.1, Rdnr. 76 ff.). Außerdem gilt das Antragsprinzip; ein Hausrats- oder Ehewohnungsverfahren findet nur statt, wenn wenigstens einer der Ehegatten oder Lebenspartner einen dahingehenden Antrag stellt (dazu unter 4.2, Rdnr. 90 f.).

4.1 Dissens über die Nutzung bzw. Aufteilung

Voraussetzung für die Entscheidung im Hausrats- und Wohnungsverfah-   76
ren ist zunächst, dass es an einer Einigung zwischen den Ehegatten bzw. Lebenspartnern über den Verfahrensgegenstand fehlt (dazu 4.1.1, Rdnr. 77 ff.); denn die Gerichte sollen nicht mit Angelegenheiten befasst werden, die bereits außer Streit sind. Auf diese Weise soll zum einen die Gerichte vor Überlastung geschützt werden, zum anderen die Verzögerung des Scheidungs- bzw. Aufhebungsverfahrens unterbunden werden. Besondere Regeln gelten für Einigungen in den Fällen, in denen Dritte an den Gegenständen Rechte haben, auf die sich die Einigung bezieht; denn in diesen Fällen müssen die Dritten der Einigung grundsätzlich zustimmen, damit diese wirksam wird und das Hausrats- bzw. Wohnungsverfahren unzulässig macht (dazu 4.1.2, Rdnr. 81 ff.). Schließlich sind in einverständlichen Scheidungsverfahren nach § 630 ZPO Besonderheiten zu beachten (dazu 4.1.3, Rdnr. 84 ff.). Diese betreffen aber nur Eheleute, nicht Lebenspartner.

4.1.1 Die prozessuale Bedeutung der Einigung

77   Für eine Regelung der Rechtsverhältnisse an der Wohnung oder am Hausrat ist nur dann Raum, wenn die Betroffenen (Ehegatten oder Lebenspartner) nicht von sich aus eine umfassende Regelung der Rechtsverhältnisse daran getroffen haben. Die Einigung ist insofern nicht nur materiellrechtlich in der Weise beachtlich, dass sie den Inhalt der gerichtlichen Aufteilung bzw. Zuweisung präjudizierte, sondern sie bildet ein echtes Verfahrenshindernis, das das Hausrats- oder Wohnungsverfahren schon unzulässig macht. An die Annahme einer Einigung sind deswegen strenge Anforderungen zu stellen. Einer Feststellungsklage, mit der festgestellt werden soll, dass eine entsprechende Einigung vorliegt, ist aus demselben Grund das Feststellungsinteresse nicht abzusprechen (OLG Hamm FamRZ 1980, 901; KK-FamR/Weinreich, § 1 HausratsVO Rdnr. 12).

Ob eine Einigung der Ehegatten oder Lebenspartner in bezug auf die Wohnung oder den Hausrat gegeben ist, ist unter Berücksichtigung aller Umstände des Einzelfalls durch das Familiengericht zu ermitteln. Insofern gilt der Amtsermittlungsgrundsatz (§ 12 FGG). Die Frage muss geklärt sein, bevor das Familiengericht sich sachlich mit der Aufteilung des Hausrats oder der Zuweisung der Wohnung befasst.

78   Eine das Verfahren ausschließende Einigung muss so beschaffen sein, dass durch sie die Durchführung des Verfahrens insgesamt überflüssig wird; sie muss deswegen umfassend sein und alle Streitpunkte unter den Ehegatten bzw. Lebenspartnern aus der Welt schaffen. Das gilt aber nur für den jeweiligen Bereich: eine Einigung über den Hausrat schließt nur das Hausratsverfahren aus, eine solche über die Wohnung nur das Wohnungsverfahren.

In bezug auf Hausrat muss die Einigung alle zur Verteilung anstehenden Hausratsgegenstände erfassen. Es muss sich um eine endgültige Einigung handeln, nicht nur um eine solche, die lediglich die Zeit bis zur Scheidung oder Aufhebung der Ehe oder Lebenspartnerschaft überbrücken soll. Fehlt auch nur ein Gegenstand, ist das Hausratsverfahren nicht ausgeschlossen. Eine ausreichende Einigung liegt auch dann nicht vor, wenn eine Ausgleichszahlung für die Überlassung von Hausratsgegenständen des einen an den anderen Ehegatten oder Lebenspartner in Betracht kommt.

Im Wohnungsverfahren muss sich die Einigung ebenfalls auf alle Räumlichkeiten beziehen, die zur Ehewohnung bzw. zur lebenspartnerschaftlichen Wohnung zählen. Gibt es mehrere Ehewohnungen bzw. lebenspartnerschaftliche Wohnungen, muss sich die Einigung auf alle erstrecken. Streitigkeiten sind insofern in der Praxis relativ selten. Allerdings muss die Einigung nicht nur den gesamten Wohnungsbereich erfassen; sie muss auch wirksam sein. Daran fehlt es bei Miet-, Dienst- und Werkwohnungen dann, wenn der Vermieter oder der Arbeitgeber, der die Wohnung zur Verfügung gestellt hat, der Einigung nicht zustimmt (OLG Celle FamRZ 1998, 1530; OLG Karlsruhe FamRZ 1995, 45, vgl. auch Rdnr. 279 ff., 286 ff.).

Kann im Verfahren das Vorhandensein einer Einigung nicht nachge- *79* wiesen werden, ist das Hausrats- bzw. Wohnungsverfahren insoweit zulässig. Zwar sind an sich auch die Verfahrensvoraussetzungen von demjenigen nachzuweisen, der die gerichtliche Entscheidung begehrt. Das bedeutete, dass der Antragsteller das Nichtvorhandensein der Einigung nachweisen müsste. Gelänge ihm das nicht oder bliebe es unklar, ob eine Vereinbarung besteht, müsste das Verfahren an sich wegen Unzulässigkeit abgelehnt werden. Da aber zumindest in den Fällen eines non liquet anzunehmen ist, dass dem Antragsteller auch in einem anderen Verfahren, in dem er seine Rechte aus der Vereinbarung durchsetzen will, der Nachweis nicht gelingt, dass es eine Vereinbarung des von ihm behaupteten Inhalt gibt, müsste auch das zweite Verfahren zu seinem Nachteil enden. Das wäre ein Ergebnis, das mit dem Sinn, die Nichteinigung zur Verfahrensvoraussetzung des Hausrats- bzw. Wohnungsverfahrens zu machen, nämlich die Befassung des Gerichts auf die Fälle einer notwendigen Streitbeilegung zu beschränken, nicht mehr vereinbar wäre, weil es den Rechtsschutz der Parteien verkürzte. Deswegen ist die Beweislast für das Vorliegen der Einigung umgekehrt anzunehmen: Es ist der Einwand, mit dem sich der andere Ehegatte bzw. Lebenspartner verteidigt (KK-FamR/Weinreich, § 1 HausratsVO Rdnr. 13). An ihm liegt es daher, die dem Einwand zugrundeliegenden Tatsachen (die Einigung) nachzuweisen. Gelingt das nicht, wird das Verfahren durchgeführt – ansonsten kommt es zu einem Streit auf der Grundlage der Vereinbarung in einem echten streitigen Verfahren.

Soweit sich die Eheleute oder Lebenspartner teilweise geeinigt haben, *80* wie die Hausratsgegenstände zu verteilen sind oder wie die bislang gemeinsame Wohnung genutzt werden soll, ist die Entscheidung für das Familiengericht bindend. Die Gegenstände, über die sich die Eheleute bzw. Lebenspartner geeinigt haben, sind dem Hausrats- und dem Wohnungsverfahren entzogen. Das Gericht kann die Teileinigung deswegen auch nicht ändern. Allerdings kann es ihren Inhalt bei der Regelung der noch ausstehenden Fragen berücksichtigen. Vor allem kommt das in bezug auf die Wertverhältnisse der aufzuteilenden Gegenstände in Betracht. Diese müssen dem Gericht daher mitgeteilt werden.

4.1.2 Die Beteiligung Dritter an der Einigung

81 Dritte können an Verfahren über die Wohnung Beteiligte sein. § 7 HausratsVO nennt insofern den Vermieter der Ehewohnung, den Grundstückseigentümer, den Dienstherrn (oder Arbeitgeber) und alle anderen Personen, mit denen einer oder beide Ehegatten in bezug auf die Wohnung in Rechtsgemeinschaft stehen. Im Hausratsverfahren fehlt eine entsprechende Vorschrift; denn insoweit kommt ein Eingriff in Rechte Dritter nicht in Betracht, weil dort nicht vorgesehen ist, dass im Eigentum Dritter stehender Hausrat verteilt werden kann.

82 Die Einigung, die das Verfahren in bezug auf die Wohnung unzulässig macht, ist nur dann wirksam, wenn der Dritte, dessen Rechte durch sie betroffen werden, ihr nicht zustimmt. Eine Einigung, die ohne die erforderliche Zustimmung getroffen wurde, schließt die Durchführung des Wohnungsverfahrens nicht aus. Im Gegenteil kann das Fehlen der Zustimmung des Dritten dazu führen, dass das Verfahren gerade durchgeführt werden muss, damit die Rechtsverhältnisse an der Wohnung so gestaltet werden können, wie die Eheleute oder Lebenspartner das wünschen (FA-FamR/Klein, Rdnr. 8–32). Das Gericht ist dabei aber nicht an den Inhalt der Vereinbarung gebunden, wenngleich die Vereinbarung im Verhältnis der Eheleute bzw. Lebenspartner zueinander schon regelmäßig die gerichtliche Entscheidung präjudizieren wird. Es muss aber auf die Interessen des Dritten Rücksicht nehmen, und es kann rechtsgestaltend in Rechte Dritter nur dann eingreifen, wenn der Antrag auf Regelung der Rechtsverhältnisse an der Wohnung nicht später als ein Jahr nach der Rechtskraft gestellt wurde (§ 12 HausratsVO). Zu einem späteren Zeitpunkt gestellte Anträge können nur dann zur Gestaltung von Rechtsverhältnissen mit Dritten führen, wenn die Dritten damit einverstanden sind. Die Lage entspricht dann wieder derjenigen, die ohne ein Verfahren bei einer bloßen Einigung der Eheleute oder Lebenspartner bestand.

83 In bezug auf Hausrat kommt eine Zustimmung Dritter nicht in Betracht; denn dem Hausratsverfahren unterliegen nur solche Hausratsgegenstände, die sich im Eigentum der Ehegatten bzw. Lebenspartner befinden (Einzelheiten: Rdnr. 363).

4.1.3 Die Einigung bei einverständlichen Scheidungen nach § 630 ZPO

84 Für eine einverständliche Scheidung im Sinne von § 1565 BGB stellt § 630 ZPO besondere Anforderungen in bezug auf die Antragsschrift auf, um sicher zu stellen, dass die Eheleute auch wirklich alle Konsequenzen der Scheidung bedenken, bevor sie sich dazu entschließen, ihre

Ehe einvernehmlich zu beenden (Musielak/Borth, § 630 ZPO Rdnr. 1). Die Vorschrift sperrt deswegen die einvernehmliche Scheidung bis zu dem Zeitpunkt, in dem die Ehegatten dem Gericht mitteilen, dass sie Einigkeit über alle wesentlichen Scheidungsfolgen herbeigeführt haben und dem Gericht die diesbezüglichen Einigungen kommunizieren. Zu diesen erforderlichen Unterlagen gehört auch die Einigung über die Verteilung des Hausrats und die weitere Nutzung der Wohnung.

Dem Sinn der Norm entsprechend kommen für Vereinbarungen im   *85*
Sinne des § 630 nur solche in Betracht, in denen der Regelungsbereich umfassend abgehandelt wird. Teileinigungen scheiden aus. Das bedeutet, dass ein Antrag nach § 630 ZPO und ein Antrag auf Durchführung eines Hausrats- oder Ehewohnungsverfahrens nicht miteinander kompatibel sind: Liegt eine Einigung vor, die den Anforderungen des § 630 ZPO genügt, dann ist für das Ehewohnungs- und das Hausratsverfahren kein Raum mehr, weil es unzulässig ist. Umgekehrt macht eine Teileinigung, die ein Hausrats- oder Ehewohnungsverfahren als zulässig erscheinen lassen würde, eine Scheidung nach § 630 ZPO unmöglich, weil es an der erforderlichen Einigung über den Folgepunkt Hausrat bzw. Ehewohnung fehlt.

Das Familiengericht überprüft in den Fällen der einverständlichen Scheidung nur, ob die Einigung der Eheleute vollständig und wirksam ist. Hält es die Einigung für unwirksam und damit ein Hausrats- oder Ehewohnungsverfahren oder eine ergänzende Vereinbarung für erforderlich, weist es die Parteien darauf hin (§ 139 ZPO) und wirkt auf die Schließung der Lücke hin. Ist die Behebung des Mangels nicht möglich (Hauptfall: fehlende Zustimmung des Vermieters in bezug auf die Einigung über die Wohnung), muss das Verfahren als normales Scheidungsverfahren entweder nach dem Grundtatbestand des § 1565 Abs. 1 BGB oder nach § 1566 Abs. 3 BGB fortgeführt werden (Wieczorek/Schütze/ Kemper, § 630 ZPO Rdnr. 9). Dann ist auch Raum für das Hausrats- oder Wohnungsverfahren.

Für § 630 ZPO reicht es nicht aus, dass die Eheleute die Einigung über   *86*
den Hausrat und die Wohnung behaupten; das Gericht soll vielmehr dem Scheidungsantrag erst stattgeben, wenn über diese Fragen vollstreckbare Schuldtitel vorliegen (§ 630 Abs. 3 ZPO). Damit soll verhindert werden, dass ein Ehegatte sich mit dem anderen nur zum Schein einigt, nach der Scheidung sich aber nicht an das Vereinbarte hält, so dass ein neues Verfahren eingeleitet werden muss, damit der andere Ehegatte zu einem vollstreckbaren Titel kommt. Die Einhaltung der Voraussetzungen des § 630 Abs. 3 ZPO ist allerdings nicht erforderlich, wenn kein schutzwürdiges Interesse des anderen Ehegatten an ihrer Erfüllung be-

steht (OLG Schleswig SchlHA 1980, 23), vor allem, wenn die Ehegatten übereinstimmend erklären, dass die Ehewohnung und der Hausrat bereits verteilt sind (FA-FamR/Klein, Rdnr. 8–31).

87   Für § 630 Abs. 3 ZPO ausreichende Schuldtitel sind Vergleiche, Urteile und vollstreckbare Urkunden nach § 794 Abs. 1 Nr. 5 ZPO. Für den Abschluss von Vergleichen im Verfahren selbst besteht grundsätzlich Anwaltszwang; § 630 Abs. 2 Satz 2 gilt nicht (BGH FamRZ 1991, 679, 680; OLG Hamm FamRZ 1979, 848, 849; OLG Zweibrücken FamRZ 1985, 1071; Rolland/Roth, § 630 ZPO Rdnr. 23; Johannsen/Henrich/Sedemund-Treiber, Rdnr. 15; a. A. OLG München FamRZ 1986, 770; Thomas/Putzo, § 630 ZPO Rdnr. 8; Tiarks, NJW 1977, 2303). Ausnahmen vom Anwaltszwang bestehen wegen § 78 Abs. 3 ZPO nur, wenn im Prozesskostenhilfeverfahren eine anwaltlich nicht vertretene Partei den Antrag auf Bewilligung von Prozesskostenhilfe gestellt hat (vgl. § 20 Nr. 4a, 13 RpflG). Vollstreckungstitel sind auch diejenigen Vergleiche, die vor einer von der Landesjustizverwaltung eingerichteten oder anerkannten Gütestelle für den Scheidungsfall abgeschlossen wurden (vgl. § 794 Abs. 1 S. 1 ZPO). Schließlich sind Anwaltsvergleiche auch im Sinne des § 630 Abs. 3 ZPO ausreichende Vollstreckungstitel, wenn sie von einem Notar für vollstreckbar erklärt worden sind (§ 1044b ZPO).

88   § 630 Abs. 3 ZPO ist als Sollvorschrift gefasst. Das bedeutet, dass der Antragsgegner kein Rechtsmittel damit begründen kann, dass das Gericht gegen die Vorschrift verstoßen und die Ehe ohne Vorlage eines vollstreckbaren Titels geschieden hat. Umgekehrt kann auch kein Antragsteller etwas dagegen unternehmen, wenn das Gericht seine Entscheidung unter Berufung auf § 630 Abs. 3 ZPO solange zurückstellt, bis er die vollstreckbaren Titel präsentiert. Die Ablehnung zu entscheiden, ist keine förmliche Entscheidung und unterliegt daher keinem Rechtsbehelf. Will der Antragsteller sofort geschieden werden, braucht er seinen Antrag nur ausschließlich auf § 1565 BGB zu stützen. Das Gericht scheidet dann, wenn die Ehe gescheitert ist (Wieczorek/Schütze/Kemper, § 630 ZPO Rdnr. 23).

89   Bei Lebenspartnern kommt die Anwendung des § 630 ZPO auch in den Fällen der Aufhebung nach § 15 Abs. 2 Nr. 1 LPartG nicht in Betracht; denn das Lebenspartnerschaftsrecht kennt keine einvernehmliche Aufhebung der Lebenspartnerschaft, sondern verkürzt nur die Frist zwischen der Erklärung, die Lebenspartnerschaft nicht fortsetzen zu wollen und der möglichen Aufhebung auf ein Jahr. Die Aufhebung der Lebenspartnerschaft folgt einer reinen Fristenlösung und ist von einem Scheitern der Lebenspartnerschaft unabhängig; es ist deswegen auch kein

Raum für eine einvernehmliche Aufhebung, die zu einer vorschnellen Auflösung führen könnte. Der Sinn des § 630 ZPO entfällt.

4.2 Antragserfordernis

Das Hausrats- und das Wohnungsverfahren finden nur auf Antrag min-   *90* destens eines der Ehegatten oder Lebenspartner statt; denn es handelt sich bei diesen Verfahren um sog. „streitige" Verfahren der freiwilligen Gerichtsbarkeit. Bedeutung hat der Antrag jedoch lediglich für die Einleitung des Verfahrens: Ohne ihn findet es nicht statt; eine Regelung der Rechtsverhältnisse an Wohnung oder Hausrat von Amts wegen gibt es nicht. Für den Inhalt der Entscheidung ist der Antrag dagegen bedeutungslos. Der Entscheidungsmaßstab ergibt sich allein aus den relevanten Vorschriften. Der Antrag bindet deswegen das Gericht inhaltlich nicht.

Wegen der geringen Bedeutung des Antrags dürfen an diesen keine besonderen Anforderungen gestellt werden. Vor allem brauchen die Anforderungen des § 253 ZPO nicht eingehalten zu werden (OLG Zweibrücken FamRZ 1980, 1143).

Gestellt werden kann der Antrag von jedem der Ehegatten oder Lebenspartner, nicht aber einem Drittbeteiligten (§ 7 HausratsVO, Rdnr. 94 ff.). Anwaltszwang besteht dafür im isolierten Verfahren nicht, wohl aber im Verhandlungs- und Entscheidungsverbund (§ 78 Abs. 2 Nr. 3 ZPO).

Der Antrag kann außerhalb eines Scheidungs- oder Aufhebungsverfah-   *91* rens gestellt werden und bringt dann ein isoliertes Verfahren in Gang. Wird er angebracht, während eine Ehe- oder Lebenspartnerschaftssache anhängig ist, kommt es zu einem Verfahren, das in den Verhandlungs- und Entscheidungsverbund (§ 623 ZPO) fällt, sofern es verbundfähig ist (nicht bei auf vorläufige Entscheidungen gerichteten Verfahren, Rdnr. 28). Es ist deswegen mit diesem anderen Verfahren zu verbinden. Ist ein Antrag dagegen nur auf eine vorläufige Entscheidung gerichtet, wird keine Entscheidung für den Fall der Scheidung bzw. der Aufhebung der Lebenspartnerschaft oder Ehe begehrt. Es kommt deswegen nicht zum Verbund; das Verfahren bleibt ein isoliertes. Schließlich kann der Antrag auch noch nach dem Scheidungs- oder Aufhebungsverfahren gestellt werden. Es kommt dann auch bei den auf endgültige Regelungen gerichteten Anträgen nur zu isolierten Verfahren. Die verspätete Antragstellung kann in diesen Fällen u. U. für die Billigkeitsentscheidung über die Verteilung Bedeutung erlangen (KG OLGZ 1977, 427). In Extremfällen kommt sogar Verwirkung des Anspruchs auf Zuweisung des

Hausrats bzw. der Wohnung in Betracht (OLG Bamberg NJW-RR 1991, 1285; KK-FamR/Weinreich § 1 HausratsVO Rdnr. 30).

4.3 Die Beteiligung Dritter im Verfahren

92 Die Beteiligung Dritter am Verfahren ist in § 7 HausratsVO für den Fall der Regelung der Rechtsverhältnisse an der Wohnung vorgesehen, dass es sich um eine Dienst- oder Werkswohnung, eine im Eigentum eines Dritten stehende Wohnung, eine Mietwohnung oder eine Wohnung handelt, die dem Ehegatten oder Lebenspartner in einer mit einem Dritten bestehenden Rechtsgemeinschaft zusteht. In den genannten Fällen muss der jeweilige Dritte im Wohnungsverfahren beteiligt werden, also der Vermieter, der Grundstückseigentümer, der Dienstherr und alle Personen, mit denen die Rechtsgemeinschaft des Ehegatten oder Lebenspartners besteht.

Anders als in den anderen Folgesachen ändert die Beteiligung eines Dritten im Wohnungsverfahren nichts daran, dass diese Folgesache im Verhandlungs- und Entscheidungsverbund steht, wenn ihre Regelung für den Fall der Scheidung oder Aufhebung der Ehe oder Lebenspartnerschaft beantragt wird (§ 623 Abs. 1 S. 2 ZPO).

4.3.1 *Der Zweck der Beteiligung Dritter*

93 Sinn der Beteiligung der Dritten ist es in erster Linie, dass ihr rechtliches Gehör gewahrt wird, bevor in ihre Rechte eingegriffen wird. Eine Beteiligung der Dritten kommt deswegen auch nur in solchen Verfahren in Betracht, in denen in ihre Rechte eingegriffen wird. Das ist nur bei den endgültigen Regelungen der Fall, weil nur durch diese die Rechtsverhältnisse an der Wohnung umgestaltet werden können. Vorläufige Regelungen nach §§ 1361b BGB, 14 LPartG führen dagegen nie zu einer Umgestaltung der Rechtsverhältnisse an der Wohnung, sondern nur zu vorläufigen, intern unter den Ehegatten oder Lebenspartnern wirkenden Benutzungsregelungen. Das gilt auch für die Regelungen in bezug auf die Wohnung nach dem Gewaltschutzgesetz (Rdnr. 223 ff.).

In zweiter Linie soll die Beteiligung der Dritten die Sachaufklärung durch das Gericht erleichtern. Da der Amtsermittlungsgrundsatz gilt, muss das Gericht von sich aus die für den Verfahrensausgang relevanten Tatsachen ermitteln. Das wird erheblich erleichtert, wenn die Personen, die an der Wohnung, um die gestritten wird, ein eigenes Recht haben, selbst am Verfahren beteiligt sind und ihre Ansichten und Tatsachendarstellungen unmittelbar in den Entscheidungsprozess einbringen können.

4.3.2 Die Drittbeteiligten im einzelnen

Drittbeteiligter im Wohnungsverfahren ist zunächst der Vermieter der   94
Eheleute oder Lebenspartner. Es ist nicht erforderlich, dass beide den
Mietvertrag mit ihm abgeschlossen haben; es reicht vielmehr, dass er die
Wohnung auf Grund eines Vertrags mit einem der Lebenspartner oder
Ehegatten zur Verfügung gestellt hat. Entgegen dem Wortlaut des Gesetzes ist nicht allein ausschlaggebend, dass ein Mietvertrag im Sinne der
§§ 535 ff. BGB vorliegt. Es kommt nur darauf an, dass die Wohnung von
einem Dritten zur Nutzung überlassen wurde. Erfasst werden daher auch
Verpächter, Verleiher, Wohnbaugenossenschaften usw. Es ist auch nicht
erforderlich, dass der Vermieter Eigentümer der Wohnung ist; es reicht
dass er sie selbst gemietet hat oder aufgrund eines anderen schuldrechtlichen Nutzungsverhältnisses nutzen darf. Ist einer oder sind beide Ehegatten oder Lebenspartner am Vermieter beteiligt oder seine Mitglieder,
sind sie auch in dieser Rolle am Verfahren zu beteiligen, wenn sie für
den Vermieter handlungsbefugt sind oder wenn dieser als Gemeinschaft
nicht ohne den Ehegatten oder Lebenspartner denkbar ist (z. B. Erbengemeinschaft).

Beteiligter ist auch der Grundstückseigentümer. Das gilt unabhängig   95
davon, ob er auch der Vermieter der Wohnung ist oder sie aus anderen
Gründen den Ehegatten bzw. Lebenspartnern zur Nutzung überlassen
hat. Dem Eigentümer gleichzustellen sind solche am Grundstück dinglich Berechtigten, deren Recht in Bezug auf die Nutzung der Wohnung
dem Eigentumsrecht vergleichbar ist. In Betracht kommen insoweit neben dem Erbbaurecht (OLG Celle NdsRpfl 1961, 228) vor allem ein
Nießbrauchsrecht (BayObLG FamRZ 1977, 467) oder eine Dienstbar-
keit an dem Grundstück, auf dem sich die Ehewohnung oder die lebenspartnerschaftliche Wohnung befindet.

Der Dienstherr ist am Verfahren über die eheliche oder lebenspartner-   96
schaftliche Wohnung zu beteiligen, wenn es sich um eine Werks- oder
Dienstwohnung (§ 4 HausratsVO) handelt. Dienstverhältnis ist in diesem
Sinne auch ein Arbeitsverhältnis; es ist nicht nur ein öffentlich-rechtli-
ches Dienstverhältnis mit einem Dienstherrn im beamtenrechtlichen
Sinne gemeint. Dass hier eine Beteiligung stattfinden muss, ist selbstverständlich; denn § 4 HausratsVO bindet die Zuweisung der Wohnung an
den anderen Ehegatten als denjenigen, mit dem das Arbeits- oder
Dienstverhältnis besteht, ausdrücklich an die Zustimmung des Arbeitgebers bzw. Dienstherrn. Dazu hat dieser nur dann Gelegenheit, wenn er
auch selbst an dem Verfahren beteiligt wird. Es ist nicht erforderlich,
dass der Arbeitgeber oder Dienstherr Eigentümer oder sonst dinglich
Nutzungsberechtigter an der Wohnung ist. Geschützt wird allein sein In-

teresse, seine Betriebs- oder Werkswohnungen ausschließlich seinen Werks- oder Betriebsangehörigen zur Verfügung zu stellen.

97 Zu beteiligen sind schließlich alle Personen, mit denen die Ehegatten oder Lebenspartner oder einer von ihnen in einer Rechtsgemeinschaft in bezug auf die Wohnung stehen. Mit dieser Formulierung gemeint sind alle Personen, die in bezug auf die Wohnung eigene Rechtspositionen haben. Hierher gehören alle dinglichen Rechtspositionen, die dem Dritten nicht allein oder nicht ausschließlich nur zusammen mit anderen Dritten zustehen, vor allem also das Miteigentum mit einem der Ehegatten oder Lebenspartner oder beiden von ihnen, aber auch andere dingliche Nutzungsrechte, die in dieser Weise geteilt sind, wie ein Nießbrauchs- oder Wohnrecht. Hier sind aber auch schuldrechtliche Mitberechtigungen einzuordnen, vor allem der Fall, dass der Dritte Mitmieter des oder der Ehegatten oder Lebenspartner ist. Dem Sinn der Norm entsprechend, dass die Rechte aller Personen gewahrt werden sollen, die ebenfalls berechtigterweise in der Wohnung leben, die im Wohnungsverfahren zugewiesen werden soll oder sonst Rechtsbeziehungen zu ihr haben, ist selbst der Untermieter eines (oder beider) Ehegatten bzw. Lebenspartner hier einzuordnen. Fraglich ist dagegen, ob auch die Kinder der Ehegatten oder Lebenspartner als Dritte zu qualifizieren sind, die mit ihnen an der Wohnung in Rechtsgemeinschaft stehen. Auch die Kinder leben mit den Eltern in der Wohnung und leiten ihre Berechtigung dazu von einem oder beiden Ehegatten bzw. von einem der Lebenspartner ab. Die Situation entspricht also auf den ersten Blick sehr derjenigen zwischen Mieter und Untermieter. Allerdings darf nicht übersehen werden, dass minderjährige Kinder die Wohnung aufgrund des Eltern-Kind-Verhältnisses mitbewohnen und vom Aufenthaltsbestimmungsrecht ihrer Eltern oder Elternteile abhängig sind, die gerade im Verfahren darüber streiten, wer die Wohnung weiter nutzen darf. Die Lage ändert sich auch dann nicht, wenn das Kind volljährig ist bzw. wird: Zwar entfällt dann das Aufenthaltsbestimmungsrecht, weil kein Erziehungsrecht mehr besteht; das Kind hat aber nicht allein deswegen, weil es in der Wohnung lebt, eine eigenständige Rechtsposition in bezug auf diese. Es wird deswegen nicht am Verfahren beteiligt. Entsprechendes gilt für andere Angehörige oder einen neuen Partner, die ein Ehegatte oder Lebenspartner in die Wohnung aufgenommen hat, ohne ein echtes Nutzungsverhältnis mit ihnen zu vereinbaren.

4.3.3 Die Stellung der Drittbeteiligten

98 Die genannten Dritten sind zwar am Wohnungsverfahren beteiligt; sie können dieses Verfahren aber nicht selbst einleiten. Ebensowenig kön-

nen sie die Vollstreckung aus einem im Wohnungsverfahren ergehenden Titel betreiben. Sie sind nicht Herren des Verfahrens; die Beteiligung dient allein dazu, dass ihre Interessen in dem von anderen initiierten Verfahren gewahrt werden.

Für die Art der Beteiligung gibt die HausratsVO ebensowenig Vorgaben wie das LPartG; die Möglichkeiten richten sich deswegen nach den allgemeinen Regeln. Das Gericht kann deswegen nach eigenem Ermessen bestimmen, ob die Beteiligung in einer rein schriftlichen Form erfolgen soll oder ob es die Beteiligten auch zur mündlichen Verhandlung über den Antrag der Ehepartner oder Lebenspartner lädt, die Rechtsverhältnisse an der Wohnung zu regeln. Das kann sinnvoll sein, wenn eine gütliche Einigung der Parteien nicht unwahrscheinlich ist; denn dann können die beteiligten Dritten unmittelbar zu den Vorschlägen und Gegenvorschlägen der Parteien und des Gerichts befragt werden, so dass es gegebenenfalls zu einer schnelleren Verfahrensbeendigung kommen kann, als wenn ihnen erst die beabsichtigte Regelung mitgeteilt werden muss, damit sie dann dazu schriftlich Stellung nehmen können.

Ob die Drittbeteiligten im Verfahren Stellung nehmen oder nicht, ist unerheblich. Es handelt sich um ein Beteiligungsrecht, nicht um eine Beteiligungspflicht. Auswirkungen hat das besonders in den Fällen, in denen das Wohnungsverfahren erst nach der Scheidung als isoliertes Verfahren durchgeführt wird. Wird der Streit erst mehr als ein Jahr nach der Rechtskraft der Scheidung rechtshängig, darf das Gericht die Rechtsbeziehungen zwischen den ehemaligen Eheleuten bzw. Lebenspartnern auf der einen Seite und Dritten auf der anderen Seite nur dann gestalten, wenn die Dritten der beabsichtigten Entscheidung zustimmen (§ 12 HausratsVO). Fehlt die Zustimmung – etwa, weil der Dritte sich nicht am Verfahren beteiligt und auch keine Stellungnahme abgibt –, können die Rechtsverhältnisse nicht mehr mit Wirkung gegenüber dem Dritten gestaltet werden. Das Familiengericht ist in diesen Fällen darauf beschränkt, Regelungen zu treffen, die allein das Innenverhältnis zwischen den ehemaligen Eheleuten bzw. Lebenspartnern betreffen (Einzelheiten: Rdnr. 240). *99*

Für die Drittbeteiligten besteht kein Anwaltszwang (§ 78 Abs. 2 ZPO). *100*

Wegen ihrer untergeordneten Stellung im Verfahren hat der Tod eines Drittbeteiligten keinen Einfluss auf das Verfahren. § 239 ZPO gilt für sie nicht, weil das Wohnungsverfahren dem FGG unterliegt, in dem eine entsprechende Regelung nicht vorhanden ist.

Die Entscheidung im Wohnungsverfahren wird erst wirksam, wenn sie gegenüber allen Beteiligten rechtskräftig geworden ist. Solange auch nur *101* noch eine Partei oder ein Drittbeteiligter Rechtsmittel einlegen kann, ist der Eintritt der Rechtskraft auch den anderen Beteiligten des Verfahrens gegenüber gehindert. Praktische Auswirkungen hat das besonders im Verbundverfahren, weil dann mit der Rechtskraft der Entscheidung im Wohnungsverfahren auch die Rechtskraft der Scheidung selbst und der Entscheidungen in allen anderen Folgesachen herausgeschoben wird.

102   Jeder Drittbeteiligte kann gegen die Entscheidung im Wohnungsverfahren selbständig Rechtsmittel einlegen (§§ 19, 20 FGG; § 14 HausratsVO, Rdnr. 390 ff.). Die Befugnis dazu ist unabhängig davon, ob die Dritten bereits in der Instanz, die durch die angegriffene Entscheidung abgeschlossen wird, von ihren Beteiligungsrechten Gebrauch gemacht haben. Es reicht, dass sie mit dem dort gefundenen Ergebnis nicht einverstanden sind.

4.4 Anwaltszwang

103   Hausrats- und Wohnungsstreitigkeiten, die im isolierten Verfahren geführt werden, unterliegen in keinem Fall dem Anwaltszwang. Das gilt für alle auf eine vorläufige Regelung gerichteten Verfahren (also die nach §§ 1361a, 1361b BGB, §§ 13–14 LPartG, § 2 GewSchG), weil diese schon wegen ihres Regelungsgegenstandes nicht verbundfähig sind (Rdnr. 28). Auf endgültige Regelungen gerichtete Verfahren gehören hierher, wenn sie außerhalb der Anhängigkeit einer Ehe- oder Lebenspartnerschaftssache geführt werden.

Für die Anfechtung einer im isolierten Verfahren ergangenen Entscheidung besteht ebenfalls kein Anwaltszwang (FA-FamR/Klein Rdnr. 8–249).

104   Steht die Wohnungs- oder Hausratsstreitigkeit im Verbund mit einer Ehe- oder Lebenspartnerschaftssache, ist auch sie dem Anwaltszwang unterworfen (§§ 78 Abs. 2, 623 ZPO). In Betracht kommen insoweit nur auf endgültige Regelungen abzielende Verfahren (Rdnr. 28). In diesen Fällen besteht auch für die Anfechtung der im Verbund ergangenen Entscheidung Anwaltszwang, selbst wenn sich die Anfechtung ausschließlich auf die Hausrats- oder Wohnungssache bezieht.

105   Wegen ihrer eingeschränkten Mitwirkungsrechte im Verfahren (Rdnr. 98 ff.) unterliegen Drittbeteiligte nie dem Anwaltszwang (arg. e § 78 Abs. 2 Nr. 2 und 3 ZPO).

106   Während ein Antrag auf einstweiligen Rechtsschutz dem Anwaltszwang nicht unterworfen ist (§§ 620a Abs. 2 S. 2; 78 Abs. 3 ZPO), gilt das

nicht für das Verfahren im übrigen. Sollen Prozesshandlungen außerhalb der Antragstellung vorgenommen werden, muss sich die Partei deswegen anwaltlich vertreten lassen. Das gilt vor allem für die mündliche Verhandlung.

4.5 Amtsermittlungsgrundsatz und Beweislast

Alle Verfahren zur Regelung der Rechtsverhältnisse an Wohnung und Hausrat sind Angelegenheiten der Freiwilligen Gerichtsbarkeit. Das ergibt sich für die direkt der HausratsVO unterliegenden Verfahren in bezug auf ehelichen Hausrat und die Ehewohnung aus § 13 Abs. 1 HausratsVO, für die Verfahren in bezug auf lebenspartnerschaftlichen Hausrat und in bezug auf die lebenspartnerschaftliche Wohnung aus der Verweisung in § 661 Abs. 2 ZPO auf §§ 621a Abs. 1 S. 1, 621 Abs. 1 Nr. 13 ZPO und für Gewaltschutzsachen aus §§ 621a Abs. 1 S. 1, 621 Abs. 1 Nr. 13 ZPO. *107*

4.5.1 Grundsätze

In allen genannten Verfahren gilt der Amtsermittlungsgrundsatz (§ 12 FGG). Wegen des akzessorischen Charakters dieser Verfahren gilt das auch in den Verfahren des einstweiligen Rechtsschutzes (OLG Frankfurt FamRZ 2001, 691). *108*

In den Hausrats- und Wohnungsverfahren einschließlich der Verfahren nach § 2 GewSchG hat das Gericht den Sachverhalt von sich aus nach pflichtgemäßem Ermessen aufzuklären. Das bedeutet keine endlose Ausforschungs- und Ermittlungspflicht (OLG Köln FamRZ 1991, 117, 118; KG FamRZ 1989, 841, 843), sondern nur, dass das Gericht den Sachverhalt erforschen muss, soweit der Vortrag der Parteien oder der bislang bekannte Sachverhalt das geboten erscheinen lassen, weil Verständnislücken oder Widersprüche bleiben. Unstreitige Sachverhalte brauchen deswegen aber in aller Regel nicht weiter aufgeklärt zu werden (BGH NJW 1988, 1839, 1840).

Den Parteien obliegt es, an der Sachverhaltsaufklärung mitzuwirken, soweit ihnen das möglich und zumutbar ist (KK/Weinreich, § 13 HausratsVO Rdnr. 4). Verletzen sie diese Obliegenheit, braucht das Gericht von sich aus keine weiteren Ermittlungen anzustellen. Das gilt vor allem dann, wenn die Parteien aufgefordert wurden, sich über bestimmte Tatsachen zu erklären oder Unterlagen beizubringen, das aber unterlassen (BGH FamRZ 1994, 234, 236). Zu vermeiden ist aber, einen Vortrag der Parteien vorschnell als unsubstantiiert oder lückenhaft zurückzuweisen *109*

(FA-FamR/Klein Rdnr. 8–250). Vielmehr ist es gerade diese Situation, die nach weiterer Aufklärung des Sachverhalts verlangt, um eine ausreichende Entscheidungsgrundlage zu gewinnen.

110   Ist auch nach Ausschöpfung aller pflichtgemäß in Betracht zu ziehenden Ermittlungsmöglichkeiten kein eindeutiger Sachverhalt ermittelt, ist gegen die Partei zu entscheiden, die mit ihrem Vortrag die Voraussetzungen einer ihr günstigen Rechtsnorm darlegen will. Auch insoweit gibt es also eine Beweislast. Das Gleiche gilt, wenn positiv festgestellt ist, dass eine dieser Voraussetzungen nicht erfüllt ist.

4.5.2 Die Beweislast in den einzelnen Verfahren

111   Die Beweislast hängt von den materiellen Voraussetzungen der Normen, auf die sich der Anspruchsteller stützt und den in ihnen vorgenommenen besonderen Regelungen dieser Last ab. Es ist deswegen zwischen den unterschiedlichen hier in Betracht kommenden Verfahren zu differenzieren:

4.5.2.1 Verfahren auf Wohnungsüberlassung nach § 1361b BGB

In einem Verfahren nach § 1361b BGB trägt der anspruchstellende Ehegatte die Beweislast für: das Bestehen der Ehe (Rdnr. 146), das Getrenntleben bzw. den Willen zum Getrenntleben (Rdnr. 147), dafür, dass es sich bei den Räumlichkeiten, deren Zuweisung er begehrt, um Teile der Ehewohnung oder um die ganze Ehewohnung handelt (Rdnr. 139 ff.) sowie für alle Umstände, aus denen er herleitet, dass eine unbillige Härte verlangt, dass ihm die Wohnung bzw. die Räumlichkeiten zur Alleinnutzung zugewiesen werden (Rdnr. 150 ff.). Hierzu gehören auch die Umstände die zu einer Beeinträchtigung des Wohls der im Haushalt lebenden Kinder führen (Rdnr. 160). Zwar handelt es sich insofern um Umstände, die der Gesetzgeber zum Wohl der Kinder berücksichtigt wissen will. In der Verfahrenssituation geht es aber darum, dass ein Ehegatte sich gerade auf die Beeinträchtigung des Kindeswohls deswegen stützt, weil er daraus für sich positive Folgen ableiten will – auch wenn dieser Vorteil wieder mittelbar den Kindern zugute kommen soll.

112   Der Antragsgegner wiederum ist für die Umstände darlegungs- und beweispflichtig, die dafür sprechen, dass es doch nicht zu der beantragten Überlassung des Wohnraums kommt, in den Worten des § 1361b BGB seiner „Belange".

113   Soweit die Entscheidung durch die Eigentums- und Nutzungsrechte beeinflusst wird (Rdnr. 170 ff.), ist jeder Ehegatte beweispflichtig für die

Eigentums- und Nutzungsverhältnisse, auf die er sich zu seinen Gunsten stützt. Anders ausgedrückt: Lässt sich ein Nutzungsrecht nicht mit Sicherheit nachweisen, geht das zu Lasten des Ehegatten, zu dessen Gunsten dieses Recht in die Billigkeitsabwägung eingestellt werden würde. Fälle dieser Art werden jedoch selten sein, da die in § 1361b BGB genannten und in Betracht zu ziehenden Nutzungsrechte nur dingliche Rechte sind, deren Bestand sich aus dem Grundbuch ohne weiteres ergibt.

Für die Tatsachen, die die Gewaltschutzklausel des § 1361b Abs. 2 *114* BGB ausfüllen, ist grundsätzlich der Ehegatte beweispflichtig, der den Antrag auf Wohnungsüberlassung gestellt hat: Er muss beweisen, dass es zu Gewaltanwendung gegen seinen Körper, seine Gesundheit oder seine Freiheit gekommen ist (Rdnr. 151 ff., 174 ff.) oder dass ihn der andere Ehegatte mit Gewalt gegen eines dieser Rechtsgüter oder sein Leben bedroht hat (Rdnr. 157 ff.). Damit endet aber grundsätzlich die Beweispflicht des Antragstellers. Aus der bereits erfolgten Gewalt oder Drohung wird abgeleitet, dass Wiederholungsgefahr besteht. Es fällt daher dem Antragsgegner zur Last zu widerlegen, dass eine Wiederholung der Gewaltanwendung oder Drohung oder eine Verwirklichung der Drohung zu besorgen ist. Bleibt das unklar, ist dem antragstellenden Ehegatten die gesamte Wohnung zuzuweisen. Steht fest, dass eine Wiederholungsgefahr nicht besteht, dann ist es wiederum Sache des antragstellenden Ehegatten, ob die Tatsachen nachgewiesen werden können, aus denen die Unzumutbarkeit des Zusammenlebens mit dem anderen Ehegatten wegen der Schwere der Tat (Rdnr. 174, 178) abgeleitet wird.

Für die Umstände, die für die Bemessung der Nutzungsvergütung *115* maßgebend sind, ist der Ehegatte beweispflichtig, der die Nutzungsvergütung verlangt. Allerdings muss man insoweit annehmen, dass er seiner Darlegungslast genügt hat, wenn er darlegt, dass die geltend gemachte Vergütung der ortsüblichen Vergleichsmiete entspricht oder darunter liegt. Es ist dann Sache des anderen Ehegatten (der die Wohnung zur Nutzung zugewiesen erhält) darzulegen und notfalls zu beweisen, dass individuelle familiäre Umstände in diesem Fall eine niedrigere Vergütung erfordern. Umgekehrt ist es wiederum die Last des Ehegatten, der die Vergütung fordert, nachzuweisen, dass die Umstände des Einzelfalls eine Orientierung der Vergütung an der ortsüblichen Vergleichsmiete als ungeeignet erscheinen lassen und vielmehr eine höhere Vergütung erfordern.

4.5.2.2 Verfahren auf Wohnungsüberlassung nach § 14 LPartG

116 Für die Verfahren nach § 14 LPartG gilt das zu § 1361b BGB Gesagte entsprechend.

4.5.2.3 Verfahren auf Wohnungsüberlassung nach § 2 GewSchG

117 Im Wohnungszuweisungsverfahren nach § 2 GewSchG gelten ähnliche Beweisregeln wie im Rahmen der Gewaltschutzklausel des § 1361b Abs. 2 BGB, weil beide Normen in vergleichbarer Weise ausgestaltet sind. Allerdings ist zu beachten, dass es sich bei § 2 GewSchG um eine echte Anspruchsgrundlage handelt, während § 1361b Abs. 2 BGB nur Aspekte im Rahmen einer nach einer anderen Grundlage (§ 1361b Abs. 1 BGB) vorzunehmenden Billigkeitsentscheidung behandelt. Die Voraussetzungen des § 2 GewSchG gehen aber über diejenigen des § 1361b Abs. 2 BGB hinaus, so dass auch die Anforderungen an die Beweislast zum Teil abweichen.

118 Wer den Antrag auf Wohnungsüberlassung nach § 2 GewSchG stellt, muss zunächst beweisen, dass er mit dem Antragsgegner einen auf Dauer angelegten gemeinsamen Haushalt geführt hat (Rdnr. 198 ff.). Dazu muss er darlegen und beweisen können, dass er mit dem Antragsgegner zusammen gelebt und gewirtschaftet hat und eine längere Haushaltsgemeinschaft zumindest angestrebt war. Letzteres ist schon dadurch nachzuweisen, dass eine längerdauernde Haushaltsgemeinschaft tatsächlich bestanden hat; dann spricht auch eine tatsächliche Vermutung dafür, dass ein entsprechender Wille dazu bestand. Auf die auf Dauer angelegte Haushaltsführung kann auch aus Indizien geschlossen werden, wie etwa dem Bestehen einer Kontovollmacht, der planmäßigen Aufteilung der Hausarbeit usw.

Weiter trägt der Antragsteller die Beweislast dafür, dass es zu Gewaltanwendung gegen seinen Körper, seine Gesundheit oder seine Freiheit gekommen ist (Rdnr. 202 ff.) oder dass ihn der Antragsgegner mit Gewalt gegen eines dieser Rechtsgüter oder sein Leben bedroht hat (Rdnr. 210 ff.). Abweichend von der Lage bei § 1361b BGB trägt der Antragsteller insoweit auch die Beweislast für das Verschulden des Antragsgegners: Der Antragsteller ist also beweispflichtig für das Vorliegen eines Vorsatzes auf seiten des Antragsgegners. Außerdem trägt er die Beweislast dafür, dass der Antragsgegner zum Zeitpunkt der Gewaltanwendung oder Drohung verschuldensfähig war oder dass er nur deshalb nicht verschuldensfähig war, weil er sich durch den Genuss von Alkohol oder den Gebrauch von Drogen in einen vorübergehenden Zustand der Schuldunfähigkeit versetzt hatte.

Aus der bereits erfolgten Gewalt oder Drohung wird – wie bei § 1361b *119* BGB auch – abgeleitet, dass Wiederholungsgefahr besteht. Es fällt daher dem Antragsgegner zur Last zu widerlegen, dass eine Wiederholung der Gewaltanwendung oder Drohung bzw. eine Verwirklichung der Drohung zu besorgen ist. Bleibt das unklar, ist dem Antragsteller die Wohnung zuzuweisen. Durch sein eigenes Vorverhalten hat der Antragsgegner sich selbst in die beweistechnisch ungünstigere Situation gebracht. Im Regelfall wird sich in den Fällen des § 2 GewSchG kaum ein ausreichender Anhaltspunkt dafür finden lassen, dass es zu einer weiteren Gewaltausübung oder Drohung nicht kommen wird: Wer einmal derartige Mittel gegen seinen Mitbewohner eingesetzt hat, wird regelmäßig nicht davor zurückschrecken, das erneut zu tun. An die Widerlegung der Wiederholungsgefahr sind deswegen strenge Anforderungen zu stellen. In Betracht kommen kann vor allem der Nachweis, dass der Antragsgegner sich erfolgreich einer Therapie unterzieht oder unterzogen hat.

Steht ausnahmsweise fest, dass eine Wiederholungsgefahr nicht besteht, dann trägt der Antragsteller die Last, dass die Tatsachen nachgewiesen werden können, aus denen die Unzumutbarkeit des Zusammenlebens mit dem Antragsgegner wegen der Schwere der Tat abgeleitet werden kann. Insoweit bestehen keine Besonderheiten. Allerdings wird man strenge Anforderungen stellen müssen. Es muss für den Antragsteller schlechthin unzumutbar sein, mit dem Antragsgegner noch weiter zusammenzuleben. Der Präventivgedanke trägt in diesen Fällen gerade nicht mehr, da eine Wiederholungsgefahr nicht besteht. Jeder noch so kleine Zweifel daran, ob die Tat hinreichend schwer war, um ein Zusammenleben mit dem Antragsgegner unzumutbar zu machen, geht zu Lasten des Antragstellers.

Der Antragsteller trägt weiterhin die Beweislast dafür, dass er rechtzeitig und schriftlich die Überlassung der Wohnung verlangt hat (Rdnr. 218). Zu beachten ist, dass der Nachweis des Zugangs zu erbringen ist, nicht nur derjenige der Absendung des Schreibens. Hier werden in der Praxis viele Probleme liegen, wenn der Antragsgegner bestreitet, das Schreiben jemals erhalten zu haben.

Den Antragsgegner trifft die Beweislast für die schwerwiegenden Belange, die auf seiner Seite der Überlassung der Wohnung an den Antragsteller entgegenstehen (Rdnr. 221). Auch insoweit sind hohe Anforderungen zu stellen. Die Lage entspricht spiegelbildlich derjenigen bei der Härteklausel, die für den Antragsteller spricht (Rdnr. 217).

4.5.2.4 Verfahren auf Wohnungsüberlassung nach §§ 2 ff. HausratsVO

122 In einem Verfahren auf endgültige Regelung der Rechtsverhältnisse an der Ehewohnung nach §§ 2 ff. HausratsVO richtet sich die Frage der Beweislast nach den materiellen Voraussetzungen der jeweiligen Rechtsgestaltung, die in diesem Bereich in hohem Maße von den Rechtsverhältnissen abhängig sind, die zur Zeit der Entscheidung an der Ehewohnung bestehen.

Für die Frage, ob es sich bei der Wohnung, die Gegenstand des Verfahrens ist, um die Ehewohnung handelt und ob diese Eigenschaft noch im Entscheidungszeitpunkt fortbesteht (Rdnr. 241), ist der Ehegatte beweisbelastet, der die Zuweisung der Wohnung an sich erstrebt.

123 Soweit ein Ehegatte aus dem Bestehen bestimmter dinglicher oder schuldrechtlicher Nutzungsrechte Vorteile für sich herleiten will, trägt er die Beweislast für das Bestehen dieser Rechtspositionen.

Soweit die Eigentumslage oder das Bestehen von dinglichen Nutzungsrechten für die Zuweisung der Wohnung von Bedeutung ist (§ 3 HausratsVO, Rdnr. 255 ff.), dürften Beweisschwierigkeiten regelmäßig nicht bestehen, weil sich diese Rechte aus dem Grundbuch ergeben. Soweit das nicht der Fall ist, weil es sich um Wohnungen handelt, deren Eigentums- oder Nutzungslage getrennt vom Grundstück zu beurteilen ist, auf dem sie stehen (z.B. Wohnwagen, Behelfswohnheime, die nur für eine vorübergehende Zeit in das Grundstück eingefügt sind und deswegen nicht als dessen wesentliche Bestandteile anzusehen sind (§ 95 BGB), gilt die Eigentumsvermutung des § 8 Abs. 2 S. 2 HausratsVO nicht, da es sich insofern nicht um Hausrat handelt. In diesen Fällen ist das Eigentum von demjenigen Ehegatten nachzuweisen, der aus der Eigentumslage oder dem Bestehen des dinglichen Nutzungsrechts für sich Vorteile ableiten will.

124 Das Bestehen eines Dienst- oder Arbeitsverhältnisses und die Bindung der Wohnung an dieses Verhältnis als Dienst- oder Werkswohnung muss entsprechend der Rdnr. 123 genannten Regel jeweils von dem Ehegatten nachgewiesen werden, der sich auf die besondere Bindung der Wohnung als Werks- oder Dienstwohnung stützt.

125 Im Rahmen der allgemeinen Billigkeitsabwägung nach § 2 HausratsVO ist jeder Ehegatte beweisbelastet für die Umstände, die zu seinen Gunsten sprechen. Im Rahmen der Abwägung nach § 3 HausratsVO (Wohnungszuweisung an den einen Ehegatten, obwohl der andere allein oder zusammen mit einem Dritten Eigentümer oder dinglich nutzungsberechtigt ist) trägt der Ehegatte, der die Zuweisung der dem anderen gehörenden oder ihm zur ausschließlichen Nutzung zustehenden Woh-

nung an sich erreichen will, die Beweislast für alle Umstände, aus denen er eine unbillige Härte für den Fall ableitet, dass ihm die Wohnung nicht zugewiesen wird. Entsprechendes gilt für den Nachweis der unbilligen Härte, wenn es sich bei der Wohnung um eine Werks- oder Dienstwohnung handelt (Rdnr. 279 ff.).

Wird ein neues Mietverhältnis begründet, das nicht an ein bereits be-   *126*
stehendes anknüpft, muss das Gericht auch die Miete festsetzen (Rdnr. 259 ff.). Für die Umstände, die für deren Bemessung maßgebend sind, ist der Ehegatte beweispflichtig, der die Nutzungsvergütung verlangt. Allerdings ist – wie bei der Regelung für die Zeit des Getrenntlebens – insoweit anzunehmen, dass er seiner Darlegungslast genügt hat, wenn er darlegt, dass die geltend gemachte Vergütung der ortsüblichen Vergleichsmiete entspricht oder sogar darunter liegt. Es ist dann Sache des anderen Ehegatten (der die Wohnung zur Nutzung zugewiesen erhält) darzulegen und notfalls zu beweisen, dass individuelle familiäre Umstände in diesem Fall eine niedrigere Miete erfordern. Umgekehrt ist es wiederum die Last des Ehegatten, der die Miete fordert, nachzuweisen, dass die Umstände des Einzelfalls eine Orientierung der Vergütung an der ortsüblichen Vergleichsmiete als ungeeignet erscheinen lassen und vielmehr eine höhere Einstufung erfordern.

Soweit Ausgleichszahlungen in Betracht zu ziehen sind, ist der Ehegatte, der sie verlangt, beweispflichtig für alle Umstände, die für das Entstehen des Ausgleichsanspruchs Bedeutung haben.

4.5.2.5 Verfahren auf Wohnungszuweisung nach §§ 17 f. LPartG

Die Regelungen für das Verfahren auf Wohnungszuweisung nach §§ 17 f.   *127*
LPartG entsprechen nahezu vollständig denjenigen in §§ 2 ff. HausratsVO. Soweit im Gesetzeswortlaut Unterschiede bestehen, wirken sich diese jedenfalls nicht in beweisrechtlicher Lage aus. Es gilt daher das zu dem Verfahren nach §§ 2 ff. HausratsVO Gesagte (Rdnr. 122) entsprechend.

4.5.2.6 Verfahren auf Hausratsbenutzung nach § 1361a BGB

Der antragstellende Ehegatte muss darlegen, dass eine Ehe besteht und   *128*
dass die Ehegatten getrennt leben.

Für den Anspruch nach § 1361a Abs. 1 S. 1 BGB trägt der antragstellende Ehegatte auch die Beweislast, dass er der Alleineigentümer derjenigen Gegenstände ist, auf die sich sein Antrag bezieht. Insoweit besteht die Schwierigkeit, dass § 1006 BGB ihm im Regelfall nicht hilft, weil die Gegenstände im Mitbesitz der Eheleute stehen und deswegen auch Miteigentum vermutet wird. Das entspricht auch der in § 8 Abs. 2 HausratsVO aufgestellten Vermutung, deren Anwendung auch im vorläufigen Hausratsverteilungsverfahren nach § 1361a BGB in Betracht zu ziehen ist (Baumgärtel/Laumen, Handbuch der Beweislast im Privatrecht, § 1361a BGB Rdnr. 3). Damit bleibt dem antragstellenden Ehegatten regelmäßig nur der Weg zu belegen, dass er den Gegenstand selbst für sich erworben hat oder dass es sich um einen Ersatz für einen Gegenstand handelt, den er mit in die Ehe gebracht hat (§ 1370 BGB). Allerdings sollten im Verfahren nach § 1361a BGB keine überzogenen Anforderungen gestellt werden. Es handelt sich um ein Verfahren, in dem ausschließlich eine Benutzungsregelung für die Trennungszeit getroffen wird, durch die kein Eingriff in bestehende Eigentumsverhältnisse erfolgt.

129   Ein Ehegatte, der Gegenstände, die dem anderen Ehegatten gehören, zum eigenen Gebrauch behalten will oder von dem Eigentümer-Ehegatten verlangt (§ 1361a Abs. 1 S. 2, Rdnr. 331 ff.), ist beweispflichtig dafür, dass er die Gegenstände zur Führung eines abgesonderten Haushalts benötigt. Außerdem trifft ihn die Beweislast für die Tatsachen, aus denen abgeleitet werden soll, dass die Überlassung dieser Gegenstände an ihn nach den Umständen des Falles der Billigkeit entspricht.

130   Bei einer Zuweisung von im Miteigentum beider Seiten stehender Gegenstände (§ 1361a Abs. 2 BGB, Rdnr. 337 ff.) gelten für den Nachweis der Eigentumsverhältnisse die in Rdnr. 129 genannten Grundsätze entsprechend. Jeder Ehegatte trägt die Beweislast für die Tatsachen, die die Argumente stützen, die für eine Billigkeitsentscheidung zu seinen Gunsten sprechen.

4.5.2.7 Verfahren auf Hausratsbenutzung nach § 13 LPartG

131   Für das Verfahren nach § 13 LPartG gelten dieselben beweisrechtlichen Grundsätze wie für das Verfahren nach § 1361a BGB, da die Voraussetzungen für die Hausratsverteilung denjenigen in § 1361a BGB entsprechen. Die Ausführungen Rdnr. 128 ff. gelten deswegen entsprechend.

4.5.2.8 Verfahren auf Hausratsteilung nach §§ 8 ff. HausratsVO

132   In Verfahren nach § 8 ff. HausratsVO geht es um die endgültige Verteilung von Hausrat von Eheleuten, wobei die Voraussetzungen sich in erster Linie danach richten, wer Eigentümer der Hausratsgegenstände ist (Rdnr. 347 ff.).

Der Antragsteller trägt zunächst die Beweislast dafür, dass es sich bei den Gegenständen, die er verlangt, um Hausrat handelt (Rdnr. 322 f.).

Bleibt die Zweckbestimmung unklar, kommt eine Zuweisung bzw. Zuteilung im Hausratverfahren nicht in Betracht.

Der Ehegatte, der sein Alleineigentum behauptet, muss es beweisen, **133** denn grundsätzlich wird bei während der Ehe angeschafftem Hausrat vermutet, dass es sich um Hausrat handelt, der beiden Ehegatten gemeinschaftlich gehört (§ 8 Abs. 2 HausratsVO). Solange also unklar ist, ob ein Gegenstand dem Ehegatten allein gehört, ist er deswegen als gemeinschaftliches Eigentum zu behandeln und entsprechend nach § 8 HausratsVO zu verteilen.

Voraussetzung für eine Zuweisung von Hausrat des anderen Ehegatten **134** ist nach § 9 Abs. 1 HausratsVO, dass der andere Ehegatte auf die Weiterbenutzung angewiesen ist und dass es dem Eigentümer-Ehegatten zugemutet werden kann, dem anderen den Gegenstand zu überlassen. Für diese Umstände trägt er die Beweislast. Er verliert daher den Prozess, wenn unklar bleibt, ob er die Gegenstände benötigt (Rdnr. 354) oder die Überlassung an ihn dem Eigentümer-Ehegatten zuzumuten ist (Rdnr. 355).

Hausrat, der beiden Ehegatten gemeinschaftlich gehört, wird vom Gericht gerecht und zweckmäßig verteilt (§ 8 Abs. 1 HausratsVO). Es findet **135** eine reine Billigkeitsentscheidung statt (Rdnr. 358 ff.). Jeder Ehegatte ist beweisbelastet mit dem Nachweis der Umstände, die zu seinen Gunsten sprechen.

Soweit das Gericht Entschädigungen festsetzen kann (wegen ungleicher Zuteilungsmengen, Rdnr. 374 ff.; bei Zuweisung von Alleineigen- **136** tum, Rdnr. 378 ff.), trägt der Ehegatte, der die Entschädigung begehrt, die Beweislast für alle positiven Faktoren, aus denen sich die Höhe der Entschädigung ergibt. Sache des anderen Ehegatten ist es dann, mindernde Faktoren (z. B. eigene Bedürftigkeit, Leistungsfähigkeit des Eigentümer-Ehegatten) nachzuweisen, also alles, was zu seinen Gunsten in die Billigkeitsabwägung eingeht.

Entsprechendes gilt, soweit Schulden in bezug auf Hausrat verteilt werden (Rdnr. 381 ff.) und es zu einer Billigkeitsabwägung kommt.

4.5.2.9 Verfahren auf Hausratsteilung nach §§ 17, 19 LPartG

Für die Verfahren nach § 17, 19 LPartG gelten dieselben beweisrechtli- **137** chen Grundsätze wie für das Verfahren nach §§ 8 ff. HausratsVO, da § 19 LPartG auf die Voraussetzungen der §§ 8–10 HausratsVO verweist. Die Ausführungen Rdnr. 132 ff. gelten deswegen entsprechend.

5. Die Zuweisung der Wohnung

Die Zuweisung der Wohnung kann im Wege einer vorläufigen Regelung *138* (Rdnr. 144 ff.) oder aber als endgültige, rechtsgestaltende Regelung (Rdnr. 236 ff.) erfolgen. Für die Voraussetzungen ist jeweils weiter danach zu differenzieren, wer die Regelung begehrt; denn die Rechtsgrundlagen unterscheiden sich danach, ob Eheleute, Lebenspartner oder nicht miteinander verheiratete oder verpartnerte, aber zusammenlebende Personen die Regelung der Nutzungsverhältnisse an der Wohnung begehren.

Für Ehegatten gilt in bezug auf die vorläufige Regelung der Rechtsverhältnisse an der Wohnung § 1361b BGB (Rdnr. 144 ff.), für Lebenspartner § 14 LPartG (Rdnr. 194 ff.). Für beide Gruppen sowie alle anderen Personen, die einen gemeinsamen Haushalt führen, gilt daneben noch § 2 GewSchG, der eine grundsätzlich vorübergehende Benutzungsregelung für den Fall ermöglicht, dass ein Mitglied des gemeinsamen Haushalts ein anderes mit Gewalt überzieht oder bedroht (Rdnr. 197 ff.).

Eine endgültige Regelung der Rechtsverhältnisse an der Wohnung kann grundsätzlich nur bei Eheleuten und Lebenspartnern erfolgen. Einschlägig sind insofern §§ 3–7 HausratsVO (Rdnr. 237 ff.) bzw. §§ 17–18 LPartG (Rdnr. 305 ff.). Für andere Personen ist eine endgültige Regelung der Wohnverhältnisse nur dann möglich, wenn die Voraussetzungen des § 2 GewSchG vorliegen (Rdnr. 197 ff.) und der Anspruchsteller ein ausschließliches Nutzungsrecht an der zuzuweisenden Wohnung hat. Diese Konstellation kommt nur in Ausnahmefällen vor. Soweit sie gegeben ist, kommt aber auch eine Regelung der Rechtsverhältnisse an der Wohnung von Eheleuten und Lebenspartnern in Betracht, ohne dass die Voraussetzungen der zuvor genannten Regelungen verwirklicht sein müssen.

5.1 Der Begriff der Wohnung

Angesichts des Zwecks der Hausratsverordnung, die Zuweisung der von *139* den Eheleuten bislang genutzte Wohnung zu erleichtern, ist der Begriff der Ehewohnung sehr weit auszulegen. Hierher zählen alle Räumlichkeiten, die von den Ehegatten oder Partnern gemeinsam zum Wohnen genutzt wurden oder die ihnen zur gemeinsamen Nutzung zur Verfügung gestanden haben. Es ist nicht erforderlich, dass die Räumlichkeiten ausschließlich genutzt wurden oder dass sie auch nur den überwiegenden Lebensschwerpunkt bildeten. Es ist daher ohne weiteres möglich, dass in einem Wohnungsverfahren mehrere Wohnungen zugeteilt werden. Wohnung kann auch die nur während einer begrenzten Zeit im Jahr genutzte Wohnung sein. Inwieweit reine Ferienwohnungen hierzu zu rechnen sind, ist Frage des Einzelfalls. Die rein saisonale Nutzung ohne zwischenzeitliche Nutzungsmöglichkeit wird regelmäßig nicht ausreichen, besonders, wenn die Wohnung außerhalb der eigenen Nutzungszeiten durch Vermietung zur Erzielung von Einkünften eingesetzt wird (dazu Rdnr. 140).

Die Art und Ausstattung der Räumlichkeit ist für die Einordnung als Wohnung nicht relevant. Vor allem dürfen nicht die strengen Anforderungen, wie sie nach Baurecht oder dem Wohneigentumsrecht an die Abgeschlossenheit einer Wohnung und ihre Ausstattung gestellt werden, angelegt werden. Der Begriff „Wohnung" ist rein funktional: Es kommt auf den Nutzungszweck an, nicht darauf, ob bestimmte Standards eingehalten sind. Auch einzelne Zimmer, Behelfsunterkünfte, zu Wohnzwecken genutzte Campingwagen, Gartenhäuser und Baracken können deswegen zu den Wohnungen gerechnet werden, wenn nur die gemeinschaftliche Nutzung erfüllt ist.

140   Keine Wohnung stellen von einem der Ehegatten oder Lebenspartner allein genutzte Wohnungen an einem anderen Ort (Zweitwohnsitze) dar, wenn sie nicht auch zeitweise als gemeinsamer Wohnsitz dienen. Ebensowenig können beruflich oder gewerblich genutzte Räumlichkeiten als Wohnung angesehen werden; sie dienen nicht der Verwirklichung der ehelichen oder lebenspartnerschaftlichen Lebensgemeinschaft. Das gilt auch dann, wenn die Ehegatten oder Lebenspartner bei der Ausübung des Gewerbes oder des Berufes zusammenwirken, beide also die Räume beruflich nutzen. Auch eine Mischnutzung einer Wohnung (teils beruflich/gewerblich, teils privat) hindert eine einheitliche Zuweisung, weil es sich nur um den zum Wohnen bestimmten Teil um die Wohnung im Sinne der Hausratsverordnung bzw. des Lebenspartnerschaftsgesetzes oder des Gewaltschutzgesetzes handelt. Werden einzelne Räume gemischt genutzt (z. B. ein Arbeitszimmer auch als Gästezimmer), kommt es auf die überwiegende Nutzungsart an, um den Charakter als Wohnung zu bestimmen.

141   Die Bestimmung der Räume zum gemeinsamen Wohnen braucht nur in der Zeit der funktionierenden Lebensgemeinschaft bestanden zu haben. Die Eigenschaft der Wohnung endet deswegen nicht, wenn die Ehegatten oder Lebenspartner sich trennen und von nun an jeweils eine eigene Wohnung bewohnen. Erst, wenn alle Rechtsfragen im Zusam-

menhang mit der Wohnung geklärt sind und die Eheleute oder Lebenspartner sich über die weitere Nutzung der Wohnung durch einen (oder keinen) von ihnen geeinigt haben, verliert sie den Charakter als Ehewohnung. Andernfalls könnten in der Trennungszeit von Eheleuten weder eine vorläufige Regelung der Rechtsverhältnisse an der Wohnung getroffen werden, noch eine endgültige im Zusammenhang mit der Scheidung, weil diese regelmäßig ein Getrenntleben von mindestens einem Jahr voraussetzt (§ 1566 BGB), das zwar auch in der gemeinsamen Wohnung durchgeführt werden kann, aber eben nicht muss (§ 1567 BGB).

Die Eigenschaft, Wohnung zu sein, endet, wenn mindestens ein Ehegatte oder Lebenspartner seinen Entschluss deutlich macht, die Wohnung endgültig zu verlassen und alle Rechte daran aufzugeben. Das darf aber nicht vorschnell angenommen werden. Der bloße Auszug reicht nicht, wenn der weichende Ehegatte oder Lebenspartner diesen als nur vorübergehend ansieht und beabsichtigt, im Scheidungs- oder Aufhebungsverfahren selbst noch Rechte in bezug auf die Wohnung geltend zu machen, um dort wieder zu wohnen. Zu beachten ist bei Eheleuten insofern allerdings § 1361b Abs. 4 BGB. Die Norm stellt zur Erleichterung der gerichtlichen Praxis eine unwiderlegliche Vermutung dafür auf, dass der weichende Ehegatte die Wohnung endgültig dem dort wohnen bleibenden Ehegatten überlassen will, wenn er nicht binnen sechs Monaten nach seinem Auszug seine Rückkehrabsicht gegenüber dem anderen Ehegatten bekundet. Jedem aus der Ehewohnung ausziehenden Ehegatten ist daher dringend anzuraten, seinen Rückkehrwillen in nachweisbarer Form deutlich zu machen, wenn er noch Wert darauf legt, dass die Rechtsverhältnisse an der Wohnung im Ehewohnungsverfahren geklärt werden können. *142*

Ohne Bedeutung für die Beurteilung der Frage, ob es sich um eine Wohnung im Sinne der Hausratsverordnung, des Lebenspartnerschaftsgesetzes und des Gewaltschutzgesetzes handelt, sind die Rechtsverhältnisse an der Wohnung. Es kommt also weder darauf an, ob die Eheleute bzw. Lebenspartner oder Partner Eigentümer der Wohnung sind oder ob diese gemietet ist noch darauf, welcher der Ehegatten, Lebenspartner oder Partner Eigentümer ist oder ob gemeinschaftliches Eigentum beider oder zusammen mit Dritten besteht. *143*

5.2 Die vorläufige Zuweisung der Wohnung

In bezug auf die vorläufige Regelung der Rechtsverhältnisse an der Wohnung von Ehegatten gilt § 1361b BGB (Rdnr. 144 ff.), für Lebenspartner § 14 LPartG (Rdnr. 194 ff.). Für beide Gruppen sowie alle *144* anderen Personen, die einen gemeinsamen Haushalt führen, kann § 2 GewSchG eingreifen, der eine grundsätzlich vorübergehende Benutzungsregelung für den Fall ermöglicht, dass ein Mitglied des gemeinsamen Haushalts ein anderes mit Gewalt überzieht oder bedroht (Rdnr. 197 ff.).

5.2.1 Wohnungszuweisung nach § 1361b BGB

Für Eheleute ermöglicht § 1361b BGB die vorübergehende Zuweisung von Wohnraum, damit die für die Scheidung erforderliche Trennungszeit in geordneten Wohnverhältnissen verbracht werden kann. Die Vorschrift wurde durch das Gewaltschutzgesetz mit Wirkung vom 1. 1. 2002 gegenüber dem früheren Rechtszustand erheblich erweitert, indem der Eingriffsmaßstab von der „schweren Härte" auf denjenigen der „unbilligen Härte" herabgesetzt wurde. In Voraussetzungen und Folgen ist deswegen die Wohnungszuweisung nach § 1361b BGB derjenigen nach § 2 GewSchG erheblich angenähert. Trotzdem verbleiben einige Differenzen, die dazu führen können, dass es auch für Eheleute günstiger sein kann, nach § 2 GewSchG vorzugehen. Beide Regelungsmöglichkeiten stehen selbständig nebeneinander; § 1361b BGB ist keine Spezialregelung für Eheleute, die § 2 GewSchG verdrängen würde.

5.2.1.1 Voraussetzungen

145 Die Voraussetzungen des § 1361b BGB zeigen deutlich, dass die Wohnungszuweisung nach dieser Regelung ein Hilfsinstrument für die Vorbereitung bzw. Durchführung der Trennung der Eheleute ist, die erforderlich ist, um die Scheidung zu ermöglichen. Eine vorläufige Wohnungszuweisung nach § 1361b BGB erfordert, dass zwischen den Parteien, die um die Wohnung streiten, eine Ehe besteht (Rdnr. 146), dass die Parteien getrennt leben oder dies zu tun beabsichtigen (Rdnr. 147 ff.), dass die Überlassung der Wohnung an einen der Ehegatten erforderlich ist, um eine unbillige Härte für den die Nutzung der Wohnung begehrenden Ehegatten zu vermeiden (Rdnr. 150) und dass der aus der Wohnung ausgezogene Ehegatte nicht schon die Voraussetzungen für die unwiderlegliche Vermutung des § 1361b Abs. 4 erfüllt hat, die ihn hindert, noch weitere Rechte an der verlassenen Wohnung geltend zu machen (Rdnr. 164 ff.).

5.2.1.1.1 Ehe

Eine Wohnungszuweisung nach § 1361b BGB setzt zwingend voraus, *146* dass die Parteien, die um die Wohnung streiten, miteinander verheiratet sind. Es reicht, dass die Ehe aufhebbar ist. Nur in den seltenen Fällen, in denen ein Mangel der Eheschließung zu einer Nichtehe geführt hat (z. B. ausschließlich religiöse Trauung statt vorgeschriebener Ziviltrauung), ist deswegen kein Raum für die Anwendung des § 1361b, wenn die Betroffenen sich trennen wollen und über die weitere Nutzung der bisher gemeinsam genutzten Wohnung streiten.

Kein Raum für die Anwendung des § 1361b BGB ist auch bei Lebenspartnern. Für diese gilt allein § 14 LPartG. Für nicht miteinander verheiratete Paare ist die Regelung nicht, auch nicht analog anwendbar. Für diese kommt eine Wohnungszuweisung nur unter den Voraussetzungen von § 2 GewSchG in Betracht, nicht dagegen bei einer friedlichen Trennung, bei der nur über die Auseinandersetzung der bisherigen Lebensgemeinschaft gestritten wird.

5.2.1.1.2 Getrenntleben oder Wille zum Getrenntleben

Die Eheleute müssen getrennt leben oder jedenfalls die Absicht hegen, *147* sich zu trennen, um auf diese Weise die Voraussetzungen für eine Scheidung zu schaffen. Deswegen muss der Begriff des Getrenntlebens auch so ausgelegt werden wie in § 1567 Abs 1 BGB (wie hier Palandt/Brudermüller, § 1361b BGB Rdnr. 7): Erforderlich ist, dass die Ehegatten die eheliche Lebensgemeinschaft beenden, weil mindestens einer von ihnen diese Gemeinschaft ablehnt.

Die Parallelauslegung ist die zwingende Folge aus dem Zweck des § 1361b BGB, Hilfsinstrument für die Ermöglichung der Trennung zu sein. Rein faktische Trennungen ohne Ablehnung der ehelichen Lebensgemeinschaft werden deswegen nicht erfasst. In diesen Fällen (z. B. Strafhaft oder berufliche Abwesenheit eines Ehegatten) müssen sich die Eheleute einigen, wie die weitere Benutzung der Wohnung geregelt sein soll. Der Anwendungsbereich des § 1361b BGB würde durch die Einbeziehung derartiger Trennungsfälle überdehnt: Die Vorschrift ermöglicht nur vorübergehende Regelungen ohne Umgestaltung des Außenverhältnisses. Gerade in den nicht partnerschaftsbezogenen Trennungsfällen wird in den meisten Fällen gerade die Außenwirkung ein wichtiges Element der angestrebten Benutzungsregelung sein, da die Trennung an sich ja ohnehin feststeht. Streiten die Parteien dagegen nur um den Umfang einer Benutzungsvergütung, die der Ehegatte, der in der Wohnung bleibt, an den anderen zahlen soll, handelt es sich um eine vermögensrechtliche Streitigkeit aus der ehelichen Lebensgemeinschaft heraus, für die ebenfalls die Zuständigkeit der Familiengerichte gegeben, die aber als streitiges Verfahren zu führen ist.

148   Wollen sich die Eheleute nicht trennen, bleibt für eine Wohnungszuweisung nur der Weg über § 2 GewSchG (Rdnr. 197 ff.). Diese Vorschrift ist also das Mittel der Wahl, wenn ein vor einem Gewalt ausübenden Ehegatten Schutz suchender Ehepartner eine vorübergehende Zuweisung der Wohnung an sich allein erreichen will, ohne aber die Absicht zu haben, sich von seinem Partner zu trennen.

149   Ist die Trennung bereits endgültig vollzogen, ist grundsätzlich für eine Regelung der Wohnverhältnisse nach § 1361b BGB kein Raum mehr. Das gilt allerdings dann wiederum nicht mehr, wenn sich die gefundene Lösung als unpraktikabel erweist. Allerdings ist insoweit zu beachten, dass bei einer vorgängigen einvernehmlichen Lösung die Frist des § 1361b Abs. 4 BGB oft schon verstrichen sein wird, bevor sich die mangelnde Praktikabilität der vereinbarten Lösung herausstellt. In diesen Fällen ist eine Benutzungsregelung nach § 1361b ausgeschlossen, weil die Vermutung, dass dem in der Wohnung verbliebenen ein alleiniges Nutzungsrecht übertragen ist, unwiderleglich ist.

5.2.1.1.3 Notwendigkeit der Überlassung zur Vermeidung einer unbilligen Härte

150   Nach der Neufassung des § 1361b BGB durch das Gewaltschutzgesetz verlangt diese Norm nur noch, dass die Überlassung der Wohnung an den antragstellenden Ehegatten zur ganzen oder teilweisen Alleinnutzung erforderlich ist, um eine unbillige Härte für den Antragsteller zu vermeiden. Das Tatbestandsmerkmal ist das wichtigste der ganzen Vorschrift; hier entzündet sich regelmäßig der Streit der Ehegatten. Der Maßstab der unbilligen Härte gilt seit der erheblichen Erweiterung der Vorschrift durch das Gewaltschutzgesetz und ist seit dem 1. 1. 2002 anzuwenden. Vorher war eine „schwere" Härte erforderlich. Rechtsprechung aus der Zeit vor Inkrafttreten der Änderung ist deswegen nur ohne weiteres noch als Begründungshilfe heranzuziehen, wenn die Härte auch zuvor schon bejaht worden war; denn angesichts der Absenkung des Maßstabs ist in allen Fällen, in denen eine schwere Härte bejaht worden ist, auch weiter anzunehmen, dass eine unbillige Härte vorliegt. Umgekehrt kann aber in denjenigen Fällen, in denen eine schwere Härte verneint worden ist, nicht ohne weiteres angenommen werden, dass in diesen Fällen auch keine unbillige Härte vorliegt. Die Konstellationen sind

vielmehr erneut zu bewerten und dabei muss der abgesenkten Eingriffs-
schwelle Rechnung getragen werden.

Sinn der Änderung des Maßstabs in § 1361b BGB war es, die Ein-
griffsschwelle zugunsten der im Haushalt der Eheleute lebenden Kinder
herabzusetzen und ein schnelleres Tätigwerden des Familiengerichts zu
ermöglichen. Das bildete gerade die Abkehr von der ursprünglichen In-
tention des Gesetzgebers, die Schwelle möglichst hoch zu legen, um die
Eheleute von einer vorschnellen Einschaltung der Gerichte abzuhalten
und es ihnen vielmehr nahezulegen, zuvörderst eine gütliche Einigung
zu suchen (BT-Drucks. 10/2888, S. 16). Nunmehr ist es ein bedeutendes
Ziel des § 1361b BGB neben der Erleichterung der Verwirklichung des
Getrenntlebens, für die gesamte Familie einen effektiven Schutz vor Gewalt durch einen Ehegatten zu bieten. Damit hat sich die Perspektive
der Vorschrift um einiges verändert: Jedem Ehegatten soll klar sein,
dass er die Wohnung verliert, wenn er Gewalt gegen seinen Ehepartner
oder die im Haushalt lebenden Kinder übt.

Ob die Überlassung der Wohnung an den antragstellenden Ehegatten *151*
zur Vermeidung einer unbilligen Härte erforderlich ist, ist in einer umfassenden Gesamtbetrachtung der Belange des Antragstellers, derjenigen des Ehegatten, der dem anderen Teile oder die ganze Wohnung zur
Alleinnutzung überlassen soll, und der im Haushalt lebenden Kinder zu
ermitteln. Eine Definition oder Regelbeispiele fehlen bis auf den Fall
der Gewaltanwendung, der in § 1361b Abs. 2 als Regelfall für die Zuweisung der gesamten bisher gemeinschaftlichen Wohnung zur alleinigen
Benutzung an das Opfer der Gewalt vorgesehen ist. Wie im Rahmen der
Wohnungszuweisung nach § 2 GewSchG ist auch bei einer Entscheidung
nach § 1361b BGB in die Betrachtung einzubeziehen, wie die Rechtsverhältnisse an der Wohnung ausgestaltet sind (§ 1361b Abs. 1 S. 3
BGB). Da diese Frage jedoch vor allem Bedeutung hat für den Inhalt
und Umfang der Überlassung, soll sie erst dort näher erörtert werden
(Rdnr. 174 ff.).

In der Praxis haben sich die Gewaltfälle auch als die häufigsten Fälle
gezeigt, in denen über eine Wohnungszuweisung zu befinden ist. Gleichwohl lassen sich auch andere Fallgruppen finden, in denen die Unbilligkeit aus anderen Gründen als aus vorsätzlicher Gewaltanwendung zu folgern ist. Im einzelnen gilt:

Wie sich schon aus § 1361b Abs. 2 BGB ergibt, sind die wichtigsten *152*
Fälle, in denen eine unbillige Härte zugunsten des antragstellenden Ehe-
gatten angenommen werden kann, die Fälle, in denen der andere
Ehegatte gegen den antragstellenden Ehegatten selbst Gewalt ausgeübt

hat. Das wurde schon nach altem Recht einhellig so gesehen, muss nach der Neuausrichtung der Vorschrift aber erst recht so sein (Schwab FamRZ 1999, 1317, 1320; Ehinger FPR 1999, 262; Peschel-Gutzeit FPR 2001, 243). Erfasst werden alle Einwirkungen auf Körper und Psyche des Ehegatten. Soweit auch das Gewaltschutzgesetz einschlägig wäre (Rdnr. 197 ff), fällt das Verhalten des anderen Ehegatten auch unter § 1361b BGB. Kurz gesagt ist das immer dann der Fall, wenn der Ehegatte den Körper, die Gesundheit oder die Freiheit des antragstellenden Ehegatten verletzt hat.

Da es hier nur auf die Unbilligkeit ankommt, kann (und insoweit anders als nach § 2 GewSchG) auch der Versuch ausreichen, selbst wenn feststeht, dass Wiederholungsgefahr grundsätzlich nicht gegeben ist. Insofern ist aber eher Zurückhaltung geboten. Das geringere Maß an Intensität der Einwirkung muss allerdings durch ein größeres Maß an Gefahr kompensiert werden. Anders ausgedrückt: Der Versuch reicht nur bei schweren Beeinträchtigungen, wie Anschlägen auf das Leben und erheblichen Körperverletzungen. Auch die versuchte Vergewaltigung reicht im Regelfall für die Bejahung der unbilligen Härte aus.

153   In die Billigkeitsabwägung muss auch einbezogen werden, ob das Verhalten des anderen Ehegatten rechtmäßig war oder nicht. Zwar schließt eine Billigkeitsabwägung nicht aus, auch aus einem rechtmäßigen Verhalten auf das Vorliegen einer unbilligen Härte zu schließen. Im Regelfall dürfte aber eine rechtmäßige Verhaltensweise des anderen Ehegatten die Annahme ausschließen, dass er dadurch eine unbillige Härte gegenüber dem antragstellenden Ehegatten begründet.

154   Wie beim Gewaltschutzgesetz auch, ist im Rahmen des § 1361b BGB grundsätzlich erforderlich, dass der Autor der Gewalt schuldfähig war, als er die Gewalt ausübte. Allerdings muss man insofern die Regel, dass es auf eine durch Alkohol- oder Drogenkonsum herbeigeführte vorübergehende Schuldunfähigkeit nicht ankommt (§ 1 Abs. 3 GewSchG), hier entsprechend anwenden, damit nicht der Schutzstandard des § 1361b BGB hinter demjenigen des Gewaltschutzgesetzes zurückbleibt. Da es um eine reine Billigkeitsabwägung geht, ist nicht schematisch auf das Vorliegen einer Straftat abzustellen, sondern es muss darauf ankommen, inwieweit der antragstellende Ehegatte durch das Verhalten des anderen beeinträchtigt worden ist, so dass es ihm nicht zuzumuten ist, mit dem Urheber der Gewalt die Wohnung zu teilen. Das kann auch durchaus bei fehlender Schuld in Betracht kommen – vor allem dann, wenn die Schuldunfähigkeit vom Urheber der Gewalt selbst herbeigeführt wurde. Wiederholungsgefahr ist in diesen Fällen wegen des Grades der erfor-

derlichen Alkoholisierung, der für den Regelfall auf eine Gewöhnung schließen lässt, ohne weiteres gegeben.

Wegen des im Vergleich zu § 2 GewSchG weiteren Rahmens des § 1361b BGB muss die Gewalttat nicht unbedingt vorsätzlich begangen sein. Besonders schwere Körperverletzungen oder ähnlich schwere Taten reichen auch dann, das Unbilligkeitsurteil zu begründen, wenn dem Urheber nur Fahrlässigkeit vorzuwerfen ist. Angesichts der in § 1359 BGB erfolgten Haftungsreduzierung auf den Maßstab der groben Fahrlässigkeit muss aber ein ganz besonders hoher Grad an Fahrlässigkeit verlangt werden, der schon fast an den bedingten Vorsatz heranreicht.

Gewalt gegen Kinder oder Angehörige des antragstellenden Ehegatten *155* ist unter vergleichbaren Umständen ein Grund für die Unbilligkeit, wie es die Gewalt gegen den Ehegatten selbst ist. Auch das war bereits nach altem Recht anerkannt (OLG Düsseldorf FamRZ 1988, 1058; OLG Hamm FamRZ 1997, 1301; OLG Karlsruhe FamRZ 1991, 1440; OLG Köln FamRZ 1996, 1220). Durch die Änderung des § 1361b BGB ist das für Kinder durch die Kindeswohlklausel in Abs. 1 S. 2 noch besonders betont worden. Neben Körperverletzungen gehören vor allem auch alle Arten des Missbrauchs hierher.

Obwohl diese Klausel in ihrer Reichweite auf Kinder beschränkt ist, wird man auch annehmen müssen, dass Gewaltausübung gegen andere im Haushalt lebende Angehörige (z. B. die Eltern des antragstellenden Ehegatten) ebenfalls als ausreichender Grund angesehen werden kann. Das gilt insbesondere dann, wenn die Gewaltanwendung nicht nur ein Einzelfall geblieben ist oder wenn zu befürchten ist, dass ein bislang einmaliger Vorgang sich wiederholen wird.

Gewalt gegen Sachen kann ebenfalls ausreichen, eine unbillige Härte *156* zugunsten des antragstellenden Ehegatten zu begründen. Allerdings wird man hier nicht jede Beschädigung einer Sache im bisher gemeinsamen Haushalt als ausreichend ansehen können. Wichtig ist eine gewisse Zielgerichtetheit, die es deutlich macht, dass die Zerstörung der Sache ein Ausfluss der vom Antragsgegner nicht zu kontrollierenden Aggression ist. Deswegen reicht bei Zerstörungen von Sachen Fahrlässigkeit nicht aus, sondern der andere Ehegatte muss vorsätzlich handeln. Andererseits ist aber die Art der Gewaltanwendung gleichgültig: Es kann sich um ein bewusstes Zerstören (z. B. Werfen mit Porzellan) handeln, aber auch um ein Verkommenlassen durch mangelnde Reinigung oder Pflege.

Drohungen mit Gewalt werden im Regelfall ebenfalls ausreichen, um *157* das Vorliegen einer schweren Härte für den Antragsteller zu bejahen. Auch hier kann ohne weiteres der Begriff der Drohung zugrundegelegt werden, der auch nach § 2 GewSchG maßgeblich ist (ausführlich: Rdnr. 240 ff.). Eine Drohung ist danach das Inaussichtstellen eines empfindlichen Übels, auf dessen Eintritt der Drohende Einfluss zu haben vorgibt. Dass er diesen Einfluss tatsächlich besitzt, ist aber nicht erforderlich. Es reicht, dass er den Anschein vermittelt, dass er diesen Einfluss auf den Eintritt des Übels besitzt. Zu beachten ist nur, dass § 1361b BGB weiter ist als § 2 GewSchG. Viele der Verhaltensweisen, die unter § 1361b BGB zur Annahme einer die unbillige Härte begründenden Verhaltensweise ausreichen, sind unter § 2 GewSchG irrelevant (Hauptbeispiel: Gewalt gegen Sachen, Rdnr. 156 und Rdnr. 202). Soweit § 1361b BGB bei den Handlungen einen weiteren Bereich abdeckt als § 2 GewSchG, kann auch mit diesen Handlungen gedroht werden, erfüllt also das Inaussichtstellen dieser Handlungen bereits den Tatbestand der unbilligen Härte.

Für die Prognose, ob eine Drohung vorliegt, ist auf die Perspektive des Anspruchstellers abzustellen. Das darf zwar nicht dazu führen, dass objektiv völlig unerhebliche Verhaltensweisen als Drohungen mit Gewalt eingestuft werden, weil der Anspruchsteller ein besonders sensibler Mensch ist. Umgekehrt muss aber beachtet werden, dass § 1361b in seiner Fassung durch das Gewaltschutzgesetz gerade auch dazu dient, die persönliche Zwangslage des mit Gewalt überzogenen oder bedrohten Menschen zu beheben. Es muss deswegen vor allem darauf abgestellt werden, was ihn in seiner Situation ängstigt und in seiner freien Willensbestimmung zu beeinflussen geeignet ist. Aus dem Anwendungsbereich des § 2 GewSchG ausgeblendet werden sollten nur solche Drohungen, die erkennbar unrealistisch oder nicht als ernsthaft gemeint einzustufen sind. Für die Drohung gilt das zur Rechtmäßigkeit und zum Verschulden bei den Handlungen, mit denen gedroht wird, Gesagte (Rdnr. 153 f.) entsprechend.

158 Die unbillige Härte begründen können auch Beleidigungen des anderen Ehegatten oder seiner Familienangehörigen von einigem Gewicht. Allerdings ist hier mit großer Vorsicht zu operieren: Beleidigungen, wie sie in der Krisensituation fast einer jeden Ehe im Auflösungsstadium vorkommen, sind irrelevant. Das gilt auch dann, wenn der antragstellende Ehegatte besonders empfindsam ist. Abzustellen ist insoweit auf eine objektivierende Durchschnittsbetrachtung; denn ansonsten könnte der andere Ehegatte nie sicher sein, was er sagen darf, bevor ihm seine Äußerungen schädlich in bezug auf eine Wohnungszuweisung zur Last fallen können. Abzustellen ist auf die Lebensverhältnisse der Ehegatten und das sonst bei ihnen Übliche. Beleidigungen können nur vorsätzlich erfolgen.

Entsprechendes wie für Beleidigungen gilt für Verleumdungen, also das bewusst unwahre Verbreiten von unwahren Tatsachen. Zu beachten ist, dass der andere Ehegatte gewusst haben muss oder es mindestens für möglich gehalten haben muss, dass die verbreiteten Tatsachen nicht der Wahrheit entsprachen. Das nachzuweisen dürfte dem antragstellenden Ehegatten nur in seltenen Ausnahmefällen gelingen.

Suizidversuche und Drohungen mit Selbstmord können ebenfalls das weitere Teilen der Wohnung mit dem anderen Ehegatten als unbillige Härte erscheinen lassen. Insofern ist aber Zurückhaltung geboten. Eine vereinzelte Drohung oder ein Selbstmordversuch, der erkennbar aus Verzweiflung über das drohende Ende der Ehe unternommen wurde, reicht nicht, wenn nicht konkrete Anzeichen für eine Wiederholung gegeben sind. Im übrigen kann die ständige Drohung mit Selbstmord bereits als mittelbare Anwendung von psychischer Gewalt gegen den antragstellenden Ehegatten gewertet werden, so dass dann auch die Gewaltschutzklausel des § 1361b Abs. 2 BGB anzuwenden ist. *159*

Wie schon die Kindeswohlklausel in § 1361b Abs. 1 S. 2 BGB klarmacht, sind für die Entscheidung darüber, ob eine unbillige Härte vorliegt, auch die Interessen der im Haushalt lebenden Kinder einzubeziehen: Die unbillige Härte kann damit allein daraus folgen, dass das Wohl der im Haushalt lebenden Kinder beeinträchtigt ist. Kinder im Sinne dieser Vorschrift sind alle Minderjährigen, die im Haushalt leben. Es muss sich nicht um gemeinschaftliche Kinder der Ehegatten handeln, so dass auch das Wohl der Kinder, die ein Ehegatte mit in die Ehe gebracht hat, die aber nicht von seinem Ehegatten abstammen, maßgebend für die Beurteilung der unbilligen Härte sein kann (KG FamRZ 1991, 467; OLG Schleswig FamRZ 1991, 1301). Trotz des insoweit offenen Wortlauts des § 1361b BGB muss man aber annehmen, dass die Schutzklausel sich nur auf minderjährige Kinder bezieht; denn nur für deren Wohl sind Dritte verantwortlich. Nur sie unterliegen der Pflege und Erziehung durch ihre Eltern. *160*

Alle der bisher genannten Fälle lassen sich auch als Fälle einer Kindeswohlbeeinträchtigung verstehen, wenn die Kinder nicht von den Vorgängen absolut unberührt bleiben; denn auch wenn Gewaltanwendungen, Drohungen oder Suizidversuche sich nicht gegen das Kind gerichtet haben, sondern gegen eine andere Person, dann muss doch berücksichtigt werden, dass das Wohl eines Kindes, das miterleben muss, dass es in der eigenen Familie zu derartigen Vorgängen kommt, durch dieses Erleben bereits intensiv beeinträchtigt wird. Zu denken ist im Zusammenhang mit der Kindeswohlklausel aber auch an vom Verhalten des anderen Ehegatten unabhängige Faktoren, wie etwa die Eignung der Wohnung

für die Unterbringung der Kinder und die Finanzierung einer Ersatzwohnung, die Kontinuität der Wohnlage der Kinder. Auch Gesundheits-
beeinträchtigungen führen zur Bejahung der unbilligen Härte, selbst
wenn sie nicht vom anderen Ehegatten verursacht sind, sich aber nur dadurch beheben lassen, dass der andere Ehegatte die bislang eheliche
Wohnung dem antragstellenden Ehegatten und den Kindern zur alleinigen Nutzung überlässt.

161 Belästigungen von nicht im Haushalt lebenden Dritten, die keine Ver-
wandten des antragstellenden Ehegatten sind, sind regelmäßig nicht geeignet, die Annahme einer unbilligen Härte u begründen. Etwas anderes
gilt nur dann, wenn die Rückwirkungen aus dieser Belästigung geeignet
sind, die Wohnverhältnisse des antragstellenden Ehegatten nachhaltig zu
beeinträchtigen. In Betracht kommt insoweit etwa, dass wegen regelmä-
ßigen Randalierens des anderen Ehegatten oder wegen dessen Belästigung oder Beleidigung Dritter, vor allem von Hausbewohnern, der Vermieter ankündigt, bei Fortsetzung das Mietverhältnis kündigen zu
wollen.

162 Nicht ausreichend für die Annahme einer unbilligen Härte sind bloße
Unzuträglichkeiten beim Zusammenleben oder aber die Unannehmlichkeiten, die sich im Auflösungsstadium einer Beziehung regelmäßig ergeben, wie etwa Streitereien wegen der gefühlsmäßigen Krise der Eheleute
oder Auseinandersetzungen um die Aufteilung der gemeinsam erworbenen Gegenstände oder den zu leistenden Unterhalt. Ebensowenig reichen für die Anwendung des § 1361b BGB Verhaltensweisen des anderen Ehegatten, die ausschließlich als vermögensbezogen eingeordnet
werden können, wie etwa die Weggabe von Vermögensgegenständen,
um den Zugewinnausgleich zu vereiteln, das Unterlassen von Unterhalts-
zahlungen, die Drohung mit der Veräußerung oder der Kündigung der
Wohnung. Ob diese Verhaltensweisen unterhaltsrechtlich, güterrechtlich
oder in bezug auf den Versorgungsausgleich zur Annahme von Härte-
gründen führen können, ist im Rahmen des § 1361b BGB irrelevant. Das
gilt vor allem auch für das Anschwärzen des antragstellenden Ehegatten
bei seinem Arbeitgeber oder Dritten, sofern das, was der andere Ehegatte ihm zur Last legt, der Wahrheit entspricht. Nur wenn das nicht der
Fall ist, handelt es sich um eine Verleumdung oder zumindest um üble
Nachrede (Rdnr. 158).

163 Der antragstellende Ehegatte trägt die Darlegungs- und Beweislast für
die Tatsachen, aus denen er die unbillige Härte der weiteren gemeinsamen Nutzung der Wohnung herleitet. Es ist erforderlich, dass die Vorgänge mit einem Mindestmaß an Klarheit dokumentiert sind, so dass der
andere Ehegatte in die Lage versetzt wird, die Vorwürfe konkret zu be-

streiten. Es ist deswegen erforderlich, dass der antragstellende Ehegatte zumindest mitteilt, wann sich die Ereignisse zugetragen haben, wer an ihnen beteiligt war und was im einzelnen passiert ist (OLG Karlsruhe FamRZ 1991, 1440; OLG Köln FamRZ 1994, 632; OLG Brandenburg FamRZ 1996, 743; vgl. auch Palandt/Brudermüller, § 1361b BGB Rdnr. 10).

5.2.1.1.4 Kein Eingreifen der Vermutung des § 1361b Abs. 4 BGB

Eine Wohnungszuweisung nach § 1361b BGB an diesen Ehegatten ist *164* ausgeschlossen, wenn ein Ehegatte die eheliche Wohnung verlässt, um getrennt i. S. d. § 1567 BGB zu leben, d. h. weil er die eheliche Lebensgemeinschaft ablehnt und nicht binnen sechs Monaten gegenüber dem anderen Ehegatten bekundet, dass er die Absicht hat, zu diesem in die bislang gemeinsam bewohnte Wohnung wieder einzuziehen; denn in diesem Fall wird unwiderleglich vermutet, dass er dem in der Wohnung verbliebenen Ehegatten das ausschließliche Nutzungsrecht daran überlassen hat (§ 1361b Abs. 4 BGB). Ziel dieser Regelung ist es, Rechtssicherheit für den in der Wohnung verbliebenen Ehegatten zu schaffen.

Umgekehrt ist auch eine Wohnungszuweisung auf Antrag des in der Wohnung verbliebenen Ehegatten ausgeschlossen, wenn die Sechsmonatsfrist abgelaufen ist. Da zugunsten des in der Wohnung verbliebenen Ehegatten die unwiderlegliche Vermutung eingreift, dass er ein ausschließliches Nutzungsrecht hat, fehlt für ein Verfahren, das darauf gerichtet ist, ihm dieses Recht erst zu übertragen, das Rechtsschutzbedürfnis. Auch eine Regelung der Nutzungsvergütung kommt dann nicht mehr in Betracht, weil diese ihrerseits voraussetzt, dass der Ehegatte, der die Nutzungsvergütung beansprucht, mindestens ein Mitnutzungsrecht an der ehelichen Wohnung hat. Gerade diese Behauptung wird aber durch die unwiderlegliche Vermutung ausgeschlossen.

Der Rückkehrwille muss ein ernsthafter sein. Es reicht nicht aus, dass *165* der ausgezogene Ehegatte lediglich verhindern will, dass seine Rechte an der Wohnung verfallen (Palandt/Brudermüller, § 1361b BGB Rdnr. 25). Allerdings braucht der Rückkehrwille kein dauerhafter zu sein. Es reicht, dass der ausgezogene Ehegatte einen Versöhnungsversuch unternehmen will, d. h. erst einmal prüfen will, ob ein Zusammenleben mit dem in der Wohnung verbliebenen Ehegatten wieder möglich ist. Die Anzeige des Rückkehrwillens hat im übrigen keine Wirkungen. Vor allem unterbricht sie den Lauf der Trennungsfrist für sich allein noch nicht.

166   In welcher Form die Anzeige des Rückkehrwillens erfolgt, ist für den Anspruch nach § 1361b BGB gleichgültig. Insoweit unterscheidet sich die Vorschrift von § 2 GewSchG, wo eine schriftliche Anzeige des Rückkehrwillens verlangt wird. Um sich alle Optionen offen zu halten, ist dem Ehegatten, der ausgezogen ist, zu raten, seine Anzeige trotz der Erleichterung in § 1361b BGB in schriftlicher Form vorzunehmen. Das ist auch deswegen sinnvoll, weil auf diese Weise die Äußerung des Rückkehrwillens dokumentiert ist und im Verfahren als Beweismittel herangezogen werden kann. Die Beweislast für die rechtzeitige Kundgabe des Rückkehrwillens trägt der ausgezogene Ehegatte.

5.2.1.2 Inhalt der Anordnung

167   Die Anordnung nach § 1361b BGB hat drei mögliche Regelungskomplexe: zum einen die eigentliche Wohnungszuweisung an den Anspruchsteller (Rdnr. 168 ff.), zum anderen in besonderen Fällen die Regelung über die Zahlung einer Nutzungsvergütung (Rdnr. 180 ff.) und Nebenanordnungen, mit denen gesichert werden soll, dass der Anspruchsteller auch tatsächlich in den Genuss der ungestörten Wohnungsnutzung kommt (Rdnr. 188 ff.).

5.2.1.2.1 Überlassung der Wohnung

168   Mit dem Anspruch aus § 1361b BGB will der antragstellende Ehegatte erreichen, dass er die bislang gemeinsam mit dem anderen Ehegatten genutzte Wohnung ganz oder zumindest teilweise zur alleinigen Nutzung zugewiesen bekommt. Zu beachten ist, dass – anders als bei der Überlassung der Wohnung nach § 2 GewSchG – die Überlassung der Wohnung zur Alleinnutzung keineswegs der Regelfall zu sein braucht. Vielmehr nennt § 1361b Abs. 1 BGB zunächst ausdrücklich auch die Möglichkeit einer Nutzungsregelung, in der dem Ehegatten nur ein Teil der ehelichen Wohnung zugewiesen wird. Nur in den Fällen, in denen der antragstellende Ehegatte durch Gewalt oder Drohungen mit Gewalt seitens des anderen Ehegatten konfrontiert ist, sieht das Gesetz die Überlassung der gesamten Wohnung zur Alleinnutzung vor. Anders als im Rahmen des § 2 GewSchG handelt es sich insoweit aber nicht um eine zwingende Folge, sondern nur um den Regelfall der Wohnungszuweisung.

5.2.1.2.2 Grundregel

169   Wohnungszuweisungen nach § 1361b BGB sind grundsätzlich vorläufige Regelungen. Ihr Geltungsbereich ist die Trennungszeit, also das der

Scheidung vorausgehende Stadium. Erfolgt im Scheidungsverfahren eine endgültige Regelung nach §§ 3 ff. HausratsVO, treten sie mit dem Wirksamwerden dieser Entscheidung außer Kraft. Eine Rechtsgestaltung gegenüber Dritten findet nicht statt. Das bedeutet, dass durch die Entscheidung weder in Eigentumsverhältnisse eingegriffen wird (denn das würde den Rahmen des Vorläufigen sprengen), noch dass durch sie Mietverhältnisse oder andere Nutzungsverhältnisse der Ehegatten mit Dritten umgestaltet werden können. Wollen die Eheleute derartige rechtsgestaltende Akte herbeiführen, weil sie eine dauerhafte Regelung selbst nicht herbeiführen können, müssen sie ein Ehewohnungsverfahren nach §§ 3 ff. HausratsVO durchführen.

In welchem Umfang dem antragstellenden Ehegatten die Wohnung zu überlassen ist, ist letztlich ebenfalls Ergebnis der Billigkeitsabwägung nach § 1361b Abs. 1 BGB. Die Billigkeitsabwägung ist eine besondere Ausprägung des Verhältnismäßigkeitsgrundsatzes. Dem antragstellenden Ehegatten darf grundsätzlich von der ehelichen Wohnung nur soviel überlassen werden, wie erforderlich ist, um die unbillige Härte für den Antragsteller zu beseitigen. Benötigt er für seine Bedürfnisse nur Teile der Ehewohnung – oder bei mehreren Ehewohnungen nur eine, so ist die Zuweisung entsprechend zu beschränken.

Die Vorschrift stellt darüber hinaus klar, dass bei der Zuweisung besonders zu berücksichtigen ist, wie die Rechtsverhältnisse an der Wohnung ausgestaltet sind. Die in § 1361b Abs. 1 S. 3 BGB genannten Rechtsverhältnisse (Eigentum, Erbbaurecht, Nießbrauch, Wohnungseigentum, Dauerwohnrecht und dingliches Wohnrecht) erfassen alle Fallgruppen, in denen mindestens einer der Ehegatten eine dingliche Rechtsposition an dem Grundstück hat, auf dem sich die bisher eheliche Wohnung befindet. Es fehlt allerdings ein Hinweis darauf, in welcher Weise die Rechtsverhältnisse Berücksichtigung finden sollen. Anders als in § 2 GewSchG ist für die Zuweisung nach § 1361b BGB wegen des Normzwecks, die Trennungszeit bis zur Scheidung zu regeln, keine Befristungsmöglichkeit eingeräumt. Die Berücksichtigung der Rechtsverhältnisse an der zuzuweisenden Wohnung kommt deswegen nur im Rahmen der allgemeinen Billigkeitsabwägung in Betracht:

170

Bei dieser Abwägung fällt das Bestehen des Rechts zugunsten des Antragstellers aus, wenn er allein eines der genannten Rechte an dem Grundstück hat, so dass die übrigen für ihn sprechenden Härtegründe dann erheblich geringer ausfallen können oder sogar (bei Alleineigentum auf seiner Seite) entfallen können, weil schon der Ausschluss von der Nutzung des eigenen Alleineigentums schwer genug wiegen kann, um eine unbillige Härte zu bejahen. Etwas anderes gilt nur dann wieder, wenn der Antragsgegner seinerseits Härtegründe anführen kann, die für sein Verbleiben in der Wohnung sprechen, vor allem das Bedürfnis von Kindern. Dann reicht auch das Alleineigentum nicht aus, um eine unbillige Härte für den Fall zu begründen, dass dem Antragsteller nicht die Nutzung an der Wohnung übertragen wird.

171   Umgekehrt spricht sein Alleineigentum (und entsprechendes gilt für die alleinige Berechtigung aus einer der genannten anderen dinglichen Rechtspositionen) eher für die Position des Antragsgegners. In diesem Fall müssen auf seiten des Antragstellers besonders schwerwiegende Härtegründe vorliegen, um die Zuweisung der Wohnung, besonders aber der ganzen Wohnung zur Alleinnutzung an ihn zu rechtfertigen. In Betracht kommt insoweit vor allem das Wohl der Kinder, die schon bislang im Haushalt gelebt haben und eine massive Gewaltanwendung oder Bedrohung des antragstellenden Ehegatten.

172   Steht eine vergleichbare Rechtsposition beiden Eheleuten zu (z. B. Miteigentum), spricht das weder für den einen noch den anderen Ehegatten. Die Billigkeitsabwägung ist ganz auf andere Gründe zu stützen. Das gilt vor allem auch für den Umfang der dem antragstellenden Ehegatten zu überlassenden Räumlichkeiten.

173   Nicht besonders berücksichtigt wird in § 1361b BGB eine auf schuldrechtlichen Abreden beruhende Rechtsstellung: Vor allem ist es insoweit irrelevant, wer die Wohnung gemietet hat. Das bedeutet einen erheblichen Unterschied zu der Regelung in § 2 GewSchG, wo ausdrücklich auch die Frage, wer die Wohnung gemietet hat, im Rahmen der Zuweisung zu berücksichtigen ist und dazu führen kann, dass die Überlassung an den antragstellenden Partner grundsätzlich oder sogar in bestimmter Weise (maximal sechs Monate mit einer einmaligen Verlängerungsmöglichkeit um maximal weitere sechs Monate) zu befristen ist (Rdnr. 228 ff.).

5.2.1.2.3 Gewaltschutz

174   Der einzige Grund, der aufgrund einer im Gesetz vorgesehenen Interessenbewertung regelmäßig zu einer Alleinzuweisung des gesamten Wohnraums in einer Wohnung oder einem Haus führen soll, ist die Ausübung von Gewalt gegen den antragstellenden Ehegatten durch den Antragsgegner oder seine Bedrohung mit Gewalt (§ 1361b Abs. 2 BGB). Die Formulierung des § 1361b Abs. 2 BGB orientiert sich an § 2 GewSchG: In der Regel ist dem antragstellenden Ehegatten die gesamte Wohnung zur Alleinbenutzung zu überlassen, wenn der Ehegatte, gegen den sich der Antrag richtet, ihn widerrechtlich und vorsätzlich am Körper, der

Gesundheit oder der Freiheit verletzt hat oder aber ihn mit einer solchen Verletzung oder der Verletzung des Lebens widerrechtlich bedroht hat. Ausgeschlossen ist der Anspruch auf Wohnungsüberlassung nur dann, wenn keine weiteren Verletzungen oder widerrechtlichen Drohungen zu befürchten sind, wenn also keine Wiederholungsgefahr besteht. Als Gegenausnahme sieht das Gesetz allerdings vor, dass es auf die Wiederholungsgefahr nicht ankommt, wenn die Schwere der bereits durch den Antragsgegner begangenen Tat das Zusammenleben des Antragsteller mit dem Täter unzumutbar macht.

Anders als § 2 GewSchG ist § 1361b Abs. 2 keine eigene Anspruchsgrundlage, sondern begründet nur einen Regelumfang der Wohnungszuweisung. Ist die Norm einschlägig, ist dem antragstellenden Ehegatten in der Regel die gesamte Wohnung zu überlassen. Dieses Ergebnis lässt sich aber auch schon bei Anwendung des § 1361b Abs. 1 BGB erzielen. § 1361b Abs. 2 BGB erleichtert es für den antragstellenden Ehegatten nur, die Zuweisung der gesamten Wohnung zu erhalten, ist aber nicht der ausschließliche Weg dazu, wie das bei § 2 GewSchG der Fall ist. Der Gesetzgeber wollte nur, dass Eheleute möglichst ähnlich behandelt werden wie im Gewaltschutzverfahren, um Wertungswidersprüche zu vermeiden.

Die einzelnen Tatbestandsmerkmale des § 1361b Abs. 2 BGB sind mit denen des § 2 GewSchG identisch. Da sie für den Anspruch aus § 2 GewSchG konstitutiv sind, sind sie dort erläutert. Es finden sich die Ausführungen *175*

zum Begriff der Gewalt gegen Körper, Gesundheit oder Freiheit in Rdnr. 202 ff., *176*

zur Widerrechtlichkeit der Gewaltanwendung in Rdnr. 208,

zum Verschulden in Rdnr. 209. Interessant ist, dass der Gesetzgeber die Regelung des Gewaltschutzgesetzes, nach der die Regelungen auch anwendbar sind, wenn der Täter in einem die freie Willensbestimmung Zustand vorübergehender Störung der Geistestätigkeit gehandelt hat, der durch den Genuss von Alkohol oder anderen Drogen herbeigeführt wurde, anscheinend nicht übernommen hat. Gesetzestechnisch dürfte das daran liegen, dass diese Regelung im Gewaltschutzgesetz nicht in § 2 GewSchG enthalten ist, der die Wohnungszuweisung regelt, sondern nur durch die Bezugnahme auf § 1 Abs. 3 GewSchG anwendbar wird. Gleichwohl ist zweifelhaft, ob das Fehlen einer Parallelregelung in § 1361b BGB ein Versehen des Gesetzgebers war, das durch die entsprechende Anwendung des § 1 Abs. 3 GewSchG geschlossen werden muss. Insoweit darf nicht übersehen werden, dass die Funktion von § 2 GewSchG und von § 1361b BGB trotz der im Rahmen der Gewaltschutzgesetzgebung bewusst geschaffenen Parallelitäten jeweils unterschiedlich ist. Die Regelung in § 2 GewSchG dient ausschließlich dem Gewaltschutz von miteinander den Haushalt teilenden Personen ohne Rücksicht auf ihre persönliche Verbundenheit, während die Regelung in § 1361b BGB nur anwendbar ist, wenn Eheleute nicht mehr gemeinsam leben wollen – und zwar auch dann, wenn der Wille zum Getrenntleben nichts mit Gewaltanwendung oder der Bedrohung des einen durch den anderen Ehegatten zu tun hat. Für sie ist der Fall der Gewaltanwendung lediglich einer der Fälle, die im Rahmen einer Billigkeitsabwägung zu entscheiden sind. Der Rahmen des § 1361b BGB ist also viel weiter als derjenige des § 2 GewSchG. Selbst wenn ein Verschulden nicht gegeben ist, ist die Anwendung des § 1361b BGB nicht ausgeschlossen. Unanwendbar ist nur die Klausel, die eine Alleinzuweisung der Wohnung für den Regelfall anordnet. Über § 1361b BGB kann aber derselbe Erfolg ohne Probleme herbeigeführt werden. Regelmäßig wird man eine unbillige Härte, die zur Zuweisung der Wohnung führt, auch annehmen können, wenn in einem vom Antragsgegner selbst durch Drogen- oder Alkoholkonsum herbeigeführten Zustand vorübergehender Störung der Geistestätigkeit von diesem eine Gewalttätigkeit oder eine ernstzunehmende Drohung mit Gewalt erfolgt. Dass insoweit nicht automatisch die Zuweisung der gesamten Wohnung als automatische Folge in Betracht kommt, kann hingenommen werden; denn im Rahmen der Billigkeitsabwägung nach § 1361b Abs. 1 BGB können alle Umstände einbezogen werden, auch soweit es um die Entscheidung der Frage geht, ob dem antragstellenden Ehegatten die gesamte Wohnung zugewiesen werden muss. Es spricht dann nichts dagegen, gerade aus dem Umstand, dass es in alkoholisiertem Zustand oder nach Drogengenuss zu Gewalttätigkeiten kommt, zu folgern, dass es für den antragstellenden Ehegatten eine unbillige Härte bedeutet, die Wohnung mit dem anderen Ehegatten zu teilen.

177   Zur Drohung mit Gewalt siehe Rdnr. 210 ff., zur Widerrechtlichkeit der Drohung Rdnr. 213, zum erforderlichen Verschulden Rdnr. 214. Insoweit gilt das gerade zum Verschulden bei Gewaltanwendung Gesagte entsprechend (Rdnr. 214).

178   Zur Wiederholungsgefahr und zur Unzumutbarkeit siehe Rdnr. 216 f.

179   Die nach § 2 GewSchG erforderliche Rechtzeitigkeit des Verlangens, die erforderlich ist, um die Gewalt des anderen Ehegatten noch als Argument für die Wohnungszuweisung geltend zu machen (§ 2 Abs. 2 Nr. 2 GewSchG, Rdnr. 218), spielt im Rahmen des § 1361b BGB keine Rolle. Der antragstellende Ehegatte kann sich deswegen auch noch auf Gewalttaten des anderen stützen, die mehr als drei Monate zurückliegen. Der

Grund für die unterschiedliche Behandlung liegt zum einen darin, dass § 2 GewSchG allein präventiv wirken soll. Bei weit in der Vergangenheit liegenden Gewalttaten entfällt aber die Indizwirkung dafür, dass es erneut zu solchen Taten kommen wird. Zum anderen besteht ein gewisser Automatismus zwischen der Gewaltanwendung auf der einen Seite und der Wohnungszuweisung auf der anderen Seite („Der Schläger geht"). Beides trifft für § 1361b BGB nicht in gleicher Weise zu. Eine zeitliche Schranke ergibt sich außerdem aus § 1361b Abs. 4 BGB, nach dem die unwiderlegliche Vermutung gilt, dass ein Ehegatte allein nutzungsberechtigt ist, wenn der andere aus der Wohnung ausgezogen ist und nicht binnen sechs Monaten seine Rückkehrabsicht bekundet hat. Nach Ablauf dieser Frist kann der ausgezogene Ehegatte selbst dann keine Rechte mehr an der Wohnung geltend machen, wenn sein Auszug eine Flucht vor den Gewalttätigkeiten des anderen Ehegatten war.

Ebenfalls keine Bedeutung hat die Härteklausel des § 2 Abs. 2 Nr. 3 GewSchG (Rdnr. 221 f.). Die Belange, die insofern eine Rolle spielen, sind schon in der allgemeinen Billigkeitsabwägung nach § 1361b Abs. 1 BGB zu berücksichtigen.

5.2.1.2.4 Nutzungsvergütung

Die Wohnungsüberlassung an den anderen Ehegatten braucht nicht in *180* jedem Fall kostenlos zu erfolgen. Für die Benutzung der Wohnung ist vielmehr die Zahlung einer Nutzungsvergütung anzuordnen, wenn deren Zahlung der Billigkeit entspricht (§ 1361b Abs. 3 S. 2 BGB). Diese Regelung entspricht § 2 Abs. 5 GewSchG. Zu beachten ist, dass seit der Änderung des § 1361b BGB durch das Gewaltschutzgesetz die Nutzungsvergütung auch ohne weiteres losgelöst von einer Wohnungszuweisung angeordnet werden kann; denn der neue § 1361b Abs. 3 BGB setzt nur noch voraus, dass die Wohnung überlassen wurde, nicht aber – wie früher –, dass ein Anspruch nach Abs. 1 auf Überlassung bestand. Eine analoge Anwendung ist daher auch in denjenigen Fällen nicht mehr erforderlich, in denen ein Ehegatte dem anderen freiwillig die Wohnung überlassen hat oder wenn die Eheleute sich die Wohnung einvernehmlich geteilt haben. Auch in diesen Fällen ist § 1361b Abs. 3 BGB jetzt direkt anwendbar (Palandt/Brudermüller, § 1361b BGB Rdnr. 20). Die Neuregelung vermeidet die Gerechtigkeitsdefizite, die im alten Recht nur durch Analogien zu beheben waren, weil nach dem Wortlaut des § 1361b a. F. nur dann eine Nutzungsvergütung in Betracht kam, wenn aus schweren Billigkeitsgründen die Wohnung zu überlassen war – also gerade dann, wenn der die Vergütung beanspruchende Ehegatte selbst regelmäßig erheblich dazu beigetragen hatte, nicht aber, wenn nur ein geringeres Maß an Störung des ehelichen Verhältnisses eingetreten war.

181   Bei dem Anspruch handelt es sich um einen sog. verhaltenen Zahlungsanspruch. Er entsteht nicht automatisch, sondern erst dann, wenn der Ehegatte, der die Wohnung zur Benutzung überlassen hat, ihn bei dem anderen Ehegatten in deutlicher Weise geltend macht (§ 745 Abs. 2 BGB analog, MünchKomm-BGB/Wacke, § 1361b BGB Rdnr. 11). Ist der Anspruch bereits im Verfahren geltend gemacht, ist das unproblematisch; die Zahlungspflicht entsteht dann grundsätzlich sofort mit dem Auszug.

182   Allerdings ist zu beachten, dass der Ehegatte, der nunmehr die bisher eheliche Wohnung nutzen darf, nicht doppelt belastet wird. Das bedeutet grundsätzlich, dass eine Nutzungsvergütung dann nicht zu zahlen ist, wenn die Wohnkosten bereits unterhaltsrechtlich berücksichtigt wurden. Ist der Ehegatte, der die Wohnung weiter nutzen darf, der Unterhaltsberechtigte (was dem Regelfall entsprechen dürfte), dann mindern die durch die Nutzung der Wohnung entstehenden Wohnvorteile bereits seinen Unterhaltsbedarf und senken damit den Unterhaltsanspruch gegen den Ehegatten, dem an sich der Anspruch auf Nutzungsvergütung zustünde. Würde ihm diese zusätzlich gewährt, käme es zu einer doppelten Berücksichtigung des Wohnens zugunsten des Unterhaltspflichtigen, der dem Unterhaltsberechtigten die Wohnung überlassen hat. Umgekehrt kann auch der Wohnvorteil ein Einkommen des Unterhaltspflichtigen darstellen, wenn ihm die Wohnung von dem Unterhaltsberechtigten überlassen wird. In diesem Fall ist die Leistungsfähigkeit entsprechend erhöht (Brudermüller FamRZ 1987, 117 f.), so dass ein Unterhaltsanspruch des anderen Ehegatten nach § 1361 BGB erhöht sein kann. War aber der Unterhaltspflichtige auch ohne Berücksichtigung des Wohnvorteils schon hinreichend leistungsfähig, den gesamten eheangemessenen Unterhalt zu leisten, dann wirkt sich der zusätzliche Wohnvorteil unterhaltsrechtlich nicht mehr aus, und es kommt eine Nutzungsvergütung in Betracht. Diese Beispiele zeigen die enge Abhängigkeit zwischen dem Unterhalts- und dem Nutzungsentgeltanspruch. Es ist deswegen sinnvoll, das Ehewohnungs- und das Unterhaltsverfahren miteinander zu verbinden, wenn eine unterhaltsrechtliche Berücksichtigung des Wohnvorteils in Betracht kommt (so schon der Vorschlag bei MünchKomm-BGB/Wacke, § 1361b BGB Rdnr. 11).

183   Die Zahlung einer Nutzungsvergütung kommt nicht in jedem Fall in Betracht, in dem ein Ehegatte dem anderen die bisher gemeinsam genutzte Wohnung überlässt. Vielmehr ist erforderlich, dass die Verdrängung des Ehegatten, der nun den Anspruch auf Nutzungsvergütung er-

hebt, einen Eingriff in seine Rechtspositionen bedeutet, die Vermögenswert haben. Nur in solchen Fällen entspricht es der Billigkeit, dass der bleibende Ehegatte ihm für die Benutzung der Wohnung eine Vergütung zahlt. Insofern lassen sich mehrere Fallgruppen unterscheiden:

Eine Nutzungsvergütung kommt nicht in Betracht, wenn der in der Wohnung verbleibende Ehegatte der allein Nutzungsberechtigte an dieser Wohnung ist, wenn er also entweder Alleineigentümer, allein dinglich Nutzungsberechtigter oder alleiniger Mieter der Wohnung ist. Ist für die Nutzung im Außenverhältnis ein Entgelt zu zahlen (Hauptfall: Miete), dann trägt der in der Wohnung verbleibende Ehegatte dieses ohnehin allein. Es besteht deswegen kein Anlass, dem aus der Wohnung weichenden Ehegatten eine Nutzungsvergütung zu entrichten. Die Wohnvorteile sind dem in der Wohnung bleibenden Ehegatten aber als Einkommen anzurechnen. Das kann sich unterhaltsrechtlich auswirken (Rdnr. 182).

Sind beide Eheleute an der Wohnung gemeinsam in gleicher Weise berechtigt, kommt eine Nutzungsvergütung grundsätzlich dann nicht in Betracht, wenn die Wohnung nicht einem Ehegatten zur Alleinnutzung zugewiesen wird, sondern sie nur aufgeteilt wird. Gerade bei Häusern ist das eine Lösung, die durchaus im Einzelfall zu befriedigenden Ergebnissen führen kann. Ist die Teilung dann in etwa hälftig, soweit die Eheleute allein betroffen sind oder werden zugunsten des Ehegatten, der den größeren Teil erhält, lediglich die Kinder berücksichtigt, so dass es deswegen zu der Zuweisung des größeren Teils der Wohnung gekommen ist, dann sprechen keine besonderen Billigkeitsargumente dafür, dem einen oder dem anderen Ehegatten einen Ausgleich für den Verlust zu leisten, der sich daraus ergibt, dass er nunmehr nicht mehr die gesamte Wohnung zusammen mit seinem Ehegatten nutzen kann. Der bisherige Mitbesitz hat sich lediglich in Teilbesitz umgewandelt. *184*

Wird einem Ehegatten bei vorher gemeinsamer Berechtigung beider die Wohnung zur Alleinnutzung überlassen, entspricht eine Nutzungsvergütung grundsätzlich der Billigkeit, soweit der weichende Ehegatte weiterhin Lasten trägt, die auf der Grundlage der gemeinsamen Berechtigung folgen. Das kommt vor allem in Betracht, wenn der weichende Ehegatte im Außenverhältnis noch seinen Teil der Miete entrichtet. Entsprechendes gilt bei Miteigentum: Eine Nutzungsvergütung ist billig, soweit der bleibende Ehegatte nun ausschließlich die gesamte Wohnung nutzt, ohne zugleich den weichenden Ehegatten von den Verpflichtungen freizustellen, die im Außenverhältnis noch auf der Wohnung lasten (z. B. Raten für den Kredit, mit dem der Hauskauf finanziert wurde). *185*

Der weichende Ehegatte kann dagegen nicht verlangen, dass der Bleibende an der Umgestaltung des Außenverhältnisses mitwirkt. Die Regelungen nach § 1361b BGB sind nur solche vorläufiger Art. Umgestaltungen im Außenverhältnis kommen erst im Verfahren nach §§ 3 ff. HausratsVO in Betracht und müssen erst dann hingenommen werden. Bis zu diesem Zeitpunkt ist die Mitwirkung des bleibenden Ehegatten (und gegebenenfalls des Vermieters) ein reines Entgegenkommen, auf das kein Anspruch des weichenden Ehegatten besteht. Sind die beiden Eheleute Miteigentümer, kommt neben § 1361b BGB ein Anspruch nach § 745 Abs. 2 BGB nicht in Betracht. Bei gerichtlich angeordneter Wohnungsüberlassung geht der familienrechtliche Anspruch vor und verdrängt die gemeinschaftsrechtliche Regelung (OLG Bamberg NJWE-FER 2000, 138; KG FamRZ 1997, 421).

186   Ist der weichende Ehegatte allein nutzungsberechtigt, entspricht eine Nutzungsvergütung grundsätzlich der Billigkeit. Etwas anderes gilt nur dann, wenn der bleibende Ehegatte den weichenden intern durch die Übernahme von dessen Belastungen von seinen auf die Wohnung bezogenen Verpflichtungen im Außenverhältnis freistellt. In diesem Fall hat der dem weichenden Ehegatten schon seine Lasten abgenommen, eine noch weitergehende Entlastung durch Zahlung einer weiteren Nutzungsvergütung ginge deswegen über das nach der Billigkeit Erforderliche hinaus. Zur Umgestaltung des Außenverhältnisses siehe die vorangehende Randnummer.

187   Für die Bemessung der Nutzungsvergütung bestehen unterschiedliche Möglichkeiten. Im allgemeinen wird man annehmen können, dass der Wohnberechtigte grundsätzlich die im Außenverhältnis anfallenden Kosten übernehmen muss. Bei Mietwohnungen sind das die Mietkosten einschließlich der Nebenkosten. Bei Eigentum, für dessen Erwerb noch Kreditzinsen zu zahlen sind, kann sich die Nutzungsvergütung auch an diesen Zinsen bemessen. Der Tilgungsanteil der vom Überlassenden zu zahlenden Raten ist allerdings nicht zu berücksichtigen; denn dieser Teil dient der Kapitalbildung und ist gerade einem im Außenverhältnis für die Nutzung zu zahlenden Entgelt nicht vergleichbar. Im übrigen (abbezahltes Wohneigentum oder Haus, dingliche Nutzungsrechte ohne direkte Gegenleistung) kommt es zunächst auf den Wohnwert der überlassenen Wohnräume an. Dieser kann anhand des nach dem Mietspiegel zu errechnenden Mietwert bemessen werden.

Die so gewonnenen Werte sind allerdings nur Orientierungswerte für die Bemessung der Nutzungsvergütung. Bei dieser handelt es sich um eine nach Billigkeit zu bemessende Vergütung. Das bedeutet, dass bei entsprechenden Lebensverhältnissen oder Unterschieden in der Eignung der überlassenen Wohnung für den verbleibenden Ehegatten durchaus von den so errechneten technischen Werten abgewichen werden kann. Zu denken ist vor allem daran, dass die überlassene Wohnung einen weit überzogenen Wohnstandard aufweist, wie es vor allem vorkommt, wenn ein schon an sich großzügig bemessenes Haus einem Ehegatten zur Alleinnutzung zugewiesen wird, weil an ein Zusammenleben der beiden Partner nicht mehr zu denken ist. Auch der Grund für die Überlassung zur Alleinnutzung ist zu berücksichtigen (OLG Köln FamRZ 1993, 562): Musste der allein nutzungsberechtigte Ehegatte weichen, weil er Gewalt gegen den bleibenden verübt hat, kommen wesentlich mildere Maßstäbe in Betracht als in anderen Fällen, in denen der Ehegatte freiwillig gegangen ist, weil er mit dem bleibenden nicht mehr zusammenleben wollte. Auch eine reduzierte Leistungsfähigkeit des bleibenden Ehegatten (z. B. wegen Kinderbetreuung oder Krankheit) kann zu einer Herabsetzung der an sich nach dem Mietspiegel errechneten Nutzungsvergütung führen (OLG Düsseldorf FamRZ 1985, 949, 950; OLG Köln FamRZ 1997, 943).

5.2.1.2.5 Nebenanordnungen zum Schutz der Wirksamkeit der Nutzungsregelung

Nach § 1361b Abs. 3 S. 2 BGB hat der Täter alles zu unterlassen, was geeignet ist, die Ausübung des Nutzungsrechts zu erschweren oder zu vereiteln. Diese Pflicht trifft ihn zwar schon wegen der Normierung im Gesetz (a. A. anscheinend Grziwotz, NJW 2002, 872, 873 für die Parallelregelung in § 2 GewSchG); das Gericht kann jedoch in seiner Entscheidung zur Sicherung der Benutzungsregelung Nebenanordnungen treffen, wenn sonst zu befürchten ist, dass der weichende Ehegatte die Benutzungsregelung unterlaufen wird.   *188*

Einem Alleinmieter kann präventiv untersagt werden, das Mietverhältnis zu kündigen oder mit dem Vermieter einen Aufhebungsvertrag zu schließen (Palandt/Brudermüller, § 1361b BGB Rdnr. 17; § 2 GewSchG Rdnr. 12). Der Vorteil an dieser Vorgehensweise ist, dass durch das gerichtliche Verbot eine Außenwirkung herbeigeführt wird; denn ein Verstoß gegen das gerichtliche Verbot macht die Kündigung bzw. die Aufhebung des Vertrages nach §§ 135, 136 BGB im Verhältnis zum Anspruchsinhaber unwirksam. Das kann zu erheblichen mietrechtlichen Problemen führen (vgl. bereits BT-Drucks. 14/5429, S. 38). Hier zeigt sich wieder die Inkonsequenz des Gesetzgebers, der vermeiden wollte, dass die Regelungen nach § 2 GewSchG und nach § 1361b BGB Außenwirkung entfalten und gerade deswegen den Weg zu den allgemeinen Instrumenten eröffnet hat. Diese Probleme träten nicht auf, wenn er der gerichtlichen Benutzungsregelung und dem Kündigungs- bzw. Vertragsaufhebungsverbot absolute Wirkung beigemessen hätte (kritisch auch Palandt/Brudermüller, § 2 GewSchG Rdnr. 12).

189   Zweifelhaft ist, inwiefern § 1361b Abs. 3 S. 2 BGB als Grundlage für ein Veräußerungsverbot gegen einen weichenden Ehegatten herangezogen werden kann, der Alleineigentümer des Hauses bzw. der Wohnung ist, die nun dem in der Wohnung bleibenden Ehegatten überlassen wird. Teilweise wird angenommen, dass es dem Gesetzgeber nicht gelungen ist, mit § 1361b Abs. 3 S. 2 BGB eine Regelung zu schaffen, die als Ermächtigungsgrundlage für ein Veräußerungsverbot genommen werden könnte (Palandt/Brudermüller, § 1361b BGB Rdnr. 17). Diese Ansicht überzeugt aber letztlich nicht. Der Gesetzgeber wollte mit dem Wohlverhaltensgebot ausdrücklich eine Legitimation für gerichtliche Anordnungen treffen, durch die ein Unterlaufen der Benutzungsregelung verhindert wird (BT-Drucks. 14/5429, S. 21, 33). Dazu gehört für den Alleineigentümer, der Adressat einer Benutzungsregelung ist, grundsätzlich auch das Verbot, sein Grundstück zu veräußern (Grziwotz, NJW 2002, 872, 873; Schumacher, FamRZ 2002, 645, 652). Da ein Veräußerungsverbot aber einen Eingriff in das Eigentum darstellt, ist insoweit immer das Verhältnismäßigkeitsprinzip zu beachten: Das Verbot muss so abgefasst sein, dass der Verpflichtete nur insoweit beeinträchtigt wird, als es die Benutzungsregelung gebietet. Dieser ist Genüge getan, wenn dem weichenden Ehegatten verboten wird, das Grundstück zu einer Zeit zu übertragen, zu der die Benutzungsregelung noch gilt oder aber anzuordnen, dass das Grundstück nur übertragen werden darf, wenn der Erwerber sich bereit erklärt, den Berechtigten für die Dauer der Nutzungsregelung weiter in der Wohnung bzw. dem Haus wohnen zu lassen (Schumacher, FamRZ 2002, 845, 852).

190   Auch durch Anordnungen nach § 1361b Abs. 3 S. 2 BGB kann nicht verhindert werden, dass der Anspruchsberechtigte durch ein Verhalten Dritter an der weiteren Nutzung gehindert wird. Vor allem wird das Recht eines Vermieters, das Mietverhältnis durch ordentliche oder außerordentliche Kündigung zu beenden, durch eine solche Regelung nicht eingeschränkt. Gelingt es also dem nach § 1361b BGB Verpflichteten, durch sein Verhalten den Vermieter zu einer Kündigung zu veranlassen (wichtigster Fall: Zahlungseinstellung, so dass der Vermieter wegen Zahlungsverzugs kündigen kann), ist dagegen mit § 1361b BGB ebensowenig etwas auszurichten wie mit § 2 GewSchG. Auswirken wird sich das allerdings im Regelfall nicht, weil dem Berechtigten im Räumungsverfahren eine angemessene Räumungsfrist gesetzt werden kann, die bis zu einem

Jahr betragen kann (§ 721 ZPO). Innerhalb dieses Zeitraumes wird auch die Benutzungsregelung regelmäßig abgelaufen sein.

5.2.1.3 Wirksamwerden und Wirkungsdauer der Regelung

Für die Entscheidungen nach § 1361b BGB gilt die allgemeine Regel des *191* § 16 Abs. 1 FGG, dass sie mit der Bekanntmachung an denjenigen wirksam werden, für den sie ihrem Inhalt nach bestimmt sind. Diese Regelung wird auch durch § 629d ZPO nicht modifiziert, weil die Verfahren zur Regelung der Nutzungsverhältnisse an der Wohnung in der Trennungszeit keine Verfahren sind, in denen eine Entscheidung für den Fall der Scheidung beantragt wird und demgemäß nicht in den Verhandlungs- und Entscheidungsverbund fallen.

Die Entscheidung über die Wohnungsbenutzung verliert ihre Wirk- *192* samkeit, wenn die Eheleute die eheliche Gemeinschaft wieder herstellen, weil sie sich wieder versöhnt haben. Eine kurzzeitige Wiederaufnahme der ehelichen Lebensgemeinschaft im Rahmen eines Versöhnungsversuchs schadet dagegen nicht, solange nicht die Dauer überschritten ist, die auch ein Getrenntleben nach § 1567 BGB beenden würde. Auch eine Frist von bis zu drei Monaten kann daher durchaus noch unschädlich sein (vgl. HK-BGB/Kemper, § 1567 BGB Rdnr. 5; MünchKomm-BGB/ Wolf, § 1567 BGB Rdnr. 64 f.; OLG Hamm NJW-RR 1986, 554; OLG Zweibrücken FamRZ 1981, 146; noch großzügiger OLG Düsseldorf FamRZ 1995, 96). Die Unklarheiten, die durch die mangelnde Bestimmtheit der Frist entstehen können, sind systembedingt und müssen hingenommen werden. Hielte man eine Regelung der Wohnungsnutzung bereits nach jedem noch so kurzen Versöhnungsversuch für unwirksam, könnte das die Eheleute davon abhalten, derartige Versuche zu unternehmen. Das widerspräche dem das ganze Scheidungsrecht durchziehenden Gedanken, dass die Trennung keine endgültige sein soll, sondern den Eheleuten eine Bedenkzeit eröffnen soll.

Ebenfalls unwirksam wird die Regelung nach § 1361b BGB mit der Rechtskraft der Scheidung. Die Norm betrifft nur eine vorläufige Benutzungsregelung für die Zeit bis zur Scheidung. Ist diese dagegen erfolgt, ist nur noch Raum für eine endgültige Regelung; die vorläufige Regelung geht ins Leere. Die Lage entspricht damit im wesentlichen derjenigen beim Unterhalt, wo angenommen wird, dass Trennungsunterhalt und Nachscheidungsunterhalt zwei verschiedene Streitgegenstände betreffen, so dass nach der Scheidung mit einem Urteil auf Trennungsunterhalt nicht mehr vollstreckt werden kann, soweit die Zeit nach der Scheidung betroffen ist.

193   Ist eine Regelung nach § 1361b BGB einmal unwirksam geworden, lebt sie auch nicht wieder auf, wenn die Umstände wegfallen, die zu ihrem Erlöschen geführt haben. Trennen sich die Eheleute nach einer Versöhnung, die zum Erlöschen der Entscheidung über die Wohnungsbenutzung geführt hat, erneut, muss deswegen eine erneute Entscheidung herbeigeführt werden, deren Inhalt sich dann nach den Umständen zum Zeitpunkt der erneuten Trennung bemisst.

5.2.2 Wohnungszuweisung nach § 14 LPartG

194   § 14 LPartG ermöglicht eine Wohnungszuweisung unter Partnern einer eingetragenen Lebenspartnerschaft bis zur Aufhebung der Lebenspartnerschaft. Die Vorschrift ist das Äquivalent zu § 1361b BGB. Sie entspricht bis auf ein Detail in Abs. 4 dieser Vorschrift vollkommen. Auch die Änderungen, denen § 1361b BGB im Rahmen der Verbesserung des Gewaltschutzes unterzogen wurde, wurden hier vollständig nachvollzogen.

Die Voraussetzungen für eine gerichtliche Wohnungszuweisung entsprechen vollkommen denen in § 1361b BGB. Die Erläuterungen dazu (Rdnr. 144 ff.) gelten mit der Maßgabe entsprechend, dass es statt auf das Bestehen einer Ehe auf das Bestehen einer Lebenspartnerschaft ankommt. Unterschiedliche Ergebnisse können sich insoweit daraus ergeben, dass ein Verstoß gegen Ehehindernisse bei der Begründung der Ehe diese nur aufhebbar macht (vgl. § 1314 BGB), während ein derartiger Verstoß bei der Begründung der Lebenspartnerschaft keine wirksame Lebenspartnerschaft entstehen lässt (HK-LPartG/Kemper, § 1 LPartG Rdnr. 23; vgl. auch Wellenhofer-Klein, Die eingetragene Lebenspartnerschaft, Rdnr. 54; Henrich FamRZ 2002, 137), so dass in diesem Fall auch keine Wohnungszuweisung nach § 14 LPartG in Betracht kommt. Bedeutung hat das vor allem bei zum Schein geschlossenen Lebenspartnerschaften. Den Partnern kann in diesen Fällen nur unter den Voraussetzungen des § 2 GewSchG geholfen werden.

Dass es überhaupt eine dem Eherecht nachgebildete vorläufige Wohnungszuweisung gibt, überrascht zunächst, weil im Lebenspartnerschaftsrecht das Getrenntleben keine Voraussetzung für die Aufhebung der Lebenspartnerschaft ist (HK-LPartG/Kemper, § 15 LPartG Rdnr. 3). Mit dem ursprünglichen Regelungszweck des § 1361b BGB, den Eheleuten das Getrenntleben zu erleichtern, wäre die Norm deswegen kaum zu begründen gewesen. Durch die Betonung des Gewaltschutzes aber (Rdnr. 197 ff.), die durch die Novellierung zum 1. 1. 2002 auch hier vorgenommen wurde, hat auch im Lebenspartnerschaftsbereich die vorläufige Nutzungszuweisung einen Sinn.

Die Folgen des § 14 LPartG entsprechen ebenfalls vollständig denen   *195*
des § 1361b BGB: Möglich ist also neben der Zuweisung der bisher gemeinsam genutzten „lebenspartnerschaftlichen" Wohnung (zu § 1361b BGB siehe insoweit Rdnr. 145 ff.) eine Regelung der Nutzungsvergütung (zu § 1361b BGB siehe insoweit Rdnr. 180 ff.) und die Anordnung von die Wohnungszuweisung sichernden Verhaltens- oder Unterlassungsgeboten (zu § 1361b BGB siehe insoweit Rdnr. 188 ff.).

Praktische Abweichungen können sich in bezug auf die Nutzungsvergütung daraus ergeben, dass im Lebenspartnerschaftsrecht der Getrenntlebensunterhaltsanspruch an erheblich engere Voraussetzungen geknüpft ist als im Eherecht (HK-LPartG/Kemper, § 12 LPartG Rdnr. 5 ff.). Da die Nutzungsvergütung dem Unterhaltsanspruch nachrangig ist (Rdnr. 182), bedeutet diese Differenz, dass es im Lebenspartnerschaftsbereich zu häufigeren Anordnungen von Nutzungsvergütungen kommen kann als im Eherecht.

Zum Wirksamwerden und zur Wirkungsdauer gilt das zu § 1361b BGB   *196*
Gesagte (Rdnr. 191) entsprechend.

5.2.3 Wohnungszuweisung nach § 2 Gewaltschutzgesetz

§ 2 GewSchG ermöglicht eine im Umfang ähnliche Wohnungszuweisung   *197*
wie § 1361b BGB. Die 2002 in Kraft getretene Regelung erlaubt die vorübergehende Zuweisung einer Wohnung. Sie ist aber – anders als § 1361b BGB – nicht nur auf Eheleute, sondern auf alle Arten von Lebensgemeinschaften mit auf Dauer angelegter gemeinsamer Haushaltsführung anwendbar. Es handelt sich um eine Anspruchsgrundlage, die selbständig neben § 1361b BGB steht, so dass Eheleute ihr Begehren nach einer vorläufigen Wohnungszuweisung grundsätzlich auf beide Grundlagen stützen können (sofern die materiellrechtlichen Voraussetzungen erfüllt sind).

5.2.3.1 Voraussetzungen

Eine Wohnungszuweisung nach § 2 GewSchG setzt voraus, dass die Beteiligten einen auf Dauer angelegten gemeinsamen Haushalt führen (Rdnr. 198 ff.), dass der Antragsgegner gegen den Antragsteller Gewalt i. S. d. § 1 GewSchG ausgeübt hat oder ihn mit Gewalt bedroht (Rdnr. 201 ff.), dass Wiederholungsgefahr besteht (Rdnr. 216 f.), dass der Antrag auf Wohnungszuweisung durch das Opfer der Gewalt bzw. Be-

drohung rechtzeitig gestellt wurde (Rdnr. 218 ff.) und dass die Härteklausel des § 2 Abs. 2 Nr. 3 GewSchG nicht eingreift (Rdnr. 221 ff.).

5.2.3.1.1 Auf Dauer angelegter gemeinsamer Haushalt

198   Voraussetzung für die Wohnungszuweisung nach § 2 GewSchG ist zunächst, dass die Parteien des Streits einen auf Dauer angelegten gemeinsamen Haushalt führen. Diese Voraussetzung ist auch schon zuständig-
keitsrelevant; denn nach § 23b Abs. 1 S. 2 Nr. 8a GVG, § 621 Abs. 1
Nr. 13 ZPO ist das Familiengericht für Streitigkeiten nach dem Gewaltschutzgesetz nur zuständig, wenn die Parteien einen auf Dauer angelegten gemeinsamen Haushalt führen oder innerhalb von sechs Monaten
vor der Antragstellung geführt haben. Die Voraussetzung ist insoweit
doppelrelevant. Bei Zweifeln ist jedoch in der Sache zu entscheiden, weil
man den Parteien sonst wegen der auf die Zulässigkeitsfrage begrenzten
Rechtskraft der Entscheidung die Möglichkeit nähme, zeitnahen und effektiven Rechtsschutz zu erreichen, wie es gerade in den Gewaltschutzsachen unabdingbar ist.

199   Gemeinsame Führung eines Haushalts liegt vor, wenn die Betroffenen
zusammen leben und gemeinsam wirtschaften. Ein bloßes Nebeneinander in der gemeinsam genutzten Wohnung reicht aber nicht. Reine
Wohngemeinschaften führen keinen gemeinsamen Haushalt – vor allem
dann, wenn sich ihr Leben grundsätzlich auf getrennte Bereiche der
Wohnung beschränkt und nur einige Gemeinschaftsräume gemeinsam
genutzt werden. Ein wichtiges Zeichen für das Bestehen eines gemeinsamen Haushalts ist die gemeinsame Einnahme von Mahlzeiten. Auch das
ist aber allein nicht ausreichend: Kennzeichnend für das Führen eines
Haushalts ist das einvernehmliche Wirtschaften. Wer daran nicht beteiligt ist (z. B. Kinder), führt nicht den Haushalt, sondern partizipiert nur
an der Haushaltsführung durch andere. Diese unselbständigen Haus-
haltsmitglieder sind deswegen nicht legitimiert, Anträge nach § 2 Gew-
SchG zu stellen.

200   Auf Dauer angelegt ist eine gemeinsame Haushaltsführung dann, wenn
beide Beteiligten eine längere Haushaltsgemeinschaft anstreben. Es
kommt in erster Linie auf die Prognose an – nicht darauf, ob schon eine
funktionierende Haushaltsführungsgemeinschaft über eine längere Zeit
hin bestanden hat. Umgekehrt kann aber daraus, dass es bislang eine solche Gemeinschaft gegeben hat, darauf geschlossen werden, dass eine auf
Dauer angelegte gemeinsame Haushaltsführung auch weiterhin beabsichtigt ist. Auf die auf Dauer angelegte Haushaltsführung kann auch aus
Indizien geschlossen werden, wie etwa dem Bestehen einer Kontovoll-

macht, der planmäßigen Aufteilung der Hausarbeit usw. Nach zutreffender Ansicht kommt es dagegen auf die Art der zwischenmenschlichen Beziehung zwischen den Beteiligten nicht an. Eine auf Dauer angelegte gemeinsame Haushaltsführung kann auch ohne eine eheliche oder eheähnliche bzw. lebenspartnerschaftliche oder lebenspartnerschaftsähnliche Lebensgemeinschaft bestehen. Es besteht kein Anlass, etwa einer aus Geschwistern oder aus mehreren Generationen bestehenden Lebensgemeinschaft den Schutz des Gewaltschutzgesetzes zu versagen, wenn die Gemeinschaft über eine reine Wohngemeinschaft hinausgeht und die Beteiligten tatsächlich eine Haushaltsgemeinschaft führen (wie hier Keidel/Kuntze/Winkler/Weber, § 64b FGG Rdnr. 5; Schuhmacher FamRZ 2002, 645, 651).

5.2.3.1.2 Gewaltanwendung oder Bedrohung mit Gewaltanwendung

Der Anspruch auf Überlassung der Wohnung nach § 2 GewSchG setzt *201* weiter voraus, dass der Anspruchsgegner gegen den Anspruchsteller eine Gewalttat nach § 1 Abs. 1 GewSchG oder nach § 1 Abs. 3 i. V. m. Abs. 1 GewSchG begangen hat (Rdnr. 202 ff.) oder ihn mit der Anwendung von derartiger Gewalt bedroht (Rdnr. 210 ff.).

5.2.3.1.2.1 Gewalt i. S. d. § 1 Abs. 1, 3 GewSchG

Gewalt i. S. d. § 1 Abs. 1 GewSchG liegt nur vor, wenn der Anspruchs- *202* gegner eines der in dieser Vorschrift genannten Rechtsgüter verletzt hat. Zu diesen gehören der Körper, die Gesundheit und die Freiheit. Alle Begriffe entsprechen denjenigen in § 823 Abs. 1 BGB. Eine Körperverletzung ist danach jeder Eingriff in die äußere körperliche Integrität (HK-BGB/Staudinger, § 823 BGB Rdnr. 5). Eine Gesundheitsbeschädigung liegt bei jeder Beeinträchtigung der physischen oder psychischen Befindlichkeit vor, d. h. bei einer Beeinträchtigung der inneren Funktionen (HK-BGB/Staudinger, § 823 BGB Rdnr. 8). Freiheit ist allein die körperliche Bewegungsfreiheit; eine Verletzung liegt immer dann vor, wenn der Betroffene sich nicht so fortbewegen kann, wie er das will. Sonstige Einschränkungen der allgemeinen Handlungsfähigkeit fallen selbst dann nicht unter § 1 GewSchG (Palandt/Thomas, § 823 BGB Rdnr. 8; Löhnig/Sachs, Zivilrechtlicher Gewaltschutz, Rdnr. 78), wenn der Anspruchsgegner sich ehewidrig verhält. Ebensowenig reicht Gewalt gegen Sachen aus, einen Anspruch nach § 2 GewSchG auszulösen. Etwas anderes gilt nur dann, wenn durch die Sachbeschädigung mittelbar eine Gesundheitsbeschädigung oder eine Beeinträchtigung der anderen genannten Rechtsgüter herbeigeführt wird. Zu denken ist insofern vor al-

lem an psychische Beeinträchtigungen durch das Miterleben der Sachbeschädigung oder deren Konsequenzen (Beispiele: Gewaltanwendung
gegen ein dem Anspruchsteller besonders am Herzen liegendes Tier,
Zerstörung von alten Familienerbstücken, an denen der Anspruchsteller
besonders hängt).

203   Ob die Gewaltanwendung in einem Tun oder Unterlassen liegt, ist dann
unerheblich, wenn der Gewalt Ausübende eine Garantenstellung gegenüber dem Opfer der Gewalt hat. Das ist bei Eheleuten und Lebenspartnern ohne weiteres der Fall; denn bei beiden Gemeinschaften handelt es
sich um eine gegenseitige Unterstützungs- und Hilfsgemeinschaft kraft
Gesetzes, in der der eine für das Wohl des anderen (mit) verantwortlich
ist (vgl. §§ 1353 BGB, 2 LPartG). Auch eheähnliche und lebenspartnerschaftsähnliche Lebensgemeinschaften werden als Lebensgemeinschaften
angesehen, durch die ein besonderes Vertrauensverhältnis begründet wird
(HK-BGB/Staudinger, § 823 BGB Rdnr. 57). Auch hier ist deswegen eine
Garantenstellung ohne weiteres zu bejahen. Problematisch bleibt das aber
in anderen Fällen von Wohngemeinschaften, in denen sich die Beziehung
der Parteien in der gemeinsamen Führung des Haushalts erschöpfen. In
diesen Fällen ist letztlich trotz der gewissen Verbindung zwischen den Parteien kein Raum für die Annahme, dass ein besonderes Vertrauensverhältnis besteht oder dass der eine die Fürsorge für den anderen übernommen hat, sofern nicht ausnahmsweise weitere Anhaltspunkte dafür
hinzutreten. Eine Garantenstellung kann etwa aus Verwandtschaft folgen
(vor allem bei gemeinsamen Haushalten von Geschwistern oder Eltern
mit ihren Kindern). Im übrigen aber kann man bei Wohngemeinschaften
dieser Art das Unterlassen, eine Verletzung des anderen zu verhindern,
nicht der aktiven Ausübung von Gewalt gleichstellen.

Die praktische Relevanz des Problems wird allerdings gering sein. Gerade die Fälle, in denen jemand die Zuweisung der Wohnung zur Alleinbenutzung erreichen will, weil er in seinen Rechtsgütern Körper, Gesundheit oder Freiheit verletzt wird, werden regelmäßig nicht solche
sein, in denen der andere Partner diese Rechtsgutverletzungen geesche-
hen lässt, sondern Fälle, in denen es um eine aktive Verletzung der
Rechtspositionen des Anspruchstellers geht. Wird der Antragsteller vor
allem durch das Verhalten von Dritten beeinträchtigt, steht es ihm frei,
seinen Anspruch auf Unterlassung dieser Beeinträchtigung durch den
Dritten gegen diesen selbst geltend zu machen und auf diese Weise zu
verhindern. Dass er keine Zuweisung der Wohnung an sich erreichen
kann, muss er hinnehmen, weil die Beteiligung des Mitbewohners nicht
hinreichend groß war und die Gefahr durch die genannte Maßnahme beseitigt werden kann.

Selbstverletzungen sind dann tatbestandsmäßig, wenn das Opfer sich   *204*
zu der Selbstverletzung herausgefordert fühlen durfte (vgl. BGHZ 132,
164 ff.). In diesem Fall ist nach der Rechtsprechung weiter erforderlich,
dass der Willensentschluss des Herausgeforderten von einer billigenswerten Motivation getragen ist und der eingetretene Schaden gerade auf
der infolge der Herausforderung gesteigerten Gefahrenlage beruht und
sich nicht nur das allgemeine Lebensrisiko realisiert, sich bei gefährli-
chen Handlungsweisen selbst Verletzungen zuzufügen. Im hier relevanten Bereich kommen besonders Fälle in Betracht, in denen sich der Anspruchsteller auf der Flucht vor dem aggressiven Anspruchsgegner oder
bei der gerechtfertigten Gegenwehr gegen den Angreifer Verletzungen
zuzieht oder in denen der Anspruchsteller Dritte (vor allem Kinder) vor
Aggressionen des Anspruchsgegners zu schützen versucht und dann
durch das Verhalten des Dritten verletzt wird. Dass in Fällen dieser Art
die Aktion des Anspruchstellers auf billigenswerten Motiven beruht,
steht außer Frage.

An welchem Ort sich die Gewaltausübung ereignet hat, ist für den An-   *205*
spruch aus § 2 GewSchG unerheblich. Die Norm verlangt nur die Ausübung von Gewalt oder die Drohung damit, nicht aber, dass sich die Tat
gerade im häuslichen Umfeld ereignet hat. Die Funktion der Vorschrift
ist es, den anderen Mitbewohner generell vor Gewalt zu schützen und
nicht nur, das häusliche Umfeld von Gewaltanwendung freizuhalten.

Anders als für die Maßnahmen nach § 1 GewSchG reichen die in § 1   *206*
Abs. 2 GewSchG gleichgestellten sonstigen Verhaltensweisen grundsätzlich nicht aus, um eine Wohnungszuweisung nach § 2 GewSchG zu rech-
fertigen. Das ergibt sich aus der Verweisung in § 2 GewSchG, die ausdrücklich § 1 Abs. 2 GewSchG nicht einbezieht, aber auch daraus, dass
die wichtigste dieser Verhaltensweisen, die Drohung, selbst in § 2 Abs. 6
S. 1 GewSchG eine eigenständige Regelung erfahren hat, in der wiederum nur auf § 1 Abs. 2 Nr. 1 GewSchG verwiesen wird. Nicht ausreichend ist deswegen das Eindringen in die Wohnung oder das befriedete
Besitztum des Antragstellers – und zwar selbst dann, wenn es sich um
eine weitere allein bewohnte Wohnung des Antragstellers handelt (bei
der gemeinsam bewohnten Wohnung kommt dieser Fall ohnehin nicht
in Betracht). Ebensowenig reicht das Belästigen durch Nachstellungen
oder die Verfolgung durch Fernkommunikationsmittel. Telefonterror
durch den ansonsten mit dem Opfer eine gemeinsame Wohnung bewoh-
nenden Anspruchsgegner reicht deswegen zur Begründung eines Anspruchs auf Wohnungsüberlassung erst dann aus, wenn er eine Gesund-
heitsbeeinträchtigung auf seiten des Anspruchstellers verursacht.

207   Problematisch ist auch, ob eine Wohnungszuweisung bereits dann in Betracht kommt, wenn es noch keine Gewaltanwendung gegeben hat, wenn aber deutliche Anzeichen dafür sprechen, dass es zu einer solchen kommen wird. Die Erstbegehung von Gewalt ist im Gewaltschutzgesetz nur dann erfasst, wenn eine Drohung vorausgeht. Das muss aber keineswegs so sein. Gewalt gegen eine bestimmte Person kann sich auch ohne Äußerungen des Gewalttätigen gegenüber dieser Person ankündigen, so dass abzusehen ist, dass in naher Zukunft auch diese Person betroffen sein wird. Zu denken ist insoweit vor allem daran, dass der Anspruchsgegner Gewalt gegen andere Familienmitglieder praktiziert, aber noch den Antragsteller davon ausnimmt. Angesichts des klaren Wortlauts der Vorschrift kommt die entsprechende Anwendung des § 2 GewSchG auf diese Fälle nicht in Betracht, zumal dem Gesetzgeber die Parallelproblematik bei § 1004 BGB bekannt war, der allerdings mehr mit den Maßnahmen nach § 1 GewSchG zu vergleichen ist (dazu mit entsprechender Wertung Löhnig/Sachs, Zivilrechtlicher Gewaltschutz, Rdnr. 88).

208   Die Gewaltanwendung muss rechtswidrig sein. Die Rechtswidrigkeit folgt schon aus der Gewaltanwendung selbst, weil durch sie in geschützte Rechtsgüter des Anspruchstellers eingegriffen wird. Sie ist deswegen nur ausgeschlossen, wenn dem Anspruchsgegner für seine Gewaltanwendung ein Rechtfertigungsgrund zur Seite steht. Da eine Einwilligung regelmäßig nicht in Betracht kommen dürfte, steht als wichtigster Rechtfertigungsgrund die Notwehr (§ 227 BGB) im Zentrum der Überlegungen. Viele der Streitfälle werden dadurch gekennzeichnet sein, dass wechselseitig Ansprüche auf Wohnungszuweisung geltend gemacht werden und beide Seiten jeweils behaupten, der andere habe angegriffen und er selbst nur in Notwehr gehandelt, so dass seine Gewaltanwendung gerechtfertigt sei. Die Beweislast für das Vorliegen der Notwehrlage trägt jeweils derjenige, der sich auf die Notwehrsituation beruft. Lässt sich die Situation nicht klären, verliert demnach der jeweilige Antragsgegner das Verfahren.

209   Grundsätzlich muss die Gewaltanwendung schuldhaft erfolgt sein, um den Anspruch auf Wohnungszuweisung nach § 2 GewSchG zu begründen. Das bedeutet, dass eine Wohnungszuweisung grundsätzlich nicht erfolgen kann, wenn der Gewalttätige nicht verschuldensfähig ist. In den besonders schwierigen Fällen, in denen ein Mitbewohner die Kontrolle über sein Verhalten verloren hat, kommt eine Wohnungszuweisung zur Alleinbenutzung deswegen nicht in Betracht. Der betroffene Mitbewohner kann nur versuchen, auf öffentlich-rechtlichem Weg die Entfernung des Gewalttätigen aus der Wohnung zu erreichen oder einen allgemeinen Unterlassungsanspruch geltend machen, um die Beeinträchtigung zu beheben. Praktisch sinnvoll ist das nicht; es wäre besser gewesen, gerade auch in diesen Fällen dem von der Gewalttätigkeit Betroffenen einen Anspruch auf Wohnungszuweisung unter den allgemeinen Voraussetzungen des § 2 GewSchG zu geben.

Für eine wichtige Fallgruppe hat der Gesetzgeber das gerade genannte Prinzip aber durchbrochen: Die Wohnungszuweisung kann nach § 2 GewSchG erfolgen, wenn die Tat in einem vorübergehenden Zustand der Störung der Geistestätigkeit begangen wurde, in den sich der Gewalttätige durch den Konsum von Alkohol oder anderen Drogen versetzt hat (§ 1 Abs. 3 GewSchG). Damit werden die wichtigen Fälle, in denen Menschen erst durch den Genuss von Alkohol oder anderen Rauschmitteln gewalttätig werden, voll in den Anwendungsbereich des § 2 GewSchG einbezogen. Die Rauschbedingtheit der Gewalttätigkeit ist kein Entschuldigungsgrund. Mit dieser Regelung wollte der Gesetzgeber dem verbreiteten sozialen Phänomen der gesteigerten Gewaltbereitschaft im enthemmten Zustand Rechnung tragen.

Über den Grad des Verschuldens sagt § 2 GewSchG nicht ausdrücklich etwas aus. Aus der Bezugnahme auf den Begriff der Gewalt in § 1 GewSchG wird aber deutlich, dass nur vorsätzliches Verhalten in Betracht kommt. Der die Tat begehende Teil muss es also wenigstens für möglich gehalten haben, dass es zu einer Verletzung des anderen kommt und diesen Erfolg auch billigend in Kauf genommen haben. Jeder Grad an Fahrlässigkeit, auch die bewusste Fahrlässigkeit, reicht dagegen nicht. Das ist selbst gegenüber dem allgemeinen Unterlassungsanspruch ein Rückschritt. Zwar wird in vielen Fällen der Vorsatz des Gewalttätigen auf der Hand liegen, weil die Art der Verletzungen ohne weiteres darauf schließen lässt, dass der Urheber diese vorsätzlich herbeigeführt hat. Es werden aber auch Fälle auftreten, in denen der Urheber der Verletzungen bestreitet, diese vorsätzlich herbeigeführt zu haben und in denen es keineswegs eindeutig nachweisbar ist, dass dies der Fall war. In diesen Fällen bleibt dem Opfer der Gewalt nur die Möglichkeit, sein Begehren auf eine der anderen Anspruchsgrundlagen zu stützen. In bezug auf die Wohnungszuweisung ist er damit weitgehend schutzlos, wenn der Gewalttätige weder sein Ehegatte noch sein Lebenspartner ist. Insofern hat das Gewaltschutzgesetz keinerlei Verbesserung der Lage gebracht.

5.2.3.1.2.2 Bedrohung mit Gewalt

Ein Anspruch auf Wohnungsüberlassung besteht auch, wenn es noch nicht zur Gewaltanwendung gekommen ist, der Anspruchsgegner den Anspruchsteller aber mit einer Verletzung von Leben, Körper, Gesund- *210* heit oder Freiheit widerrechtlich bedroht (§ 2 Abs. 6 S. 1 GewSchG). Allerdings ist in diesem Fall zusätzliche Voraussetzung, dass die Überlassung der Wohnung erforderlich ist, um eine unbillige Härte zu vermeiden. Eine unbillige Härte kann auch dann gegeben sein, wenn das Wohl von im Haushalt lebenden Kindern beeinträchtigt ist.

211 Was unter einer Bedrohung mit Gewalt zu verstehen ist, richtet sich grundsätzlich nach den im Strafrecht zu § 240 StGB entwickelten Grundsätzen. Eine Drohung ist danach das Inaussichtstellen eines empfindlichen Übels, auf dessen Eintritt der Drohende Einfluss zu haben vorgibt. Auf den limitierten Schutzbereich des Gewaltschutzgesetzes übertragen bedeutet das, dass der Drohende dem Mitbewohner in Aussicht stellen muss, dass eine Verletzung von dessen Körper, Gesundheit oder Freiheit eintreten wird, weil er (der Drohende) auf den Eintritt dieser Verletzung Einfluss hat. Dass er diesen Einfluss tatsächlich besitzt, ist aber nicht erforderlich. Es reicht, dass er den Anschein vermittelt, dass er diesen Einfluss auf den Eintritt der Verletzung hat.

Eine Drohung braucht nicht ausdrücklich zu erfolgen. Sie kann sich aus dem Verhalten des Anspruchsgegners im allgemeinen ergeben oder sogar aus der Tatsache abgeleitet werden, dass es in der Vergangenheit zu Gewalttätigkeiten gegen den Anspruchsteller gekommen ist (Löhnig/Sachs, Zivilrechtlicher Gewaltschutz, Rdnr. 81). Die vorausgegangenen Handlungen gegen den Anspruchsteller brauchen nicht das Gewicht aufzuweisen, dass sie als Gewalttätigkeiten für die direkte Anwendung des § 2 Abs. 1 GewSchG aufweisen müssten. Es reicht, dass eine Vielzahl von an sich unbedeutenderen Handlungen des Anspruchsgegners den Schluss nahelegen, dass es beim nächsten Mal zu einer erheblichen Gewaltanwendung kommen wird.

212 Für die Prognose, ob eine Drohung vorliegt, ist auf die Perspektive des Anspruchstellers abzustellen. Das darf zwar nicht dazu führen, dass objektiv völlig unerhebliche Verhaltensweisen als Drohungen mit Gewalt eingestuft werden, weil der Anspruchsteller ein besonders sensibler Mensch ist. Umgekehrt muss aber beachtet werden, dass das Gewaltschutzgesetz gerade dazu dient, die persönliche Zwangslage des mit Gewalt überzogenen oder bedrohten Menschen zu beheben. Es muss deswegen vor allem darauf abgestellt werden, was ihn in seiner Situation ängstigt und in seiner freien Willensbestimmung zu beeinflussen geeignet ist. Aus dem Anwendungsbereich des § 2 GewSchG ausgeblendet werden sollten nur solche Drohungen, die erkennbar unrealistisch oder nicht als ernsthaft gemeint einzustufen sind.

Auch die Drohung muss rechtswidrig sein. Das folgt in den hier einschlägigen Fällen regelmäßig schon daraus, dass mit etwas gedroht wird, was selbst rechtswidrig ist, nämlich mit der Anwendung von Gewalt gegen den Bedrohten. Die Drohung kann deswegen nur ausnahmsweise dann nicht rechtswidrig sein, wenn für sie selbst ein Rechtfertigungsgrund besteht. Das kommt im Regelfall nicht in Betracht, weil der andere Bewohner mit der Drohung nicht einverstanden ist, ein Notwehrgrund oder Notstand aber in diesen Fällen auch nicht vorliegt, weil eine Drohung mit Gewalt niemals ein geeignetes Mittel sein kann, Gefahrenlagen zu beseitigen. *213*

Für die Drohung gilt das zum Verschulden bei Gewaltanwendung Gesagte (Rdnr. 209) entsprechend. Gerade in diesen Fällen wird oft die Regelung des § 1 Abs. 3 GewSchG eine Rolle spielen, dass es für die Frage des Verschuldens irrelevant ist, dass sich der Drohende wegen des Konsums von Alkohol oder Drogen in einem vorübergehenden Zustand der Schuldunfähigkeit befindet; denn gerade Betrunkene stoßen oft Drohungen aus. Allerdings ist in diesen Fällen kritisch zu prüfen, inwieweit tatsächlich die Gefahr der Umsetzung der Drohung besteht; denn ebenso wie viele Betrunkene Drohungen ausstoßen, ist es bei vielen von ihnen klar, dass sie die Drohungen nie umsetzen werden. In diesen Fällen ist für die Alleinzuweisung der Wohnung grundsätzlich kein Raum. Entweder wird man annehmen müssen, dass die Drohungen nicht als ernsthaft anzusehen sind oder aber die zusätzliche Voraussetzung, dass die Wohnungszuweisung erforderlich sein muss, eine unbillige Härte zu vermeiden, wird dann zu verneinen sein. *214*

Gerade in den Drohungsfällen wird es oft schwierig sein, dem Drohenden den Vorsatz nachzuweisen. Der Bedrohte trägt für das Vorliegen des Vorsatzes die Beweislast. Er muss also nicht nur nachweisen, dass der Anspruchsgegner eine Verletzung von Körper, Gesundheit oder Freiheit in Aussicht gestellt hat, sondern auch, dass der Anspruchsgegner das ernst gemeint hat und geglaubt hat, der Anspruchsteller werde seinerseits die Drohung für ernst gemeint und es auch für möglich halten, dass der Anspruchsteller sie tatsächlich umsetzen werde. Das wird ihm in der Praxis oft nur schwer gelingen, wenn der Anspruchsgegner nachweisen kann, dass es in der Vergangenheit schon öfter Drohungen gegeben hat, die aber niemals realisiert worden sind.

Im Fall der Drohung ist für den Anspruch aus § 2 GewSchG zusätzliche Voraussetzung, dass die Überlassung der Wohnung erforderlich ist, um eine unbillige Härte zu vermeiden. Der Gesetzgeber hat damit dem Umstand Rechnung getragen, dass es bei der Drohung noch nicht zu einer Verletzung des anderen Teils gekommen ist und es sogar noch nicht *215* einmal wahrscheinlich sein muss, dass eine solche Verletzung überhaupt eintritt, weil sich das Vorliegen einer Drohung in erster Linie aus der Sicht des Bedrohten bestimmt. Das Kriterium der unbilligen Härte ist deswegen ein zusätzliches Korrektiv, um zu starke und einseitige Belastungen des Anspruchsgegners zu vermeiden.

Der Maßstab der unbilligen Härte findet sich auch in § 1361b BGB. § 2 GewSchG ist dieser Vorschrift insofern nachgebildet. Auch hier findet sich der Hinweis, dass eine unbillige Härte auch dann gegeben sein kann, wenn das Wohl von im Haushalt lebenden Kindern beeinträchtigt ist. Da insoweit keine Abweichungen zu § 1361b BGB bestehen, können die zu dieser Vorschrift aufgestellten Grundsätze (Rdnr. 150 ff.) hier ohne weiteres übertragen werden.

5.2.3.1.3 Wiederholungsgefahr oder Unzumutbarkeit

216   Wie die anderen Regelungen des Gewaltschutzgesetzes auch, hat auch die Regelung über die Wohnungsüberlassung präventiven Charakter. Die Wohnungszuweisung an den verletzten bzw. bedrohten Bewohner ist keine Sanktion für das vorausgegangene Fehlverhalten gegenüber dem Anspruchsteller, sondern soll weitere Gewalttätigkeiten oder durch Drohungen eintretende Zwangslagen verhindern. Der Anspruch kommt deswegen grundsätzlich nur dann in Betracht, wenn die Wiederholung der Gewalt oder die Realisierung der Drohung zu befürchten ist.

Wiederholungsgefahr besteht, wenn zu befürchten ist, dass es zu erneuter Anwendung von Gewalt oder zu Drohungen kommt oder dass die Drohungen in die Tat umgesetzt werden. Die Beweislast für das Fehlen der Wiederholungsgefahr liegt beim Anspruchsgegner; die Wiederholungsgefahr wird vermutet. Das bedeutet, dass der Anspruchsteller insofern nicht einmal eine Darlegungslast trägt. Vielmehr hat der Gesetzgeber es als adäquat angesehen, vom Vorliegen der Gewalttat oder Drohung unmittelbar auf das Vorliegen der Wiederholungsgefahr zu schließen. Es ist allein Angelegenheit des Anspruchsgegners, diese Vermutung zu entkräften. Angesichts der Schutzrichtung des Gewaltschutzgesetzes sind an die Widerlegung der Vermutung hohe Anforderungen zu stellen (zutreffend Löhnig/Sachs, Zivilrechtlicher Gewaltschutz, Rdnr. 88 unter Hinweis auf die bisherige Rechtsprechung des BGH in Unterlassungssachen).

217   Keine Wiederholungsgefahr braucht gegeben zu sein, wenn dem Anspruchsteller das Zusammenleben mit dem Täter wegen der Schwere der von diesem begangenen Tat nicht zuzumuten ist (§ 2 Abs. 3 Nr. 1 GewSchG a. E.). Insofern ist eine restriktive Betrachtung angebracht; denn

der Sinn der Wohnungszuweisung ist die Prävention, nicht die Sanktionierung vorausgegangenen Fehlverhaltens. Als ausreichend ansehen muss man aber versuchte Tötungen ebenso wie schwere Körperverletzungen oder Vergewaltigungen und die Versuche, derartige Delikte zu begehen. Bei Drohungen kommt die Härteklausel regelmäßig nicht in Betracht.

5.2.3.1.4 Rechtzeitigkeit des Verlangens

Die Wohnungszuweisung setzt voraus, dass der Antragsteller die Überlassung der Wohnung innerhalb von drei Monaten nach der Tat schriftlich vom Täter verlangt hat (§ 2 Abs. 3 Nr. 2 GewSchG). *218*

Die Dreimonatsfrist beginnt mit dem Ende der Tat gegen den Anspruchsteller. Dabei wird der letzte Tag der Gewaltanwendung oder der Tag der Drohung nicht mitgerechnet (§ 187 Abs. 1 BGB). Innerhalb der Frist muss dem Anspruchsgegner das Verlangen des Anspruchstellers, ihm die Wohnung zur Alleinnutzung zu überlassen, zugehen (§ 130 BGB). Dafür gelten die allgemeinen Regeln. Der Zugang ist vom Anspruchsteller zu beweisen.

Das Verlangen nach Überlassung der Wohnung muss schriftlich erfolgen. Das bedeutet, dass die Schriftform nach § 126 BGB eingehalten sein muss. Vor allem muss die Forderung nach Wohnungsüberlassung handschriftlich unterzeichnet sein. Ein Verlangen per email reicht nur, wenn die Forderung mit einer qualifizierten elektronischen Signatur nach dem Signaturgesetz versehen ist (§ 126a BGB). *219*

Inhaltlich muss die Forderung so bestimmt sein, dass der Anspruchsgegner ihr entnehmen kann, was der Anspruchsteller will. Gibt es mehrere gemeinsam bewohnte Wohnungen, muss genau spezifiziert werden, auf welche dieser Wohnungen sich das Verlangen bezieht. Ein Wechsel des Verlangens ist nur innerhalb der Frist möglich. Nach deren Ablauf kann der Anspruchsteller nur noch die Überlassung derjenigen Wohnung verlangen, deren Alleinbenutzung er bereits in der Frist für sich reklamiert hatte.

Die Frist ist eine Ausschlussfrist. Einmal abgelaufen, kommt eine auf die frühere Tat gestützte Wohnungszuweisung nicht mehr in Betracht. Allerdings können diese Vorgänge noch Bedeutung für die Frage erhalten, ob nach einer später begangenen weiteren Tat die Wiederholungsgefahr zu bejahen ist. Je mehr Parallelvorgänge es in der Vergangenheit gegeben hat, desto wahrscheinlicher ist, dass es immer wieder zu ähnlichen Vorkommnissen kommen wird. *220*

5.2.3.1.5 Kein Eingreifen der Härteklausel

221   Die Überlassung der Wohnung an den Anspruchsteller ist auch bei Vorliegen aller vorgenannten Voraussetzungen ausgeschlossen, wenn der Überlassung der Wohnung an ihn schwerwiegende Belange des Täters entgegenstehen (§ 2 Abs. 3 Nr. 3 GewSchG). Derartige Fälle kommen nur selten vor. Es muss gerade die Wegweisung des Täters aus dieser Wohnung unbillig sein. Das kann der Fall sein, wenn er auf den Gebrauch der bisher gemeinsamen Wohnung dringend angewiesen ist, während anderer Wohnraum für den Anspruchsteller ohne Probleme zu finden und auch zu bezahlen ist. Zu denken ist an einen behinderten Anspruchsgegner, für den der bisher gemeinsam bewohnte Wohnraum besonders hergerichtet ist und der für ihn passenden Wohnraum nur unter großen Schwierigkeiten finden könnte, während der Anspruchsteller als Nichtbehinderter auch mit anderem Wohnraum ohne weiteres zurecht kommen könnte. Entsprechendes kann gelten, wenn der Anspruchsgegner den Wohnraum aus beruflichen Gründen benötigt (z. B. bei unmittelbarer Betriebsanbindung des Wohnraums, während ansonsten im Umkreis nur schwer Wohnraum zu finden ist) oder wenn er dort mit Kindern lebt, die nicht die eigenen des Anspruchstellers sind und deswegen von der Wegweisung des Anspruchsgegners ebenfalls betroffen wären (Schumacher, FamRZ 2002, 645, 649). Dass die Interessen der Kinder nicht unberücksichtigt gelassen werden dürfen, ergibt sich bereits daraus, dass der Gesetzgeber auch sonst dem Kindeswohl für die Abwägung der Billigkeit einen besonderen Stellenwert einräumt (vgl. § 2 Abs. 6 S. 2 GewSchG).

An die Ausfüllung der Härteklausel sind hohe Anforderungen zu stellen. Es darf nicht außer acht gelassen werden, dass es gerade der Anspruchsgegner war, der durch sein vorsätzliches Verhalten erst den Anlass für die Wegweisung gesetzt und dabei erheblich in die Rechtsgüter des Antragstellers eingegriffen hat. Seine Interessen an der Beibehaltung der Wohnung müssen deswegen das Interesse des Anspruchstellers, allein in der Wohnung wohnen zu bleiben, während der Anspruchsgegner weichen muss, bei weitem überwiegen.

222   Für die die Härteklausel ausfüllenden Tatsachen trägt der Anspruchsgegner die Darlegungs- und Beweislast. Zweifel gehen deswegen zu seinen Lasten.

5.2.3.2 Inhalt der Anordnung

223   Die Anordnung nach § 2 GewSchG hat drei mögliche Regelungskomplexe: zum einen die eigentliche Wohnungszuweisung an den Anspruch-

steller mit der gleichzeitigen Wegweisung des Anspruchsgegners (Rdnr. 224 ff.), zum anderen in besonderen Fällen die Regelung über die Zahlung einer Nutzungsvergütung (Rdnr. 230) und Nebenanordnungen, mit denen gesichert werden soll, dass der Anspruchsteller auch tatsächlich in den Genuss der ungestörten Wohnungsnutzung kommt (Rdnr. 231).

5.2.3.2.1 Überlassung der Wohnung zur Alleinnutzung

Der Grund für die Geltendmachung des Anspruchs aus § 2 GewSchG ist, *224* dass der Anspruchsteller die Wohnung, in der bisher der gemeinsame Haushalt geführt wurde, nunmehr allein bewohnen möchte und deshalb die gerichtliche Befugnis dazu erhalten will, deren Konsequenz zugleich ist, dass der andere Bewohner die Wohnung verlassen muss oder jedenfalls nicht wieder mitnutzen darf (wenn er bereits durch eine vorläufige Anordnung zivil- oder öffentlich-rechtlicher Art daraus verwiesen war).

Bei den Rechtsfolgen des Anspruchs auf Wohnungsüberlassung ist – wie im Rahmen des § 1361b BGB – nach den Rechtsverhältnissen an der Wohnung zu differenzieren. Die Regelung der Rechtsverhältnisse an der Wohnung ist grundsätzlich eine vorläufige, weil in jedem Fall, in dem dem der Wohnung Verwiesenen ein Recht an dieser Wohnung zusteht, eine Befristung der Wohnungszuweisung zu erfolgen hat. Das ist letztlich ein Ausfluss aus Art. 14 GG; denn eine Beschränkung der Rechte des Anspruchsgegners in einem Umfang, der weitergeht, als zur Erlangung anderen Wohnraums durch den Anspruchsteller erforderlich ist, wäre ein unverhältnismäßiger Eingriff in die Rechte des Anspruchsgegners. Im einzelnen gilt:

Nur in dem seltenen Fall, dass der Gewalttätige oder Drohende kein *225* eigenes Recht an der Wohnung hat, weil er sein Wohnrecht nur vom Anspruchsteller ableitet, kommt eine endgültige Regelung der Rechtsverhältnisse an der Wohnung in Frage. Das ist nur der Fall, wenn der Anspruchsteller Alleineigentümer oder Alleinmieter der bisher gemeinsam bewohnten Wohnung ist.

Sind der Anspruchsteller und der Anspruchsgegner gemeinsam an der *226* Wohnung berechtigt, muss die Wohnungszuweisung befristet werden (§ 2 Abs. 2 S. 1 GewSchG). Das gilt unabhängig davon, ob es sich bei der gemeinsamen Berechtigung um Eigentum, Wohneigentum, ein Erbbaurecht, einen Nießbrauch, ein dingliches Wohnrecht, ein Dauerwohnrecht oder um eine Nutzungsberechtigung aus einem Mietvertrag handelt. Über die Dauer der Befristung sagt § 2 GewSchG für diese Fälle nichts. Aus der in § 2 Abs. 2 S. 2 GewSchG für den Fall, dass dem Anspruch-

steller keine Berechtigung zusteht, wohl aber dem Anspruchsgegner, genannten Dauer von sechs Monaten ergibt sich aber, dass die Frist in den
Fällen der gemeinsamen Berechtigung länger sein kann. Weitere Vorgaben bestehen nicht. Es ist jedoch immer das Verhältnismäßigkeitsprinzip
zu beachten. Eine faktische Grenze kann sich aber aus der Tatsache ergeben, dass das Gericht mit seiner Benutzungsregelung nicht in die
Rechte Dritter eingreifen darf. Auch nach einer Benutzungsregelung
wirkt diese immer nur im Innenverhältnis, nicht aber gegenüber Dritten.
§ 2 GewSchG enthält keine Befugnis des Gerichts zur externen Umgestaltung von Rechtsbeziehungen der Parteien. Sind die Parteien nur Mieter der Wohnung, bleibt das Rechtsverhältnis zum Vermieter auch nach
der Benutzungsregelung so, wie es vorher war. Das kann es nahelegen,
die Benutzungsregelung so zu befristen, wie es das Außenverhältnis
nahelegt, bei einem Zeitmietvertrag also maximal bis zum Ende des
Mietverhältnisses. Bei auf unbestimmte Dauer geschlossenen Mietver-
trägen ist daran zu denken, das Nutzungsrecht bis zu dem Zeitpunkt zu
befristen, zu dem der Vermieter den Mietvertrag kündigen könnte. Dagegen kann es auf das Kündigungsrecht der Parteien nicht ankommen;
denn solange eine Nutzungsregelung besteht, ist es dem Anspruchsgegner verwehrt, das Mietverhältnis zu kündigen, weil er auf diese Weise gegen das Gebot des § 2 Abs. 4 GewSchG verstieße, alles zu unterlassen,
was das Nutzungsrecht des Anspruchstellers vereiteln könnte.

227   Ist der Anspruchsgegner allein an der Wohnung berechtigt, steht also
dem Anspruchsinhaber keinerlei eigene Rechtsposition an der Wohnung
zu, ist seine Stellung am schwächsten; das Gericht muss die Wohnungszuweisung auf eine Dauer von maximal sechs Monaten befristen. Es darf
dabei die Maximalfrist keineswegs pauschal ausschöpfen. Sinn der Benutzungsregelung ist es in diesen Fällen nur, dem Antragsteller ausreichend Zeit zu verschaffen, selbst angemessenen Wohnraum zu finden.
Das ergibt sich schon aus § 2 Abs. 2 S. 3 GewSchG. Maßgebend für die
Bemessung der Frist ist deswegen in erster Linie die Lage auf dem allgemeinen Wohnraummarkt. Steht dort ein ausreichendes Angebot zur
Verfügung, muss das Gericht die Frist deutlich kürzer bemessen als die
genannten sechs Monate.

228   Ist der Anspruchsinhaber in der gesetzten Frist nicht in der Lage, angemessenen Wohnraum zu finden, kann die Nutzungsfrist um maximal
weitere sechs Monate verlängert werden. Die Darlegungs- und Beweislast für die Unmöglichkeit, angemessenen Wohnraum zu finden, liegt
beim Anspruchsteller. Es sind strenge Maßstäbe anzulegen; denn der
Anspruchsteller wusste, dass die ihm gewährte Nutzungszeit nur eine be-
grenzte war. Er muss daher nachweisen, dass er sich selbst aktiv um eine

Ersatzwohnung bemüht hat. Die bloße Beauftragung von Maklern oder das Schalten von vereinzelten Anzeigen reicht grundsätzlich nicht.

Außerdem muss bei der Verlängerung der Frist eine weitere Billig- *229* keitsabwägung vorgenommen werden: Die Verlängerung kommt nicht in Betracht, wenn ihr überwiegende Belange des Anspruchsgegners oder eines Dritten entgegenstehen. In Betracht kommt etwa, dass der Anspruchsgegner das Mietverhältnis zum Ende der ersten Zuweisungsperiode gekündigt hat oder sie an einen Dritten veräußert hat, wenn es sich um sein Eigentum handelte. Ein derartiges Verhalten ist ihm auch durch § 2 Abs. 4 GewSchG nicht untersagt; denn die Vorschrift verbietet nur solche Verhaltensweisen, die geeignet sind, das Nutzungsrecht zu erschweren und zu vereiteln. Zu dem Zeitpunkt aber, zu dem der Anspruchsgegner die Kündigung oder Veräußerung vornahm, bestand nur ein Nutzungsrecht in dem zunächst angeordneten Umfang. Dass später eine Ausweitung beantragt wurde, ändert an diesem Umstand nichts. Das ist eine unbestreitbare Schwäche des Gewaltschutzgesetzes, weil diese Rechtslage dazu führen kann, dass das Opfer der Gewalt, das trotz eigener umfangreicher Bemühungen nicht in der Lage war, angemessenen Wohnraum zu finden, nach dem Ablauf der ersten Zuweisungsfrist die Wohnung verlassen muss, weil der Anspruchsgegner sein Recht daran aufgegeben hat. Es ist aber letztlich die Konsequenz des Konzepts des Gesetzes, auf eine Gestaltung von Rechtsverhältnissen zu Dritten zu verzichten.

Im übrigen kommen bei der Abwägung alle diejenigen Umstände wiederum in Betracht, die auch bei einer Abwägung nach § 2 Abs. 6 GewSchG (Rdnr. 215) einzubeziehen sind. Dabei ist vor allem auch zu berücksichtigen, dass die längere Dauer der Zuweisung die Lästigkeit der Benutzungsregelung für den Anspruchsgegner deutlich vergrößert, der ja seinerseits für die Dauer dieser Regelung selbst anderen Wohnraum für sich beschaffen muss. Außerdem ist in die Beurteilung einzubeziehen, inwieweit die Wiederholungsgefahr für die Begehung weiterer Gewalttaten noch gegeben ist. Das kann etwa deutlich dadurch zurückgegangen sein, dass der Anspruchsgegner sich einer Therapie unterzogen hat oder dass die Ursachen für seine Aggressivität (z. B. Arbeitslosigkeit) entfallen sind.

5.2.3.2.2 Nutzungsvergütung

Für die Benutzung der Wohnung ist die Zahlung einer Nutzungsvergü- *230* tung anzuordnen, wenn deren Zahlung der Billigkeit entspricht (§ 2 Abs. 5 GewSchG). Diese Regelung entspricht § 1361b Abs. 3 S. 2 BGB.

Die dazu dargestellten Grundsätze (Rdnr. 180 ff.) gelten daher hier entsprechend. Das bedeutet vereinfacht, dass eine Nutzungsvergütung immer dann zu zahlen ist, wenn der Täter selbst an der Wohnung ein Nutzungsrecht hat, sofern nicht die Wohnkosten bereits unterhaltsrechtlich berücksichtigt sind (Rdnr. 182). Da die Zahl der Fälle, in denen keine Unterhaltsbeziehung zwischen Anspruchsberechtigtem und Anspruchsgegner nach § 2 GewSchG deutlich höher liegt als in den Fällen, die in § 1361b BGB geregelt sind (dort ist der Unterhaltsanspruch gerade der Regelfall, soweit die weiteren materiellrechtlichen Voraussetzungen gegeben sind), wird in den meisten Wohnungsbenutzungsregelungen nach dem Gewaltschutzgesetz auch die Anordnung der Zahlung einer Nutzungsvergütung erforderlich sein.

5.2.3.2.3 Nebenanordnungen zum Schutz der Wirksamkeit der Nutzungsregelung

231 Wie nach § 1361b BGB hat nach § 2 Abs. 4 GewSchG hat der Täter alles zu unterlassen, was geeignet ist, die Ausübung des Nutzungsrechts zu erschweren oder zu vereiteln. Gegen ihn können daher – wie bei einer Wohnungsregelung nach § 1361b BGB oder § 14 LPartG bestimmte Verhaltens- oder Unterlassensgebote erlassen werden, die über §§ 135, 136 BGB auch Außenwirkung entfalten (Einzelheiten: Rdnr. 188 ff.).

Die Anordnungen können jeweils nur gegenüber dem Urheber der Gewalt oder der Drohung ergehen. Autonomes Verhalten Dritter (vor allem eine auf einen eigenen Entschluss zurückgehende Kündigung des Vermieters) kann so nicht verhindert werden. Auch insoweit besteht kein Unterschied zu den Möglichkeiten bei § 1361b BGB und § 14 LPartG (Rdnr. 190).

5.2.3.3 Wirksamwerden der Entscheidung

232 Abweichend von der Regelung für Hausrats- und Wohnungsverfahren nach HausratsVO, §§ 1361a und § 1361b BGB sowie nach dem LPartG bestimmt § 64b Abs. 2 S. 1 FGG für die Verfahren nach § 2 GewSchG auch, dass die Entscheidung grundsätzlich erst mit dem Eintritt ihrer Rechtskraft wirksam und damit vollstreckbar wird (Rdnr. 191). Ausnahmsweise ist jedoch die Anordnung der sofortigen Wirksamkeit möglich (§ 64b Abs. 2 S. 2 FGG, Rdnr. 233).

Die Rechtskraft der Entscheidung tritt ein, wenn die Rechtsmittelfrist für beide Parteien abgelaufen ist, sofern beide Parteien befugt sind, ein Rechtsmittel einzulegen, sonst, wenn die Frist für die Partei abgelaufen ist, die zur Einlegung befugt ist (§§ 64 Abs. 3 S. 1 FGG, §§ 621 Abs. 1

Nr. 13, 621a Abs. 1 S. 1; 621e Abs. 1, 3, 517 ZPO). Die Frist beginnt mit der Zustellung der vollständigen Entscheidung an die Partei. Außerdem wird die Entscheidung rechtskräftig, wenn ein Rechtsmittelverzicht erklärt worden ist oder wenn eine Beschwerdeentscheidung wirksam wird; denn eine Entscheidung des Beschwerdegerichts in Gewaltschutzsachen ist nicht mit der Rechtsbeschwerde angreifbar (§ 621e Abs. 2 S. 1 ZPO).

Da ein effektiver Schutz eines Opfers von Gewalt nur erreicht werden *233* kann, wenn der Autor möglichst umgehend auch mit Zwangsmitteln aus der gemeinschaftlichen Wohnung entfernt und von dort ferngehalten wird, hat der Gesetzgeber des Gewaltschutzgesetzes ergänzend zu den Möglichkeiten einstweiligen Rechtsschutzes und der durch die polizeirechtlichen Regelungen mittlerweile gegebenen Handlungsmöglichkeiten erlaubt, dass das Familiengericht anordnen kann, dass seine Entscheidung sofort wirksam ist (§ 64b Abs. 2 S. 2 FGG). Das ermöglicht ein Wirksamwerden der Entscheidung mit der Zustellung.

Dem effektiven Schutz des Antragstellers ist damit aber oft noch nicht *234* ausreichend Rechnung getragen. Der Gesetzgeber hat deswegen zusätzlich zur Möglichkeit, die sofortige Wirksamkeit anzuordnen, die Bestimmung zugelassen, dass die Entscheidung bereits vor ihrer Zustellung vollstreckt werden kann (§ 64b Abs. 2 S. 2 FGG). In diesem Fall wird die Entscheidung bereits in dem Moment wirksam, in dem sie der Richter zum Zweck der Bekanntgabe an die Geschäftsstelle gibt (§ 64b Abs. 2 S. 3 FGG). Dieser Zeitpunkt ist deswegen auf der Entscheidung zu vermerken.

Die Entscheidung über die sofortige Wirksamkeit und die Zulässigkeit *235* der Vollstreckung vor Zustellung sind nicht gesondert anfechtbar, sondern nur mit der Beschwerde gegen die Endentscheidung, die sie betrifft. Das OLG kann die Aussetzung der Vollziehung der Entscheidung bestimmen.

5.3 Die endgültige Zuweisung der Wohnung

§§ 1361b BGB, 2 GewSchG und 14 LPartG ermöglichen nur vorläufige *236* Benutzungsregelungen für Wohnungen. Endgültige Regelungen sind von dem Sonderfall abgesehen, dass eine Gewaltschutzregelung in der Zuweisung der Wohnung an denjenigen besteht, der ein alleiniges Nutzungsrecht an ihr hat (Rdnr. 225), nicht möglich. Eine endgültige Regelung der Rechtsverhältnisse an Wohnungen ist sonst nur möglich, wenn die Streitenden entweder Eheleute oder Lebenspartner sind oder waren. Im ersteren Fall ist das Verfahren oft ein Teil des Verhandlungs- und Entscheidungsverbundes, weil die endgültige Regelung für den Fall der

Scheidung bzw. der Aufhebung der Lebenspartnerschaft angestrebt wird, im zweiten Fall geht sie dem Ende der Ehe oder Lebenspartnerschaft nach. Die endgültige Regelung ist in beiden Fällen zwar auch möglich, wenn die Parteien davon absehen, ihre Ehe oder Lebenspartnerschaft zu beenden. Derartige Fälle kommen aber kaum vor, weil in diesen Fällen eines langen Getrenntlebens, die ohnehin sehr selten sind, im Regelfall eine einvernehmliche Regelung getroffen wird, durch welche die Durchführung eines Wohnungsverfahrens bereits unzulässig wird (Rdnr. 76).

Die einschlägigen Vorschriften für Ehewohnungen sind §§ 3 ff. HausratsVO, für lebenspartnerschaftliche Wohnungen §§ 17 f. LPartG. Dass im Lebenspartnerschaftsgesetz nicht einfach auf die Regeln der HausratsVO verwiesen wurde, hat historische Gründe: Es sollte schon der Anschein vermieden werden, dass die Lebenspartnerschaft in ihren Folgen mit der Ehe übereinstimmt, weil zu dem Zeitpunkt noch ungeklärt war, ob der in Art. 6 Abs. 1 GG geforderte „besondere" Schutz der Ehe es erfordert, dass eine Ehe gegenüber anderen Lebensformen – und insbesondere auch gegenüber der Lebenspartnerschaft – auch in bezug auf die Ausgestaltung bevorzugt wird (vgl. Scholz/Uhle, NJW 2001, 393 ff. m. w. N.). Mittlerweile hat das Bundesverfassungsgericht dieser Sichtweise hinsichtlich der Lebenspartnerschaft eine Absage erteilt, weil Ehen und Lebenspartnerschaften unterschiedliche Adressatenkreise haben und deswegen keine gegenseitige Konkurrenz bedeuten können (BVerfG NJW 2002, 2543 = FPR 2002, 576 m. Anm. Kemper). Es wird aber wohl auch in Zukunft bei den unterschiedlichen Rechtsquellen bleiben; denn es ist zur Zeit nicht davon auszugehen, dass es in der gegenwärtigen Legislaturperiode zu einer erneuten Überarbeitung des Lebenspartnerschaftsgesetzes kommen wird, weil die Mehrheitsverhältnisse im Bundesrat nicht so beschaffen sind, dass eine Änderung dort eine Mehrheit finden würde.

Angesichts der sachlichen Übereinstimmung der Regelungen für Ehen und für Lebenspartnerschaften wird im folgenden Abschnitt die Regelung der Rechtsverhältnisse an der Ehewohnung zunächst ausführlich erörtert. Der anschließend folgende Teil über die lebenspartnerschaftliche Wohnung beschränkt sich dann darauf zu skizzieren, welche Vorschriften des Lebenspartnerschaftsgesetzes den jeweils zuvor erörterten Komplexen der HausratsVO entsprechen und welche Auslegungsunterschiede sich dort ergeben, weil die Lebenspartnerschaft in einigen Punkten anders ausgestaltet ist als die Ehe.

5.3.1 Die Zuweisung der Ehewohnung

Die endgültige Zuweisung der Ehewohnung zur Benutzung durch einen   *237*
der Ehegatten erfolgt regelmäßig im Zusammenhang mit der Beendigung der Ehe durch Scheidung oder Eheaufhebung. Der Sinn einer derartigen Regelung erschöpft sich deswegen nicht in einer bloss intern zwischen den Eheleuten wirkenden Benutzungsregelung, wie das bei der
Regelung für die Zeit des Getrenntlebens der Fall ist. Vielmehr ist es
Aufgabe der Wohnungsbenutzungsregelung, den insoweit unter den
Eheleuten bestehenden Streit endgültig beizulegen, indem einerseits
eine für sie beide verbindliche Streitbeilegung zu erreichen und andererseits auch im Außenverhältnis eine Dritte bindende Regelung herbeigeführt wird.

5.3.1.1 Grundlagen

Die Entscheidung über die endgültige Regelung der Rechtsverhältnisse   *238*
an der Ehewohnung richtet sich nach unterschiedlichen Kriterien, je
nachdem, ob die Wohnung im Alleineigentum (§ 3 Abs. 1 HausratsVO,
Rdnr. 255 ff.) oder im gemeinschaftlichen Eigentum des Ehegatten mit
einem Dritten steht (§ 3 Abs. 1 HausratsVO, Rdnr. 273 ff.), ob sie gemeinschaftlich Eigentümer oder dinglich Nutzungsberechtigte sind (§ 6
HausratsVO, Rdnr. 274 ff.), ob einer der Ehegatten allein oder gemeinsam mit einem Dritten dinglich nutzungsberechtigt ist (§ 3 Abs. 2 HausratsVO, Rdnr. 273), ob es sich um eine Werks- oder Dienstwohnung
handelt (§ 4 HausratsVO, Rdnr. 279 ff.) oder ob die Eheleute zur Miete
gewohnt haben (§ 5 HausratsVO, Rdnr. 286 ff.).

Welche Regelung der Richter treffen darf, richtet sich in erster Linie
nach dem Grundsatz der Verhältnismäßigkeit. Die Möglichkeiten werden im folgenden für jede der genannten Fallgruppen gesondert erörtert.
Dinglich wirkende Regelungen sind grundsätzlich ausgeschlossen, weil
dem Nutzungsinteresse des Ehegatten, der die Wohnung weiterhin bewohnen will, durch die Begründung eines schuldrechtlichen Nutzungsverhältnisses ausreichend Rechnung getragen werden kann. Nur ausnahmsweise kommt die Teilung von gemeinschaftlichem Eigentum in
Betracht (§ 6 HausratsVO, Rdnr. 255 ff.). Soweit durch eine Nutzungsregelung in Rechte des weichenden Ehegatten eingegriffen wird, darf das
Nutzungsverhältnis grundsätzlich nur als entgeltliches begründet werden.

Im Wohnungsverfahren kann das Familiengericht auch in die Rechte   *239*
Dritter eingreifen, die eigene dingliche oder schuldrechtliche Rechtspo-
sitionen an der Wohnung haben (Rdnr. 240 ff.). Diese sind deswegen am
Verfahren zu beteiligen (Rdnr. 92 ff.). Diese Eingriffsbefugnis wird in-

zwischen allgemein als Ausdruck der Sozialbindung des Eigentums (Art. 14 GG) angesehen (FA-FamR/Klein, Rdnr. 8–33). Die Verfassungsmäßigkeit des Eingriffs ergebe sich zum einen daraus, dass der Dritte keinen völlig Fremden als Nutzenden der Wohnung aufgezwungen bekomme, sondern nur jemanden, den er bereits selbst als Vertragspartner gewählt habe oder der aber jedenfalls mit seinem Einverständnis bereits die Wohnung bewohnt habe (BVerfG FamRZ 1991, 1413; OLG Karlsruhe FamRZ 1999, 301). Diese Argumentation ist allerdings nicht für alle Fälle zwingend; denn zum einen muss der Dritte nicht unbedingt Eigentümer der Wohnung sein, zum anderen kann gerade sein eigenes Nutzungsinteresse an der Wohnung dadurch beeinträchtigt werden, dass diese nunmehr einem der bisherigen Ehegatten oder Lebenspartner zugewiesen wird, so dass er selbst sein eigenes Nutzungsrecht daran einbüßt. Zu denken ist insofern vor allem an den Untermieter des einen Ehegatten oder Lebenspartners, der deswegen weichen muss, weil die Wohnung nunmehr dem anderen Ehegatten oder Lebenspartner zur Alleinnutzung durch diesen selbst und seine Kinder zugewiesen wird. Um zu angemessenen, die Belange auch des Dritten hinreichend berücksichtigenden Ergebnissen zu kommen, muss das Gericht deswegen eine sorgfältig abgewogene Ermessensentscheidung treffen, in der die Rechtspositionen der Beteiligten gegeneinander abzuwägen sind.

240   Besonders weit sind die Befugnisse des Gerichts, wenn der Streit um die Wohnung im Zusammenhang mit dem Scheidungsverfahren (im Verhandlungs- und Entscheidungsverbund) oder als isoliertes Verfahren unmittelbar nach der Scheidung durchgeführt wird. Aus § 12 HausratsVO ergibt sich insofern, dass das Gericht in diesen Fällen sogar ohne Zustimmung des Dritten in seine Rechtspositionen eingreifen und die Rechtsverhältnisse an der Wohnung auch mit Wirkung gegen ihn gestalten darf. Bedeutung hat das vor allem bei Mietwohnungen, wo deswegen auch gegen den Willen des Vermieters die Partei des Mietvertrages ausgewechselt werden darf (Rdnr. 294 f.).

Wird der Streit dagegen erst mehr als ein Jahr nach der Rechtskraft der Scheidung rechtshängig, darf das Gericht die Rechtsbeziehungen zwischen den ehemaligen Eheleuten auf der einen Seite und Dritten auf der anderen Seite nur dann gestalten, wenn die Dritten der beabsichtigten Entscheidung zustimmen (§ 12 HausratsVO). Fehlt die Zustimmung – etwa, weil der Dritte sich nicht am Verfahren beteiligt und auch ansonsten keine Stellungnahme abgibt –, können die Rechtsverhältnisse nicht mehr mit Wirkung gegenüber dem Dritten gestaltet werden. Das Familiengericht ist in diesen Fällen darauf beschränkt, Regelungen zu treffen, die allein das Innenverhältnis zwischen den ehemaligen Eheleuten betreffen. In Betracht kommt etwa, die Wohnung einem Ehegatten zur Alleinnutzung zuzuweisen und ihm aufzugeben, den anderen (weichenden) Ehegatten von den sich aus dem weiter bestehenden Mietvertrag ergebenden Verpflichtungen freizustellen (OLG München FamRZ 1986, 1019).

5.3.1.2 Allgemeine Voraussetzungen der endgültigen Wohnungsregelung

Eine Wohnungszuweisung nach §§ 3 ff. HausratsVO setzt voraus, dass *241* die Parteien, die um die Wohnung streiten, miteinander verheiratet sind oder es waren. Es reicht, dass die Ehe aufhebbar ist. Eine entsprechende Anwendung auf die Partner einer eheähnlichen Lebensgemeinschaft kommt nicht in Betracht. Zur Rechtslage bei Lebenspartnern siehe Rdnr. 305 ff.

Voraussetzung für die Regelung nach §§ 3 ff. HausratsVO ist weiter, dass es sich bei der Wohnung, über welche die Regelung ergehen soll, noch im Zeitpunkt der Entscheidung um die Ehewohnung handelt. Zu den in Betracht kommenden Räumlichkeiten siehe insofern Rdnr. 139 ff. Auf die Eigenschaft als Ehewohnung hat es keinen Einfluss, dass die Räumlichkeit für die Trennungszeit nach § 1361b BGB oder nach § 2 GewSchG einem Ehegatten zur Alleinnutzung zugewiesen war. Der Regelungsbereich dieser Entscheidung beschränkt sich auf eine vorläufige Regelung ohne Drittwirkung, ändert aber an der Eigenschaft der betroffenen Wohnung nichts.

Eine Regelung über die früher gemeinsam genutzte eheliche Wohnung *242* ist aber nicht mehr möglich, wenn diese mittlerweile diese Eigenschaft dadurch verloren hat, dass das Mietverhältnis gekündigt wurde (KG KGR 1998, 44) oder dass die Wohnung bzw. das Hausgrundstück veräußert wurde. Von wem diese Kündigung oder die Veräußerung vorgenommen wurde, ist unerheblich, sofern sie nur im Außenverhältnis wirksam ist. Das ist bei der Kündigung eines Mietverhältnisses durch den (dritten) Vermieter immer der Fall, selbst dann, wenn eine Benutzungsregelung nach § 1361b BGB oder nach § 2 GewSchG bestanden hatte (Rdnr. 190, 231). Hat einer der Ehegatten das Mietverhältnis gekündigt, kommt es darauf an, ob er das im Außenverhältnis wirksam konnte. Bei allein von ihm abgeschlossenen Verträgen ist das nur dann nicht der Fall, wenn gegen ihn eine Unterlassensanordnung nach § 1361b Abs. 3 S. 1 BGB oder nach § 2 Abs. 4 GewSchG ergangen war; denn eine dagegen verstoßende Kündigung ist dem anderen Ehegatten gegenüber nach §§ 135, 136 BGB unwirksam. Die Veräußerung eines Hauses oder einer

Wohnung ist dagegen regelmäßig nach § 1365 BGB unwirksam, wenn die Eheleute im gesetzlichen Güterstand der Zugewinngemeinschaft gelebt haben; denn bei einem Haus oder einer Wohnung handelt es sich in aller Regel um nahezu das gesamte Vermögen des Veräußernden, so dass eine Zustimmungspflicht des anderen Ehegatten zur Veräußerung selbst dann besteht, wenn es sich bei dem Hausgrundstück oder der Wohnung um das Alleineigentum des anderen Ehegatten gehandelt hat.

5.3.1.3 Entscheidungsaspekte bei der Entscheidung über die Zuweisung der Wohnung

243 Für die Entscheidung über die Rechtsverhältnisse an der Wohnung gilt das in § 2 HausratsVO zum Ausdruck kommende Prinzip, dass der Richter nach billigem Ermessen entscheiden kann. Bei dieser Entscheidung muss er alle Umstände des Einzelfalls, vor allem aber auch das Wohl der Kinder und die Erfordernisse des Gemeinschaftslebens berücksichtigen. Die Regel des § 2 HausratsVO wird im Wohnungsverfahren ergänzt durch besondere Regeln, die von den unterschiedlichen Rechtsverhältnissen an der Wohnung abhängig sind (§§ 3 ff. HausratsVO, dazu Rdnr. 255 ff.).

Die Billigkeitsklausel dient dazu, einerseits eine alle den Umständen des Einzelfalls entsprechende Gerechtigkeitsentscheidung zu ermöglichen, andererseits aber auch dazu, dem Richter eine möglichst einfache, das Ehescheidungsverfahren (in dem das Hausrats- und das Wohnungsverfahren regelmäßig stattfinden) nicht wesentlich verzögernde Handhabung des Verfahrens zu ermöglichen. Ihre Reichweite ist allerdings auf die Gestaltung der Rechtsverhältnisse an der Wohnung begrenzt. Weder erlaubt sie dem Richter eine lockerere Handhabung der Verfahrensvorschriften, noch ist sie anwendbar, wenn es um Vorfragen der Rechtsgestaltung geht (BayObLGZ 1952, 279, 281), wie die Feststellung der Eigentumsverhältnisse oder die Klärung der Frage, ob es sich um eine Dienst- oder Werkswohnung handelt.

244 Auf die Anwendung der Billigkeitsklausel haben die Parteien grundsätzlich keinen Einfluss. Ihre Anträge binden das Gericht grundsätzlich nicht, sondern haben nur den Charakter von Anregungen oder Empfehlungen (BGHZ 18, 143). Allerdings wird in einigen Fällen eine Entscheidung gegen den Willen beider Parteien regelmäßig nicht in Betracht kommen, weil damit der Rechtsfrieden nicht wieder hergestellt werden könnte. Das gilt vor allem für die Teilung der Wohnung in Natur (§ 6 HausratsVO, Rdnr. 255 ff.). Diese kann gegen den Willen der Eheleute nicht angeordnet werden, weil auf diese Weise eine zuverlässige Befriedung nicht zu erwarten wäre.

In die Ermessensentscheidung einzubeziehen sind alle Umstände des
Einzelfalles, also alle Umstände, welche das Verhältnis der Eheleute zueinander, ihre gegenwärtigen Lebensbedingungen und ihre Beziehungen
zu der Wohnung betreffen, soweit das irgendwie bedeutsam für die Beurteilung dessen sein kann, was im Einzelfall, billig, gerecht und zweckmäßig ist. Nach dieser klassischen Formulierung des BGH (BGHZ 18,
148), kann es deswegen kaum einen Gesichtspunkt geben, der für die
Entscheidung über die Wohnung außer Betracht bleiben kann. Die im
folgenden genannten Gesichtspunkte sind deswegen nur als Anhaltspunkte zu verstehen, nicht als abschließende Aufzählung. Neben dieses
Gesichtspunkten sind noch die nach den Rechtsverhältnissen an der
Wohnung unterschiedlichen Kriterien zu beachten, die in §§ 3 ff. HausratsVO genannt sind (Rdnr. 255 ff.). *245*

Der für die Entscheidungsfindung maßgebliche Zeitpunkt, zu dem die
Billigkeitskriterien vorliegen müssen, ist derjenige, zu dem der Beschluss
über die Wohnung gefasst wird (BayObLGZ 1956, 370). Zukünftige Vor-
kommnisse können aber mit in die Entscheidung einbezogen werden,
wenn sie mit hoher Wahrscheinlichkeit eintreten werden. Dazu gehört
vor allem die Entwicklung der Kinder mit der Prognose, wann diese von
den Eltern zur Verfügung gestellten Wohnraum nicht mehr benötigen
werden, der Abschluss von bereits laufenden Ausbildungen oder auch
eine Wiederheirat, wenn schon eine entsprechende Beziehung vorhanden ist und ein dahin gerichteter Wille besteht. *246*

Vorrang bei der Entscheidung über die Gestaltung der Rechtsverhältnisse an der Wohnung hat das Wohl der Kinder, die bislang mit den Ehegatten in der ehelichen Wohnung zusammenlebten. Zwar spricht § 2 S. 2
HausratsVO nur von „Kindern", so dass es naheliegt, hierunter nur die
gemeinschaftlichen Kinder der Eheleute zu verstehen. Das liegt auch angesichts der Entstehungszeit der Vorschrift nahe. Diese Betrachtung
wird aber der heutigen Lebenswirklichkeit nicht mehr gerecht. Vor allem
die Ergänzung des § 1361b durch die Kinderschutzklausel und die Ein-
führung des § 2 Abs. 6 S. 2 GewSchG zeigen, dass die Lebenswirklichkeit
heute dadurch bestimmt ist, dass Kinder aus mehreren Beziehungen mit
den Eheleuten unter einem Dach leben. Der Gesetzgeber hat das mit
den neuen Regelungen anerkannt. Da § 2 S. 2 HausratsVO auch ohne
Überdehnung des Wortlauts in einem entsprechenden Sinne ausgelegt
werden kann, ist diese Auslegung auch hier zugrunde zu legen. Das
Wohl der Kinder, das in die Billigkeitsabwägung einzubeziehen ist, ist
deswegen das Wohl aller Kinder, die mit den Eheleuten oder zumindest
mit einem Elternteil zusammen (z. B. gemeinsames Kind, das nach der
Trennung geboren wurde) in der Ehewohnung gelebt haben. *247*

Grundsätzlich wird man unter den in die Abwägung einzubeziehenden Kindern minderjährige Kinder zu verstehen haben. Zu beachten ist aber, dass es sich bei der Billigkeitsabwägung um eine umfassende handelt. Das schließt es nicht aus, auch die Interessen volljähriger, aber noch im elterlichen Haushalt lebender Kinder zu berücksichtigen. Allerdings sinkt das Gewicht dieser Interessen mit zunehmendem Alter der Kinder. Wenn von diesen erwartet werden kann, dass sie einen eigenen Haushalt führen, statt bei den Eltern bzw. einem Elternteil zu wohnen, sinkt die Bedeutung ihres Interesses, in der Wohnung bleiben zu können, auf null. Bei behinderten Kindern dagegen, die weiterhin der Fürsorge und Pflege eines Elternteils bedürfen, kommt durchaus die Annahme in Betracht, dass das Wohl dieses Kindes entscheidend ist für die Frage, welchem Ehegatten die Ehewohnung zuzuweisen ist.

248 Regelmäßig gebietet es das Kindeswohl, dem Ehegatten, bei dem die minderjährigen Kinder leben, die Ehewohnung zu überlassen, wenn er dort auch schon während der Trennungszeit gelebt hat (KG FamRZ 1967, 631; RGRK/Kalthoener, § 2 HausratsVO Rdnr. 3). Bei volljährigen Kindern gilt entsprechendes jedenfalls dann, wenn sie sich noch in der Schulausbildung befinden, bislang in der Ehewohnung gelebt haben und die Schule von dort aus unschwer zu erreichen ist. In diesen Fällen entspricht es dem Kindeswohl am besten, sie in dem gewohnten Umfeld zu belassen, um die Belastungen, die mit einer Scheidung der Eltern oder Beziehungsperson einhergehen, möglichst gering zu halten, weil diese ohnehin nicht zu vermeiden sind. Soweit ein Rechtsstreit über das Sorge- oder da Aufenthaltsbestimmungsrecht anhängig ist, muss dessen Ergebnis abgewartet werden, damit feststeht, bei welchem Ehegatten die Kinder in Zukunft leben werden.

Im Umkehrschluss ergibt sich aus dem gerade Gesagten, dass eine Wohnungszuweisung an den Ehegatten, der aus der Ehewohnung ausgezogen ist und die Kinder mitgenommen hat, grundsätzlich nicht mehr in Betracht kommt. Je länger der Auszug zurückliegt, desto mehr verliert die bisherige Ehewohnung an Bedeutung für die Kinder. Das muss ein Ehegatte bereits berücksichtigen, bevor er die Trennung von seinem Partner herbeiführt, sonst kann es zu unliebsamen Überraschungen kommen.

249 Als weiterer bei der Entscheidungsfindung zu einzubeziehender Umstand werden ausdrücklich in § 2 S. 2 HausratsVO die „Erfordernisse des Gemeinschaftslebens" genannt. Was darunter heute zu verstehen ist, ist etwas unklar. Ursprünglich hatte es sich bei dieser Formulierung um eine Ausprägung des aus der nationalsozialistischen Ideologie stammenden Prinzips der sog. Volksgemeinschaft gehandelt, auf deren Belange bei

der Verteilung des Wohnraums Rücksicht genommen werden sollte. In dieser Bedeutung kann das Prinzip sicherlich nicht als fortgeltend angesehen werden. Heute wird dem Begriff deswegen nahezu allgemein ein Bedeutungswandel unterstellt (Johannsen/Henrich/Brudermüller, § 2 HausratsVO Rdnr. 6; Staudinger/Weinreich, § 2 HausratsVO Rdnr. 10; RGRK/Kalthoener, § 2 HausratsVO Rdnr. 4): Man kann unter dem Begriff der Erfordernisses des Gemeinschaftslebens auch die Anforderungen verstehen, die von der Umwelt an die Eheleute gestellt werden, also der Erfordernisse, die sich für beide aus ihrer Berufstätigkeit ergeben (z. B. Nähe der Wohnung zum Arbeitsplatz, vgl. Palandt/Brudermüller, § 2 HausratsVO Rdnr. 8) oder aus ehrenamtlichen Tätigkeiten, die eine Präsenz vor Ort erfordern. Ebenfalls kann hier eine Rolle spielen, welcher der Ehegatten vom Vermieter eher als Partner gewünscht wird (Hauptgrund: Interesse an pünktlicher Zahlung des Mietzinses, RGRK/ Kalthoener, § 2 HausratsVO Rdnr. 3) oder welcher sich besser in das vorhandene Wohnumfeld einfügt (BayObLGZ 1956, 159; OLG Hamburg NJW 1954, 1892).

Fraglich ist, inwieweit nach der Abschaffung des Verschuldensprinzips *250* im Scheidungsrecht der Grund für die Beendigung der Ehe bei der Billigkeitsentscheidung Berücksichtigung finden kann. Der Gesetzgeber hat in § 2 S. 2 HausratsVO die besondere Erwähnung der „Ursachen der Eheauflösung" gestrichen und damit grundsätzlich deutlich gemacht, dass die Gründe für die Beendigung der Ehe nicht mehr das Gewicht haben sollen, die ihnen früher zugekommen sind. Allerdings wird man aus diesem Umstand nicht folgern dürfen, dass die Gründe, die zur Beendigung der Ehe geführt haben, gar keine Berücksichtigung mehr finden dürfen. Gestrichen worden ist nur der Vorrang, der diesen Gründen einzuräumen war. Bei den Ursachen der Auflösung der Ehe handelt es sich aber weiterhin um allgemeine Gründe, die im Rahmen der Billigkeitsabwägung neben den anderen Aspekten eingestellt werden dürfen. Allerdings wird man heute hier nicht mehr jede Ursache einbeziehen dürfen, weil eine Scheidung regelmäßig auf dem Willen beider Ehegatten und nicht auf dem isolierten Fehlverhalten eines einzelnen beruht. Gravierendes eheliches Fehlverhalten, wie es auch die Generalklauseln im Unterhaltsrecht (§ 1579 BGB) oder im Recht des Zugewinnausgleichs (§ 1381 BGB) als berücksichtigungsfähig anerkennen, muss deswegen auch im Rahmen der Entscheidung über die Wohnungszuweisung berücksichtigt werden, damit es nicht zu Wertungswidersprüchen kommt. Das gilt vor allem, wenn das Fehlverhalten in einer Gewaltanwendung oder einer Drohung mit Gewalt besteht, die nach dem Gewaltschutzgesetz zu einer vorläufigen Regelung der Verhältnisse an der Wohnung führen kann (§ 2 GewSchG, Rdnr. 197 ff.). Es wäre geradezu widersinnig, dieses Verhalten nun außer acht zu lassen, wenn es um die endgültige Zuweisung der Wohnung geht.

251 Sonstige Umstände, die in die Billigkeitsabwägung eingehen, sind zunächst in der Person der Ehegatten liegende Faktoren wie Alter und Gesundheit. Hierher gehören auch besondere personale Bindungen des Ehegatten, wie Verwandtschaft, Schwägerschaft usw. zu Personen, die ebenfalls in dem Haus oder der nächsten Umgebung wohnen, in der sich die Ehewohnung befindet. Dabei darf das aber nicht soweit gehen, dass die Interessen des Dritten, als entscheidend im Verfahren über die Ehewohnung angesehen werden: Es geht um das Interesse des Ehegatten, nicht von den Dritten getrennt zu werden, nicht aber um das Interesse der Dritten, nicht von dem Ehegatten getrennt zu werden.

Berücksichtigt werden können auch die finanziellen Verhältnisse der Ehegatten, soweit sie nicht ohnehin durch Unterhaltsleistungen auszugleichen sind, die finanziellen oder sonstigen Opfer (z. B. durch erhebliche Eigenleistungen), die die Eheleute beim Bau oder dem Umbau der Ehewohnung erbracht haben. Außerdem darf in die Betrachtung einbezogen werden, wer während der Trennungszeit die Wohnung bewohnt hat und deswegen die engeren Verbindungen zu ihr hat, während die Bindungen des anderen durch den früheren Auszug bereits gelockert sind.

5.3.1.4 Der Inhalt der Entscheidung über die Wohnung

252 Die Entscheidung über die Wohnung besteht zunächst in einer Zuweisung der Wohnung selbst. Wie diese auszusehen hat, wird wesentlich durch die Art der Rechtsverhältnisse bestimmt, welche an der Wohnung bestehen. Zu diesen siehe im einzelnen unter 5.3.1.5 (Rdnr. 255 ff.).

Die Wohnungszuweisung kann mit einem Räumungstitel gegen den weichenden Ehegatten verbunden werden, aus dem dann die Zwangsvollstreckung betrieben werden kann (§ 16 Abs. 3 HausratsVO). Insoweit besteht kein Unterschied zwischen den Regelungen über die im Eigentum der Ehegatten stehenden Wohnungen, der Werks- und Dienstwohnungen und der von ihnen gemieteten Wohnungen.

253 Sofern durch die Zuweisung in die Rechte eines der Ehegatten oder eines Dritten eingegriffen wird, kommt die Begründung oder Umgestaltung von Mietverhältnissen in Betracht. In diesen Fällen kann das Gericht auch Mietzahlungen festsetzen.

Ausgleichszahlungen anderer Art für den weichenden Ehegatten dür- *254*
fen dagegen grundsätzlich nicht festgesetzt werden; insoweit fehlt es an
einer Anspruchsgrundlage. Für die entsprechende Anwendung der für
den Hausrat geltenden Regelung der § 8 Abs. 3, 9 Abs. 2 S. 2 HausratsVO ist kein Raum; denn es fehlt an einer planwidrigen Lücke: Leis-
tungen des weichenden Ehegatten in bezug die Verbesserung der Wohnung werden güterrechtlich ausgeglichen, soweit sie zu einer bleibenden
Verbesserung der Vermögenssituation geführt haben und ein güterrechtlicher Ausgleich stattfindet (OLG Hamburg FamRZ 1993, 1462). Um-
zugskosten und Aufwendungen für eine Ersatzwohung einschließlich der
Renovierungskosten stellen Sonderbedarf dar und können unterhaltsrechtlich geltend gemacht werden (FA-FamR/Klein, Rdnr. 8–159). Voraussetzung dafür ist allerdings, dass der weichende Ehegatte unterhalts-
berechtigt ist. Daran wird es in vielen Fällen fehlen.

5.3.1.5 Gestaltungsmöglichkeiten in den verschiedenen Rechtsverhältnissen

Die Nutzung einer Wohnung kann auf sehr unterschiedlichen Rechtsver- *255*
hältnissen beruhen. Die Eheleute können gemeinsam oder einzeln Eigentümer oder dinglich nutzungsberechtigt sein. Oft wird ihre Nutzungs-
befugnis aber allein auf einem schuldrechtlichen Nutzungsvertrag (meist
einem Mietvertrag) mit einem Dritten beruhen. Diese unterschiedlichen
Grundlagen muss der Richter bei seiner Entscheidung beachten; denn es
gilt wegen des Grundsatzes der Verhältnismäßigkeit das Prinzip, dass ein
Eingriff in das Recht eines der Ehegatten (und noch mehr in das Recht
eines Dritten) so gering wie möglich gehalten werden muss. Im Folgenden finden sich deswegen für die verschiedenen Rechtsverhältnisse unterschiedliche Erörterungen über die mögliche Art der Nutzungsregelung und die dabei zu beachtenden Grundsätze.

Aus dem Verhältnismäßigkeitsprinzip ergibt sich weiter, dass einem
Ehegatten die Wohnung nicht weggenommen werden darf, wenn das
nicht erforderlich ist, um eine die Interessen beider Seiten berücksichtigende Lösung zu finden. § 6 HausratsVO sieht deswegen vor, dass der
Richter prüfen muss, ob eine Teilung der Ehewohnung möglich und
zweckmäßig ist und eine solche Teilung dann auch vornehmen muss,
wenn diese Voraussetzungen gegeben sind. Die Aufteilung der Wohnung
hat damit auch im Stadium der endgültigen Auseinandersetzung noch
den Vorrang vor der Zuweisung an einen der Ehegatten allein.

Ob eine Wohnungsaufteilung möglich ist, richtet sich in erster Linie *256*
nach den tatsächlichen und rechtlichen Gegebenheiten. Die Wohnung

bzw. das Haus muss zum einen die baulichen Voraussetzungen für eine Teilung in Natur bieten. Das bedeutet, dass es möglich sein muss, in der bisher ungeteilten Wohnung zwei voneinander getrennte Wohnungen einzurichten. Das setzt nicht nur die entsprechende bautechnische Realisierbarkeit voraus, sondern auch, dass ein derartiges Vorhaben mit dem geltenden Baurecht vereinbar ist. Schon durch diese Einschränkung wird die Teilung einer Wohnung in Natur oft verhindert werden. Steht die Wohnung nicht ausschließlich im Eigentum der Ehegatten oder sind Dritte daran dinglich oder schuldrechtlich mit nutzungsberechtigt, dann bedarf die Aufteilung der Wohnung ihrer Zustimmung. Andernfalls liegt die rechtliche Unmöglichkeit der Realisierung vor.

Selbst wenn die Wohnungsteilung in Natur möglich ist, wird sie in den meisten Fällen unzweckmäßig sein und deswegen ausscheiden. Die Eheleute, die ihre Beziehung auseinandersetzen wollen, werden regelmäßig nicht mehr in der Lage sein, friedlich nebeneinander in einer zwar geteilten, aber immer noch nah beieinander liegenden Wohnung zu leben. Sofern auch nur die geringsten Anhaltspunkte dafür bestehen, dass ein störungsfreies Zusammenleben nicht gewährleistet ist, muss deswegen die Anordnung einer Wohnungsteilung unterbleiben. Das gilt vor allem dann, wenn Dritte, die in demselben Haus wohnen, durch Streitigkeiten zwischen den Ehegatten beeinträchtigt werden könnten. Insoweit ist auch auf die Belange von Kindern Rücksicht zu nehmen, für die die Verlängerung von Konfrontationssituationen, durch die sie immer wieder Zeuge von Streitereien zwischen den Eltern werden, ein sehr negatives und die Einstellung zu Partnerbeziehungen nachhaltig beeinflussendes Erlebnis sein kann.

257   Wird die Wohnung geteilt, dann ist entsprechend dem Gedanken des § 3 HausratsVO dem Ehegatten, der Alleineigentümer der Wohnung ist oder dem ein alleiniges dingliches Nutzungsrecht an ihr zusteht, grundsätzlich der Vorrang bei der Wahl zu lassen, welchen Teil der aufgeteilten Wohnung er bewohnen möchte. Davon sollte das Gericht nur dann abweichen, wenn das zur Behebung einer unbilligen Härte für den anderen Ehegatten erforderlich ist. Entsprechendes gilt, wenn einem Ehegatten zusammen mit einem Dritten das Eigentum an der Wohnung zusteht oder er zusammen mit einem Dritten dinglich nutzungsberechtigt ist. Für die Billigkeitsentscheidung gelten die zu § 3 HausratsVO dargestellten Grundsätze (Rdnr. 243 ff.) entsprechend.

258   Bestandteil der Teilungsanordnung kann auch die Bestimmung sein, dass die Teilung bei Auszug eines der Ehegatten oder einer anderweitigen Beendigung der Nutzung rückgängig gemacht werden muss. Auch insoweit ist wieder zu beachten, inwieweit diese bauliche Änderung zulässig

und technisch realisierbar ist. Unzweckmäßig kann die gesamte Wohnungsaufteilung in solchen Fällen schon deswegen sein, weil die Kosten für den Um- und Rückbau in keinem vernünftigen Verhältnis zu dem Wohnwert stehen, den die veränderten Räumlichkeiten für die Ehegatten haben. Soweit Dritte Rechte an dem Grundstück haben, auf das sich die Anordnung des Rückbaus bezieht (Rdnr. 258), ist ihre Zustimmung zu dieser Anordnung erforderlich, damit nichts Unmögliches verlangt wird. Insoweit gilt das zum Umbau Gesagte entsprechend.

Für die neu entstandenen Teilwohnungen kann das Gericht neue Mietverhältnisse begründen. Allerdings ist es als minus auch zulässig, nur eine intern zwischen den Eheleuten wirkende Benutzungsregelung zu treffen (KG NJW 1961, 78). Sinnvoll ist das im Regelfall aber nicht, weil das den Streit zwischen den Eheleuten nur perpetuiert. *259*

Wenn bislang schon ein Mietverhältnis über die gesamte Wohnung bestanden hat, treten diese neuen Teil-Mietverhältnisse an die Stelle des bisherigen Mietverhältnisses. Dieses wird also durch die neuen Teil-Mietverhältnisse fortgesetzt; es handelt sich nicht um neue Mietverhältnisse, durch die das bisherige beendet wird und die ein völlig neues Schuldverhältnis zum Vermieter begründet wird. Das hat vor allem Bedeutung für den Lauf von Kündigungsfristen: Bei der gerade geschilderten Auslegung wirken zugunsten beider Ehegatten die bereits aufgelaufenen Zeiten des alten Mietverhältnisses verlängernd in bezug auf die Kündigungsfristen, während diese ganz neu zu berechnen wären, wenn man einen völligen Neubeginn des Mietverhältnisses annähme.

Ein ganz neues Mietverhältnis kann begründet werden, wenn bislang noch keines bestand, weil einer der Ehegatten Eigentümer der Wohnung oder des Hausgrundstücks war. Durch die Aufteilung nach § 6 HausratsVO sollen beide Ehegatten ein eigenständiges Nutzungsrecht erhalten, das nicht mehr lediglich auf einer zwischen ihnen wirkenden familienrechtlichen Benutzungsregelung beruht, wie das bei der Regelung nach § 1361b BGB der Fall war. Das Gericht kann deswegen nunmehr anordnen, dass ein Ehegatte Mieter des anderen wird, in dessen Eigentum die Wohnung oder das Hausgrundstück steht. Ebenfalls zulässig ist die Begründung eines neuen Mietverhältnisses, wenn das alte bereits beendet ist (z. B. durch eine vorsorgliche Kündigung des Mieters oder des Vermieters). In diesem Fall ist aber die Zustimmung des (bisherigen und neuen) Vermieters erforderlich. *260*

Die Bemessung der Miete für die Teilwohnungen richtet sich grundsätzlich nach der Miete, die bislang für die Gesamtwohnung gezahlt worden ist. Gab es bisher kein Mietverhältnis, kann sich die Berechnung an *261* der ortsüblichen Vergleichsmiete orientieren. Bei bestehendem Mietverhältnis wäre dieser Maßstab dagegen nicht geeignet; denn entweder würde durch diese Vorgehensweise der Vermieter benachteiligt (wenn der bisher vereinbarte Satz über der ortsüblichen Vergleichsmiete lag – was besonders dann vorkommen kann, wenn die Mietpreise generell sinken, wie das seit einigen Jahren in einigen Gegenden Deutschlands der Fall ist) oder aber der Vermieter bekommt durch die Aufteilung der Wohnung einen Vorteil, weil die Miete, die er bislang verlangt hatte, unter der ortsüblichen Vergleichsmiete lag (was besonders oft dann vorkommt, wenn die Miete seit vielen Jahren nicht erhöht worden ist). Allerdings kann bei der Festsetzung der Miete auch berücksichtigt werden, dass aus einer großen Wohnung nunmehr zwei kleinere geworden sind, deren Nutzung regelmäßig intensiver sein wird als diejenige der großen Wohnfläche. Dieser Aspekt kann in die Bemessung der Miete eingehen, weil insoweit eine Veränderung gegenüber dem früheren Zustand gegeben ist. Ebenfalls einbezogen werden können Vor- oder Nachteile im Wert des Hauses bzw. der Wohnung, die der Vermieter dadurch hat, dass das Haus umgebaut wird, da diese durch eine Kostenregelung in bezug auf den Umbau nicht zu erfassen sind (Rdnr. 258).

262 Schließlich bestimmt schon § 6 Abs. 1 S. 2 HausratsVO ausdrücklich, dass das Gericht zusammen mit der Teilungsanordnung auch bestimmen kann, wer die Kosten für die Teilung und deren spätere Beseitigung zu tragen hat. Zweckmäßig ist in derartigen Fällen, den Ehegatten jeweils Bruchteile aufzuerlegen, wenn nicht einem von ihnen die gesamten Kosten auferlegt werden. Feste Beträge zu verteilen, ist nicht einmal dann sinnvoll, wenn nur eine Kostenregelung für die Herstellung der Teilung getroffen wird, weil Umbaukosten regelmäßig nicht exakt im voraus zu kalkulieren sind (so auch RGRK/Kalthoener, § 6 HausratsVO Rdnr. 3). Das gilt um so mehr, wenn die Kosten für eine spätere Wiederherstellung des früheren Zustands aufzuteilen sind; denn regelmäßig wird bis zur Wiederherstellung des vorherigen Zustands ein erheblicher Zeitraum vergehen, innerhalb dessen sich die Baukosten unkalkulierbar verändern können.

Die Kostenregelung kann nur gegenüber den Eheleuten getroffen werden. Gegenüber Dritten (z. B. dem Vermieter) wirkende Anordnungen können selbst dann nicht erfolgen, wenn er dem Umbau zugestimmt hatte und faktisch von ihm profitiert, weil durch den Umbau sein Haus im Wert steigt. Allerdings können diese Vorteile mit berücksichtigt werden, wenn die Miete für die Teilwohnungen festgelegt wird (§ 6 Abs. 2 HausratsVO). Die fehlende Möglichkeit, gegen den Vermieter Anordnungen zu treffen, resultiert aus seiner mangelnden verfahrensrechtlichen Stellung als Partei. Sie soll nicht dazu dienen, ihn vor dem Ausgleich von finanziellen Vorteilen zu schützen, die ihm durch die Wohnungsteilung erwachsen.

5.3.1.5.1 Wohnungen im Alleineigentum bzw. mit alleinigem dinglichen Nutzungsrecht eines Ehegatten

Steht die bisherige Ehewohnung im Alleineigentum eines Ehegatten   *263* oder ist dieser allein an der Wohnung dinglich nutzungsberechtigt, dann soll das Gericht dem anderen Ehegatten die Wohnung nur zuweisen, wenn das notwendig ist, um eine unbillige Härte zu vermeiden (§ 3 HausratsVO).

Das Eigentum an der Wohnung ergibt sich im Regelfall aus dem Grundbuch, weil das Eigentum an der Wohnung von dem Eigentum am Grundstück nicht zu trennen ist (§ 93 BGB). Ausreichend ist auch das Alleineigentum an der Ehewohnung selbst, wenn dieses ausnahmsweise von dem Grundstück unterschieden werden kann, wie bei Wohnwagen oder Behelfsheimen, die nur als Scheinbestandteile (§ 95 BGB) des Grundstücks anzusehen sind, auf dem sie stehen. Obwohl in § 3 HausratsVO nicht genannt, ist auch das Wohnungseigentum nach § 1 WEG als ausreichend anzusehen. Bei diesen Rechten handelt es sich zwar um Miteigentum, wirtschaftlich werden Rechtspositionen nach dem Wohneigentumsgesetz aber wie Alleineigentum angesehen, weil das charakteristische Kennzeichen die Einzelberechtigung an einer Wohnung darstellt. Das Eigentum des anderen Ehegatten an einer anderen Wohnung in der Wohneigentumsanlage, das dazu führt, dass beide Ehegatten Miteigentümer des gesamten Grundstücks sind, ändert deswegen nichts daran, dass der Ehegatte, der Wohnungseigentümer der Ehewohnung ist, als Alleineigentümer dieser Wohnung zu behandeln ist, so dass die Entscheidung nach § 3 HausratsVO und nicht nach § 2 HausratsVO zu treffen ist.

Die dem Eigentum nach § 3 Abs. 2 HausratsVO gleichgestellten dinglichen Nutzungsrechte sind der Nießbrauch (§ 1030 BGB), das Erbbaurecht (§ 1 ErbbauRVO) und das dingliche Wohnrecht (§ 1093 BGB). Diesen Rechten muss man die entsprechenden Rechtsposition nach dem Wohneigentumsrecht hinzurechnen, also das Dauerwohnrecht nach § 31 WEG, für das das zum Wohneigentum Gesagte entsprechend gilt. Nicht als ausreichende dingliche Rechtsposition ist dagegen die Mitgliedschaft in einer Wohnbaugenossenschaft anzusehen. Der Genossenschaftsanteil gibt dem Inhaber nur das Recht auf eine Wohnung der Genossenschaft, nicht aber auf eine bestimmte Wohnung. Das unterscheidet ihn von den gerade genannten dinglichen Rechten.

264   Besonders schwierig, da im Gesetz nicht unmittelbar geregelt, sind Fälle, in denen beiden Ehegatten konkurrierende Rechte an der Wohnung zustehen: In Betracht kommt insoweit vor allem, dass ein Nießbrauch oder ein dingliches Wohnrecht des einen Ehegatten an einem Grundstück besteht, dessen Alleineigentümer der andere Ehegatte ist. Damit liegt sowohl der Tatbestand des § 3 Abs. 1 HausratsVO als auch derjenige des § 3 Abs. 2 HausratsVO vor. Insoweit ist zu differenzieren, um eine sachgerechte Lösung des Problems zu finden: Ist die Rechtsposition des dinglich Berechtigten so beschaffen, dass er den Eigentümer des Grundstücks bzw. der Wohnung kraft seines dinglichen Rechts von der Nutzung der Wohnung ausschließen kann, dann muss er im Verteilungsverfahren als vorrangig berechtigt behandelt und § 3 HausratsVO zu seinen Gunsten angewendet werden. Diese Konstellation trifft zu zugunsten des Nießbrauchers (OLG Stuttgart FamRZ 1990, 1260) und des dinglich Wohnberechtigten, wenn sein Recht unter Ausschluss des Eigentümers bestellt ist (vgl. OLG Naumburg FamRZ 1998, 1529). Ebenfalls privilegiert zu behandeln ist der Erbbauberechtigte, selbst wenn an dem Haus Miteigentum der Ehegatten besteht (OLG Oldenburg FamRZ 1998, 571; Staudinger/Weinreich, § 3 HausratsVO Rdnr. 10). Umgekehrt ist für eine Anwendung des § 3 HausratsVO kein Raum, wenn nur ein einfaches Wohnrecht ohne Ausschluss des Grundstückseigentümers besteht oder wenn beide Eheleute gleichrangig nutzungsberechtigt sind.

265   Schuldrechtliche Rechtspositionen reichen grundsätzlich nicht aus, um einen Vorrang des begünstigten Ehegatten nach § 3 HausratsVO zu begründen. Allerdings wird man einen Verschaffungsanspruch dem Vollrecht dann gleichstellen müssen, wenn die Verpflichtung hinreichend klar (besonders, wenn die Verfügung nur von Bedingungen abhängig ist) und durch eine Vormerkung gesichert ist, so dass die Erfüllung von der anderen Seite nicht mehr vereitelt werden kann. In Betracht kommen hierfür selbst Vereinbarungen, welche die Eheleute untereinander für den Fall der Scheidung getroffen haben (OLG Köln FamRZ 1992, 322).

266   Im Regelfall ist die Wohnung dem Ehegatten zuzuweisen, der Alleineigentümer ist oder dem das alleinige dingliche Nutzungsrecht an ihr zusteht. Das heißt, dass dieser Ehegatte einen Vorrang vor dem anderen genießt; eine Billigkeitsabwägung, wie § 2 HausratsVO sie grundsätzlich vorsieht, findet gerade nicht statt.

267   Der Vorrang des allein berechtigten Ehegatten ist allerdings nur ein relativer. Die Wohnung kann dem anderen Ehegatten zugewiesen wer-

den, wenn das erforderlich ist, um eine unbillige Härte zu vermeiden. Insoweit können zwar alle Umstände des Einzelfalls berücksichtigt werden, so dass auf den ersten Blick der Unterschied zu § 2 HausratsVO nicht so wesentlich zu sein scheint. Der wesentliche Unterschied zu § 2 HausratsVO besteht aber darin, dass die in § 2 S. 2 HausratsVO aufgeführten Kriterien im Rahmen einer Abwägung nach § 3 HausratsVO nur einige unter vielen sind, während sie bei einer Beurteilung nach § 2 HausratsVO einen gewissen Vorrang genießen. Die unbillige Härte in § 3 HausratsVO ist die Kompensation dafür, dass tief in die Rechtspositionen des Eigentümer-Ehegatten eingegriffen wird. Das bedarf einer besonderen Rechtfertigung, die über eine bloße Abwägung der beiderseitigen Interessen hinausgehen muss. Es ist deswegen ein strenger Maßstab anzulegen. Der Begriff der unbilligen Härte ist deckungsgleich mit dem nun in § 1361b BGB und § 2 GewSchG verwendeten. Die dort angesprochenen Fallgruppen (Rdnr. 150 ff. und Rdnr. 221 ff.) können auch hier herangezogen werden.

In jedem Fall ist erforderlich, dass die vom anderen Ehegatten angeführten Umstände zu einer unerträglichen Belastung für ihn führen; die Aufgabe der Wohnung muss sich für ihn als besonders schwere Beeinträchtigung seiner Lage darstellen (BayObLG FamRZ 1974, 17, 18; OLG Düsseldorf FamRZ 1980, 170; OLG Köln FamRZ 1992, 322; OLG Stuttgart OLGZ 1968, 126). Daran fehlt es im Regelfall immer schon dann, wenn der andere Ehegatte die Wohnung nicht aufgrund einer Vereinbarung oder einer gerichtlichen Benutzungsregelung bis zur Entscheidung über das Wohnungsverfahren bewohnt hat. Wer bereits früher aus der Ehewohnung ausgezogen ist, wird im Normalfall nicht besonders unerträglich dadurch getroffen, dass er auch weiterhin die frühere Ehewohnung nicht nutzen darf. Ausreichend für eine unbillige Härte kann sein, dass der andere Ehegatte die Wohnung für die gemeinsamen Kinder benötigt, weil keine andere passende Wohnung zu finden ist (BayObLG FamRZ 1974, 17, 18; OLG Stuttgart OLGZ 1968, 126) oder den Kindern ein Umzug in eine weiter entfernte Gegend nicht zuzumuten ist. Ausreichen kann auch, dass die Wohnung eine derartige Verbindung zu den Räumlichkeiten aufweist, in denen der andere Ehegatte seine Berufstätigkeit oder sein Gewerbe ausübt (und die er nicht ohne weiteres wechseln kann), dass er dort ständig wieder mit dem Eigentümer-Ehegatten in Kontakt käme oder dass durch die ständige Konfrontation mit diesem die Berufs- oder Gewerbeausübung praktisch unmöglich gemacht würde. Körperliche Defizite des anderen Ehegatten (altersbedingte Gebrechlichkeit, Behinderung) kann ebenfalls für die Annahme sprechen, eine Verweisung aus der Wohnung sei unbillig. Unbilligkeit kann sich auch aus dem Verhaltem des Eigentümer-Ehegatten selbst ergeben: In Betracht kommt insoweit vor allem, dass dieser den geschuldeten Unterhalt nicht oder nicht pünktlich gezahlt hat, so dass der andere Ehegatte Schwierigkeiten hätte, die Miete für eine andere Wohnung jeweils aufzubringen und pünktlich zu zahlen. Dieser Gesichtspunkt kann sogar dann von Bedeutung sein, wenn wegen mangelnder Leistungsfähigkeit des Eigentümer-Ehegatten ein Unterhaltsanspruch gar nicht besteht, aber jedenfalls der Wohnbedarf durch die Überlassung der Wohnung abgedeckt werden kann.

268   Bloße Unannehmlichkeiten, die durch die Aufgabe der Wohnung verursacht werden, reichen nicht für die Annahme der Unbilligkeit. Das gilt etwa für die Verlängerung des Weges zum Arbeitsplatz, wenn sich diese noch in den Grenzen hält, die auch im Rahmen der Arbeitsvermittlung noch als zumutbar angesehen werden. Ein Weg von bis zu einer Stunde pro Fahrt ist deswegen ohne weiteres hinnehmbar. Ebenfalls sind Schwierigkeiten bei der Wohnungssuche grundsätzlich unerheblich (OLG München FamRZ 1995, 1205, 1206); denn diese Schwierigkeiten würden den anderen Ehegatten in vergleichbarer Weise treffen. Eine unbillige Härte stellt es ebensowenig dar, dass der allein berechtigte Ehegatte mutwillig aus der Ehe ausgebrochen ist. Die Zuweisungsregelung dient dazu, eine den Interessen beider Ehegatten entsprechende Lösung in denjenigen Fällen zu finden, in denen normalerweise einseitig zu Gunsten eines Ehegatten entschieden werden müsste. Dagegen handelt es sich nicht um eine Strafsanktion für eheliches Fehlverhalten. Insofern ist die Betrachtung etwas enger als im Rahmen der allgemeinen Billigkeitsabwägung nach § 2 HausratsVO. Schließlich kann der andere Ehegatte auch nicht aus dem Umstand, dass er über längere Zeit bereits in der Wohnung des anderen Ehegatten gelebt hat, während dieser ausgezogen war, einen Grund für die Bejahung der Unbilligkeit herleiten. Die Nutzung der Wohnung ist zwar ein Vorteil, den er aufgeben muss, und deren Wegfall stellt damit eine Härte für ihn dar. Er musste mit dieser Änderung aber rechnen, weil die Eigentumsverhältnisse bekannt waren. Selbst wenn er eine Regelung nach § 1361b BGB oder nach § 2 GewSchG erwirkt hatte, um die Wohnung allein nutzen zu können, ändert das daran nichts; denn diese Regelungen sind nur solche vorläufiger Art und waren auch als solche für den anderen Ehegatten erkennbar, dem sie das Nutzungsrecht an der Wohnung einräumten.

269   Weist das Gericht die Wohnung dem Eigentümer-Ehegatten bzw. dem allein dinglich Nutzungsberechtigten zu, brauchen keine weiteren Anordnungen getroffen zu werden. Dieser ist ohnehin an der Wohnung be-

rechtigt; die Anordnung von Ausgleichszahlungen zugunsten des weichenden anderen Ehegatten kommt nicht in Betracht.

Wird die Wohnung dem anderen Ehegatten zugewiesen, sollte das Gericht eine eigenständige Basis für die künftige Nutzung der Wohnung durch diesen schaffen. Es kann daher mit dem anderen Ehegatten ein Mietverhältnis oder ein anderes schuldrechtliches Nutzungsverhältnis begründen. Insoweit gilt § 5 Abs. 2 HausratsVO. Das ist einer rein intern wirkenden Benutzungsregelung vorzuziehen, weil ein Mietverhältnis auch gegenüber Rechtsnachfolgern des weichenden Ehegatten wirkt (§ 566 BGB) und auch in der Zwangsvollstreckung Schutz bietet (§§ 57 ff. ZVG). Unzulässig ist es dagegen, ein dingliches Nutzungsverhältnis zu begründen, also etwa einen Nießbrauch oder ein dingliches Wohnrecht. Noch weniger angängig ist es, Eigentum zu übertragen, also etwa Wohnungseigentum einzuräumen. Alle diese Akte wären Eingriffe in das Eigentum des anderen Ehegatten, die durch den Zweck des § 3 HausratsVO, eine unbillige Härte zu beheben, nicht gerechtfertigt werden können. *270*

Dieser Gedanke gilt grundsätzlich auch für die Ausgestaltung des Mietverhältnisses oder anderen schuldrechtlichen Nutzungsverhältnisses. Das Gericht muss alles unterlassen, was so tief in das Eigentum oder dingliche Nutzungsrecht eingreift, dass der Ehegatte, dem das Recht zusteht, faktisch enteignet wird. Es kommt daher nicht in Betracht, das Mietverhältnis als von seiten des Überlassenden unkündbares auszugestalten (Staudinger/Weinreich, § 3 HausratsVO Rdnr. 16; Soergel/Heintzmann, § 3 HausratsVO Rdnr. 16). Um den Eingriff möglichst gering zu halten, kann auch die Befristung des Mietverhältnisses in Betracht zu ziehen sein. Abzustellen ist immer darauf, was erforderlich ist, die unbillige Härte für den anderen Ehegatten zu beseitigen. Bis zu dieser Grenze ist der Eingriff in die Rechtsposition gerechtfertigt; alles was darüber hinausgeht, ist unverhältnismäßig und deswegen ein rechtswidriger Eingriff in die Rechte des belasteten Ehegatten.

Das Gericht kann für die Benutzung der dem anderen Ehegatten gehörenden Wohnung ein Benutzungsentgelt festsetzen (§ 5 Abs. 2 S. 2 HausratsVO). Das ist regelmäßig in allen Fällen angebracht, in denen der durch die Nutzung der Wohnung entstehende Wohnwertvorteil nicht schon unterhaltsrechtlich durch eine entsprechende Minderung des Unterhaltsbedarfs berücksichtigt wird (BGH FamRZ 1986, 434). Für die Höhe der festzusetzenden Miete kommt regelmäßig die ortsübliche Vergleichsmiete als Orientierungspunkt in Frage. Ganz außer acht gelassen werden sollten die wirtschaftlichen Verhältnisse der Eheleute aber nicht, vor allem, wenn diese sehr unterschiedlich ausgestaltet sind *271* und der Eigentümer-Ehegatte auf Einnahmen aus der Miete nicht angewiesen ist.

272 Außerdem kann das Familiengericht zugunsten des Eigentümer-Ehegatten eine Ausgleichszahlung anordnen (OLG Naumburg FamRZ 1998, 1529), mit der der weichende Eigentümer bzw. dinglich Nutzungsberechtigte für die Überlassung der Wohnung an den anderen Ehegatten entschädigt wird. Es handelt sich insofern um eine besondere Art der Nutzungsentschädigung, nicht aber um einen Ausgleich für Eigentumsverlust oder den Verlust des dinglichen Nutzungsrechts, weil diese Rechtspositionen durch die Wohnungszuweisung nicht betroffen werden. Die Zahlung dient auch nicht dazu, unterschiedliche Beiträge auszugleichen, die die Ehegatten beim Erwerb der Wohnung oder der Renovierung oder beim Umbau geleistet haben. Derartige Positionen anzugleichen, ist Aufgabe des Güterrechts. Wenn die Eheleute in einem Güterstand leben, der insofern keinen Ausgleich vorsieht, ist das hinzunehmen; diese Situation darf nicht durch eine Regelung im Wohnungsverfahren unterlaufen werden.

5.3.1.5.2 Wohnungen im Miteigentum eines Ehegatten mit einem Dritten

273 Für Wohnungen, die im Miteigentum eines der Ehegatten zusammen mit einem Dritten stehen, entspricht die Rechtslage derjenigen in dem Fall, dass ein Ehegatte Alleineigentümer oder jedenfalls allein dinglich nutzungsberechtigt ist. Der für diesen Fall tragende Gedanke, dass dem anderen Ehegatten an der Wohnung keinerlei Rechtsposition zusteht und die Zuweisung an ihn deswegen einen erheblichen Eingriff in die Rechte des Eigentümer-Ehegatten (bzw. des dinglich Nutzungsberechtigten) bedeutet, gilt auch hier. Auch in diesem Fall darf deswegen eine Zuweisung an den anderen Ehegatten nur erfolgen, wenn das notwendig ist, um eine unbillige Härte zu vermeiden (§ 3 HausratsVO). Das Rdnr. 267 Gesagte gilt insoweit entsprechend.

Allerdings ist bei der Billigkeitsabwägung zu berücksichtigen, dass die Wohnungszuweisung an den anderen Ehegatten nicht nur ein Eingriff in die Rechtspositionen des Eigentümer-Ehegatten bedeutet, mit dem den Begünstigten noch eine nachwirkende eheliche Solidarität verbindet, sondern auch einen Eingriff in die Rechte eines Dritten, der mit ihm in keiner gesteigerten Nähebeziehung zu stehen braucht. Die Argumente, die für eine Zuweisung an den anderen Ehegatten sprechen, müssen deswegen ein gesteigertes Gewicht haben. Die Unbilligkeit muss nicht nur gegenüber dem anderen Ehegatten, sondern auch gegenüber dem Dritten bestehen.

5.3.1.5.3 Wohnungen im gemeinschaftlichen Eigentum der Ehegatten

Für Wohnungen, die im Miteigentum der Eheleute stehen, ist nach § 2   *274*
HausratsVO zu verfahren, d. h. eine Billigkeitsentscheidung vorzunehmen. Die einschränkenden Kriterien nach § 3 HausratsVO (Rdnr. 267),
die vor allem verlangen, dass die Zuweisung an den Ehegatten erforderlich sein muss, um eine unbillige Härte zu vermeiden, sind selbst dann
nicht einschlägig, wenn neben den Eheleuten noch ein Dritter einen Miteigentumsanteil an der Wohnung hat. Entsprechendes gilt, wenn beide
Eheleute an der Wohnung gleichrangig nutzungsberechtigt sind. Haben
ihre Nutzungsrechte unterschiedlichen Rang, so dass der eine den anderen aus der Nutzung verdrängen kann, wenn man allein auf die Nutzungsrechte abstellt, dann ist zu Gunsten des Ehegatten, dessen Recht
stärker ist, § 3 HausratsVO anzuwenden; d. h. die Wohnung darf dem
anderen nur dann zugewiesen werden, wenn das erforderlich ist, um eine
unbillige Härte für den anderen Ehegatten abzuwenden.

Sind die Miteigentümer-Ehegatten über die weitere Wohnungsnutzung   *275*
einig, kann eine dahingehende gerichtliche Entscheidung nicht mehr ergehen; für sie besteht kein Rechtsschutzbedürfnis. Sofern noch Streit um
die Zahlung einer Nutzungsvergütung besteht, ist dieser allein nach § 745
Abs. 2 BGB zu entscheiden; denn es geht nun nicht mehr um die familenrechtliche Nutzung der Wohnung, sondern allein um den Ausgleich
zwischen den Eigentümern.

Besteht keine Einigung der Eheleute, kann die Wohnung nach § 6   *276*
HausratsVO aufgeteilt werden, sofern die Voraussetzungen dafür gegeben sind (Rdnr. 255 ff.) oder es erfolgt eine Billigkeitsentscheidung nach
§ 2 HausratsVO (Rdnr. 267 ff.). Auch in diesem Fall handelt es sich um
eine reine Benutzungsregelung. Das Familiengericht darf die zwischen
den Eheleuten bestehende Miteigentumsgemeinschaft nicht auflösen.
Wenn die Eheleute das wollen, müssen sie eine Teilungsversteigerung
nach § 180 ZVG durchführen, sofern sie sich nicht über Auseinandersetzung gütlich einigen können.

Zugleich mit der Benutzungsregelung begründet das Gericht ein Miet-   *277*
verhältnis (§ 5 Abs. 2 S. 1 HausratsVO), wenn die Parteien nicht von sich
aus ein Nutzungsverhältnis vertraglich regeln. In diesem Mietverhältnis
sind beide als Miteigentümer Vermieter der Wohnung; Mieter ist derjenige, dem sie zur weiteren Nutzung zugewiesen wird. Wie in dem Fall,
dass nur einer der Ehegatten Eigentümer der Wohnung ist (Rdnr. 263 ff.),

ist ein Mietverhältnis zu bevorzugen, weil es dem in der Wohnung bleibenden Ehegatten ein Mehr an Rechten gibt, wenn die Wohnung veräußert oder versteigert wird (§§ 566 BGB, 57 ff. ZVG). Zwar kann wegen des Miteigentums die Wohnung bzw. das Hausgrundstück nicht ohne die Zustimmung des mitberechtigten Ehegatten veräußert werden, sondern nur der Miteigentumsanteil. Der Erwerber dieses Anteils kann aber dann die Teilungsversteigerung betreiben, so dass ein Schutzbedürfnis des in der Wohnung verbleibenden Ehegatten auch in diesem Fall nicht verneint werden kann. Ergibt die Billigkeitsabwägung umgekehrt, dass es zwar erforderlich ist, dem einen Ehegatten die Wohnung zur Benutzung zuzuweisen, dass es aber andererseits unbillig wäre, den anderen Ehegatten an der Veräußerung seines Anteils zu hindern oder durch die Ausgestaltung des Verhältnisses zwischen den Parteien den aus einer solchen Veräußerung zu erzielenden Erlös erheblich zu beeinträchtigen, weil Bieter in einer Teilungsversteigerung mit Rücksicht auf das bestehenbleibende Recht des anderen Ehegatten nur ein wesentlich geringeres Gebot abgeben würden als sonst, dann muss das Familiengericht bei der Ausgestaltung des Nutzungsverhältnisses zwischen den Eheleuten darauf Rücksicht nehmen. Derartige Fälle kommen vor allem dann vor, wenn der finanziell besser gestellte Ehegatte in der Wohnung bleiben darf. Das ist nicht ausgeschlossen, gerade weil bei der Billigkeitsabwägung nach § 2 HausratsVO dem Interesse der Kinder ein besonderes Gewicht einzuräumen ist. Das kann dann ohne weiteres dazu führen, dass der Ehegatte bei der Wohnungszuweisung zu bevorzugen ist, der an sich finanziell unter wesentlich besseren Bedingungen lebt als der andere. In diesen Fällen wäre es dann unbillig, den weichenden Ehegatten auch noch in den Verwertungsmöglichkeiten einzuschränken.

278   Sofern der Wohnwert nicht unterhaltsrechtlich Berücksichtigung findet (vgl. Rdnr. 271), muss das Gericht eine Nutzungsvergütung zugunsten des weichenden Ehegatten festsetzen. Insoweit gelten die zum Alleineigentum dargestellten Grundsätze mit der Maßgabe entsprechend, dass für den weichenden Miteigentümer nur ein nach seinem Miteigentumsanteil zu bemessender Teil der sonst festzusetzenden Vergütung festgesetzt wird. Eine Abweichung kann sich vor allem auch durch den Wohnwert der den gemeinschaftlichen Kindern überlassenen Räumlichkeiten ergeben.

5.3.1.5.4 Werks- und Dienstwohnungen

279   Eine von den sonstigen Regelungsprinzipien der HausratsVO abweichende Regelung enthält § 4 HausratsVO für Dienst- und Werkswoh-

nungen. Während im übrigen die Interessen der Ehegatten und ihrer Kinder die maßgeblichen Verteilungskriterien bilden, meinte der Gesetzgeber bei Dienst- und Werkwohnungen die Interessen des Arbeitgebers in den Vordergrund stellen zu müssen (BayObLGZ 1959, 403; 1971, 377). Es handelt sich dabei um eine bewusste Bevorzugung gegenüber anderen Vermietern. Diese Privilegierung wird generell als verfassungsrechtlich zulässig angesehen (BayObLGZ 1972, 216; Staudinger/Weinreich, § 4 HausratsVO Rdnr. 1). Dem ist zuzustimmen, denn die Bereitstellung von Dienst- und Werkwohnungen ist eine Sozialleistung, die ein Arbeitgeber für seine Beschäftigten erbringt. Das Interesse der anderen Arbeitnehmer, auch in den Genuss dieser Leistung zu kommen und das daraus folgende Interesse des Arbeitgebers, zur Sicherung des Betriebsfriedens die Leistung auch wirklich nur den Beschäftigten zur Verfügung zu stellen, überwiegt das Interesse des nicht bei diesem Arbeitgeber beschäftigten Ehegatten, in der Wohnung wohnen zu bleiben.

280 Dienst- oder Werkswohnungen sind alle Wohnungen, die einem Ehegatten mit Rücksicht auf ein Dienst- oder Arbeitsverhältnis oder im Rahmen eines solchen Verhältnisses zur Nutzung überlassen werden. Weder ist erforderlich, dass er dafür ein Entgelt zahlt, dass also ein Mietvertrag vorliegt, noch dass der Arbeitgeber Eigentümer der Wohnung ist. Vielmehr kann die Wohnung oder das Haus auch im Eigentum eines Dritten stehen und der Mietvertrag mit diesem geschlossen sein. Erforderlich ist dann aber, dass der Dritte aufgrund interner Abreden mit dem Arbeitgeber des Ehegatten dazu verpflichtet ist, diese Wohnung nur Arbeitnehmern oder Werksangehörigen zur Verfügung zu stellen (OLG Frankfurt FamRZ 1991, 838; z. B. eigenständige Wohnungsbaugesellschaft, deren alleiniger Gesellschafter der Arbeitgeber ist, an den Arbeitgeber durch zinsgünstige Darlehensnahme gebundene Vermieter usw.).

281 Die Überlassung der Wohnung an den Ehegatten muss sich als Nebenfolge des Dienst- oder Arbeitsverhältnisses darstellen. Daran kann es fehlen, wenn der Arbeitgeber zwar Vermieter der Wohnung ist, das Mietverhältnis aber keinen Zusammenhang mit dem Arbeitsverhältnis aufweist, etwa, wenn der Arbeitgeber zugleich Immobilienbesitz durch Vermietungen nutzt und dabei auch an seine Mitarbeiter vermietet, ohne dass aber nur diese in den Genuss der Wohnungen kämen. Umgekehrt schadet es bei einer echten Bindung des Abschlusses des Mietvertrages an das Bestehen des Arbeitsverhältnis aber nichts, wenn der Arbeitgeber die Wohnung auch an den anderen Ehegatten mit vermietet, wenn dieser also den Mietvertrag mit unterschrieben hat und deswegen daraus eine Stellung als Mitmieter erhalten hat, obwohl er nicht selbst Arbeitnehmer des Vermieters ist (OLG Schleswig SchlHA 1982, 183).

Allerdings kann die Einräumung derartiger Mitberechtigungen die Annahme erschweren, dass gerade eine innere Beziehung zwischen dem Dienst- oder Arbeitsverhältnis und der Überlassung besteht und es sich tatsächlich um eine Dienst- oder Werkswohnung handelt. Das kann aber ohne weiteres durch andere Beweise nachgewiesen werden, vor allem dadurch, dass der Arbeitgeber den Vertrag immer nur abschließt, wenn mindestens einer der Mieter sein Arbeitnehmer ist, in diesem Fall aber regelmäßig mit beiden Personen, die in die Wohnung einziehen wollen.

In den Anwendungsbereich des § 4 HausratsVO fallen damit ohne weiteres die Werksmietwohnungen i. S. d. §§ 576 BGB, Bergarbeiterwohnungen, die aus Mitteln der Kohlenabgabe nach dem Gesetz vom 4. 5. 1957 (BGBl. III 2330) errichtet und Wohnberechtigten im Kohlebergbau durch Mietvertrag überlassen wurden, sowie Dienstwohnungen, die einem der Eheleute aufgrund eine öffentlich-rechtlichen Nutzungsverhältnisses überlassen wurden. In Betracht kommen insoweit Dienstwohnungen aller Art.

282   Die Wohnung verliert ihren Charakter als Dienst- oder Werkswohnung, wenn sie nach dem Ende des Dienst- oder Werkverhältnisses von den bisher Dienstverpflichteten bzw. Arbeitnehmern weiter bewohnt wird. Eine Anwendung von § 4 HausratsVO kommt deswegen nur in Betracht, wenn in dem Zeitpunkt der Entscheidung über den Zuweisungsantrag das Arbeits- oder Dienstverhältnis noch besteht. Es reicht aber andererseits auch, dass es gerade zu diesem Zeitpunkt besteht: Deswegen kommt auch eine Zuweisung an denjenigen Ehegatten in Betracht, der zwar nicht zum Zeitpunkt des Einzugs Arbeitnehmer dessen war, der die Wohnung zur Verfügung stellt, aber später ein Arbeitsverhältnis mit ihm begründet hat, aufgrund dessen er berechtigt ist, eine Dienst- oder Werkswohnung in Anspruch zu nehmen.

283   Die Dienst- oder Werkswohnung ist grundsätzlich demjenigen Ehegatten zuzuweisen, der Arbeitnehmer des Vermieters ist bzw. um dessen Werks- oder Dienstwohnung es sich handelt (OLG Frankfurt FamRZ 1992, 695). Das generell geltende Regel-Ausnahme-Verhältnis ist hier zugunsten des Arbeitnehmer-Ehegatten durchbrochen, weil auf die Interessen des Arbeitgebers Rücksicht genommen werden soll. Waren zunächst beide Ehegatten Arbeitnehmer, wurde aber im Zuge der Trennung das Arbeitsverhältnis mit einem von ihnen beendet, dann ist grundsätzlich eine Zuweisung an denjenigen Ehegatten vorzunehmen, dessen Arbeitsverhältnis fortbesteht.

Eine Teilung der Wohnung entsprechend § 6 HausratsVO bleibt grundsätzlich möglich, auch ohne dass der Arbeitgeber zustimmt. In diesem Fall ändert sich für ihn grundsätzlich nichts: der Wohnraum, den er bisher den Eheleuten gemeinsam als Werkswohnung überlassen hatte, wird auch weiterhin von ihnen bewohnt – allerdings in getrennter Benutzung. Sofern die Wohnung baulich aufgeteilt werden soll, ist die Zustimmung des Arbeitgeber-Vermieters ohnehin erforderlich (Rdnr. 256).

Sind beide Ehegatten Arbeitnehmer des Arbeitgebers, der die Dienst- oder Werkswohnung zur Verfügung stellt, ergeben sich aus § 4 HausratsVO keine besonderen Einschränkungen des richterlichen Ermessens. Es gelten dieselben Grundsätze wie für alle anderen Mietwohnungen (Rdnr. 286 ff.).

Will der Richter die Dienst- oder Werkswohnung an denjenigen Ehegatten zuweisen, der nicht sein Arbeitnehmer ist, ist grundsätzlich die Zustimmung des Arbeitgebers erforderlich. Bereits aus der Formulierung des § 4 HausratsVO ergibt sich aber, dass ein Verstoß gegen dieses Erfordernis die Zuweisung nicht unwirksam oder rechtswidrig macht. Es handelt sich lediglich um eine Sollvorschrift (BayObLG NJW 1970, 329; OLG Hamm Rpfleger 1951, 640; FamRZ 1981, 183). Das bedeutet aber nicht, dass der Richter durch § 4 HausratsVO in keiner Weise gebunden ist und sich ohne weiteres in jedem Fall, in dem er meint, der Ehegatte, der nicht Arbeitnehmer ist, sei aus Billigkeitsgründen in der Ehewohnung zu lassen, über das entgegenstehende Votum des Arbeitgebers hinwegsetzen darf. Ein Übergehen des Arbeitgebers kommt nur in Betracht, wenn ohne die Zuweisung der Wohnung an den Nicht-Arbeitnehmer eine außergewöhnliche Härte bestehen bleibt, die diesem Ehegatten nicht zuzumuten ist. Es ist eine äußerst zurückhaltende Bewertung angebracht, weil durch die Nichtbeachtung des Willens des Arbeitgebers in dessen Rechtspositionen eingegriffen wird, obwohl das Gesetz gerade klarmacht, dass seine Interessen grundsätzlich denen der Ehegatten vorgehen. Erforderlich ist eine Güterabwägung zwischen den Interessen des Arbeitgebers und denjenigen des Ehegatten und der Kinder, die mit ihm zusammen die Wohnung nutzen sollen. Nur bei einem deutlichen Übergewicht der Interessen des Ehegatten und seiner Kinder darf der entgegenstehende Wille des Arbeitgebers außer acht gelassen werden.

284

Argumente, die bei der Abwägung zugunsten des Ehegatten sprechen, sind vor allem das Wohl der Kinder, denen der Arbeitgeber im Regelfall auch als Kindern seines Arbeitnehmers (des anderen Elternteils) Schutz schuldet. Außerdem spricht für eine Berücksichtigung der Belange des Ehegatten, wenn der Arbeitgeber mehr Dienst- und Werkswohnungen zur Verfügung hat, als von seinen Arbeitnehmern nachgefragt werden, so dass er auch den Arbeitnehmer-Ehegatten ohne Schwierigkeiten wieder in einer entsprechenden Wohnung unterbringen kann. Umgekehrt spricht für den Arbeitgeber, dass zuwenig Werks- oder Dienstwohnungen zur Verfügung stehen, um die Nachfrage seitens der Arbeitnehmer zu befriedigen oder dass durch die Zuweisung der Charakter der Wohnung als Werks- oder Dienstwohnung auf Dauer geändert wird (OLG Hamm FamRZ 1981, 183; BayObLG FamRZ 1972, 216). Ebenfalls Berücksichtigung finden kann hier, dass der Arbeitgeber so gezwungen wird, die Arbeitsbedingungen des Ehegatten, der aus der Wohnung weichen muss, zu erschweren. Das kommt vor allem dann in Betracht, wenn dieser wegen des Verlustes der Wohnung nun einen erheblich längeren Weg zur Arbeitsstelle hat.

285   Wird die Wohnung gegen den Willen des Arbeitgebers zugewiesen, dann muss der Eingriff in dessen Rechte möglichst gering gehalten werden. Das bedeutet, dass die Zuweisung grundsätzlich zu befristen ist. Die Dauer der Frist richtet sich wiederum nach dem Ergebnis der Interessenabwägung. In aller Regel wird man sie aber nicht länger bemessen dürfen als erforderlich ist, um eine andere angemessene Wohnung zu finden, durch deren Nutzung dann die Härten beseitigt werden, die den Ausschlag für die Zuweisung an den Nichtarbeitnehmer-Ehegatten gegeben haben. Allenfalls das Wohl der ebenfalls in der Wohnung lebenden Kinder oder eine schwere Krankheit des Ehegatten, dem die Wohnung zugewiesen wurde, können eine längere Frist gebieten. Auch in diesen Fällen sollte eine Jahresfrist aber nicht überschritten werden.

5.3.1.5.5 Mietwohnungen

286   Die Zuweisung einer Mietwohnung richtet sich nach § 5 Abs. 1 HausratsVO. Nach dieser Vorschrift kann der Richter bei einer Mietwohnung bestimmen, dass ein von beiden Ehegatten eingegangenes Mietverhältnis von einem der Ehegatten fortgesetzt wird oder dass ein Ehegatte an Stelle des anderen in ein von diesem eingegangenes Mietverhältnis eintritt (§ 5 Abs. 1 S. 1 HausratsVO). Die Regelung macht deutlich, dass in diesen Fällen ein weit weniger schutzwürdiges Interesse des Ehegatten besteht, der einen Mietvertrag abgeschlossen hat als es bei dem Ehegatten der Fall ist, der Eigentümer oder dinglich Nutzungsberechtigter an der Ehewohnung ist. Der nur schuldrechtliche Überlassungsanspruch aus dem Mietverhältnis ist weit weniger geschützt als das Eigentum oder die dingliche Rechtsposition. Die Zuweisung der Wohnung richtet sich bei Mietverhältnissen allein nach § 2 HausratsVO, sofern eine Teilung nach § 6 HausratsVO nicht möglich ist. Es kommt also zu einer reinen Billigkeitsentscheidung, bei der der Mieter nicht allein deswegen Vorrang genießt, weil er den Mietvertrag abgeschlossen hat.

Eine Mietwohnung liegt zunächst dann vor, wenn über die streitbefangenen Räumlichkeiten ein Mietvertrag i. S. d. §§ 535 ff. BGB besteht. Wohnungen oder Nebenanlagen, die auf Grund eines Pachtvertrages genutzt werden, sind ebenfalls hier einzuordnen. Das Pachtverhältnis ist ein dem Mietverhältnis vergleichbares Nutzungsverhältnis, das sich nur durch das Fruchtziehungsrecht von diesem unterscheidet. Solange das Fruchtziehungsrecht in dem konkreten Rechtsverhältnis nur von untergeordneter Bedeutung ist, spricht deswegen nichts dagegen, die auf Grund eines derartigen Vertrages überlassenen Räumlichkeiten unter § 5 Abs. 1 HausratsVO zu fassen. Hierher gehören auch Genossenschafts- und Vereinswohnungen, die nur an Mitglieder vergeben werden (KG NJW 1955, 185; FamRZ 1984, 1242; BayObLGZ 1955, 56; zur Verfassungsmäßigkeit BVerfG NJW 1992, 106); denn in diesen Fällen bildet zwar die Mitgliedschaft die Grundlage für die Vergabe der Wohnung, ist aber nicht das Rechtsverhältnis, aus dem diese resultiert. Die Mitgliedschaft in der Genossenschaft oder dem Verein gibt nur das Recht auf eine Wohnung, nicht aber auf genau diese Wohnung. Die Rechtsposition des Berechtigten ist gerade nicht mit dem eines dinglich Nutzungsberechtigten vergleichbar. Soweit eine Wohnung einer Zweckbindung unterliegt, ist das bei der Billigkeitsentscheidung zu berücksichtigen. Eine Zuteilung im Wohnungsverfahren hindert diese nicht (BayObLG FamRZ 1964, 371; KG FamRZ 1967, 631).

Wer Partei des Mietvertrages ist, ist für die Entscheidung nach § 5 *287* HausratsVO unerheblich, sofern auch nur einer der Eheleute Mieter der Wohnung ist. Das Verfahren scheidet damit nur dann aus, wenn keiner der Eheleute Mieter der Wohnung ist, sondern sie diese nur aufgrund eines von einem anderen Mieter abgeleiteten Nutzungsrechts ohne eigenständigen Mietvertrag nutzen.

Der Mietvertrag darf das Ende seiner Laufzeit noch nicht erreicht ha- *288* ben. Maßgebender Zeitpunkt ist das Datum der Entscheidung. Fraglich ist deswegen, inwieweit eine Wohnungszuweisung noch in Betracht kommt, wenn das Mietverhältnis bereits gekündigt ist. Insoweit muss differenziert werden: Ist die Kündigung durch den mietenden Ehegatten erfolgt, dann kommt eine Wohnungszuweisung an den anderen Ehegatten trotzdem noch in Betracht; denn der mietende Ehegatte darf durch sein Verhalten nicht die Zuweisung der Wohnung an seinen Partner vereiteln. Das Gericht kann deswegen in einem solchen Fall das Mietverhältnis auf den Kündigungszeitpunkt rückwirkend mit dem anderen Ehegatten begründen (OLG Hamburg FamRZ 1982, 939, 940; OLG München FamRZ 1991, 1452, 1455). Kommt nur eine Zuweisung an den Ehegatten in Betracht, der selbst gekündigt hat, kann sie nur noch für die restliche Laufzeit des Mietverhältnisses erfolgen. Die rückwirkende Umgestaltung des Mietverhältnisses kommt nicht in Betracht; der bisherige Mieter kann nicht auf diesem Wege erreichen, dass seine eigene Entscheidung, das Mietverhältnis zu beenden, wieder korrigiert wird. Wurde die Wohnung durch den Vermieter gekündigt, kommt eine Wohnungszuweisung nur dann noch in Betracht, wenn das Mietverhältnis noch eine nicht unerhebliche Zeit fortgesetzt wird. Praktische Relevanz hat das nach Verkürzung der Kündigungsfrist für Mieter nur noch für langdauernde Mietverhältnisse, die vom Vermieter gekündigt wurden, weil in diesen Fällen die Kündigungsfrist bis zu 12 Monaten betragen kann. In diesen Fällen kommt eine Umgestaltung des Mietverhältnisses nicht in Betracht (str.); denn auf diese Weise würde tief in die Rechte des Vermieters eingegriffen, ohne dass es dafür eine Rechtfertigung gäbe; denn das Mietverhältnis wäre durch die Kündigung des Vermieters ohne das Wohnungsverfahren zum gesetzlichen Kündigungstermin zu Ende gegangen, ohne dass einer der Eheleute dagegen noch etwas hätte unternehmen können. Daran darf sich nicht deswegen etwas ändern, weil die Mieter sich scheiden lassen.

289 Mit dem Wohnungsverfahren nach § 5 HausratsVO müssen die Eheleute anstreben, einen Streit unter ihnen selbst zu entscheiden. Seine Durchführung ist dagegen rechtsmissbräuchlich, wenn es nur eingeleitet wird, um eine Entscheidung gegen den Vermieter herbeizuführen, mit dem die Ehegatten bereits aufgrund anderer Streitigkeiten aus dem Mietverhältnis einen Rechtsstreit über diese Wohnung führen (FA-FamR/Klein, Rdnr. 8–33 unter Hinweis auf OLG Schleswig SchlHA 1952, 134). Haben sich die Eheleute über die weitere Benutzung der Mietwohnung geeinigt und hat der Vermieter gegen diese Einigung keine Einwände, ist ein Wohnungsverfahren ohnehin unzulässig (Rdnr. 76 ff.).

290 Erforderlich ist auch, dass mindestens einer der Ehegatten erstrebt, dass die Wohnung gerade an ihn zugewiesen wird. Insoweit wird allgemein angenommen, dass es ein ungeschriebenes Tatbestandsmerkmal des § 5 HausratsVO ist, dass einer der Ehegatten die Zuweisung der Wohnung an sich begehrt oder zumindest mit ihr einverstanden ist (OLG Hamburg FamRZ 1983, 958; Staudinger/Weinreich, § 5 HausratsVO Rdnr. 14; Soergel/Heintzmann, § 5 HausratsVO Rdnr. 7). Es kommt deswegen nicht in Betracht, dass die Eheleute wechselseitig beantragen, die Wohnung dem jeweils anderen zuzuweisen, weil sie selbst kein Interesse an der weiteren Nutzung haben (OLG München NJW-RR 1995, 1474). In diesem Fall müssen die Eheleute oder der Ehegatte, der Mieter der Wohnung ist, das Mietverhältnis durch Kündigung oder Auf-

hebungsvertrag beenden. Ist aber der andere Ehegatte mit der Zuweisung an sich einverstanden, dann kann auch ein entsprechender Antrag auf Rechtsgestaltung gestellt werden, der von beiden Eheleuten unterstützt wird. Beide haben ein Interesse daran, dass sie sich nicht nur intern einigen können, sondern dass die neue Regelung auch im Außenverhältnis wirksam werden kann, weil nur dann auch der Vermieter an sie gebunden ist. Entsprechendes gilt, wenn die Parteien zwar Einigung darüber erzielen können, wer von ihnen die Wohnung weiter nutzen soll, aber der in der Wohnung bleibende Ehegatte nicht in das Mietverhältnis eintreten will, um keine Verpflichtungen aus dem Mietvertrag übernehmen zu müssen. Nur durch eine rechtsgestaltende Entscheidung nach § 5 HausratsVO kann der weichende Ehegatte in diesem Fall erreichen, dass er aus seinen Verpflichtungen aus dem Mietvertrag entlassen wird. Das gilt auch dann, wenn beide Ehegatten Mieter der Wohnung waren, weil es keinen materiellrechtlichen Anspruch auf Zustimmung zur Kündigung des Mietverhältnisses gibt (LG Flensburg FamRZ 1983, 1025; AG Berlin Charlottenburg FamRZ 1990, 532).

Das Gericht hat bei seiner Entscheidung zu beachten, dass seine Eingriffsbefugnisse durch das Verhältnismäßigkeitsprinzip begrenzt werden. *291* Das gilt bei den Entscheidungen nach § 5 HausratsVO umso mehr, als hier nicht nur die Rechtspositionen der Eheleute betroffen sind, sondern auch die des Vermieters. Eine gerichtliche Wohnungszuweisung ist nur dann überflüssig, wenn es zu einer Einigung aller Beteiligten gekommen ist. In diesem Fall erledigt sich das Verfahren in der Hauptsache. Solange aber auch nur einer der am Verfahren Beteiligten einer vertraglichen Neuregelung nicht zugestimmt hat, bedarf es einer gestaltenden Entscheidung, um den bisherigen Mietvertrag umzugestalten. Das gilt selbst dann, wenn der Vermieter und der ausziehende Ehegatte sich darauf einigen, dass der in der Wohnung bleibende Ehegatte das Mietverhältnis übernehmen soll. Solange dieser der Regelung nicht zustimmt, handelt es sich insoweit um einen Vertrag zu Lasten Dritter, der ihm gegenüber keine Wirkung entfalten kann. Das Gericht kann und muss deswegen noch eine Regelung über die Wohnung treffen, durch die dann erst das Mietverhältnis umgestaltet wird.

Wird dem Ehegatten die bisher eheliche Wohnung zugewiesen, der ohnehin alleiniger Mieter der Wohnung ist, bedarf es einer rechtsgestaltenden Entscheidung nicht. Es reicht, dass das Familiengericht ausspricht, dass er im Verhältnis zum anderen Ehegatten auch weiterhin berechtigt ist, die Ehewohnung zu nutzen. Das bisherige Mietverhältnis wird ohne Änderungen fortgesetzt. *292*

293   Das Gericht kann die Ehewohnung in Natur teilen (§ 6 HausratsVO, Rdnr. 255 ff.), wenn dafür die baulichen und rechtlichen Voraussetzungen vorliegen. Es begründet dann ein Mietverhältnis zu dem Ehegatten, der bislang nicht Mieter war und gestaltet das Mietverhältnis mit dem bisherigen Alleinmieter um oder es gestaltet das Mietverhältnis beider Ehegatten um, wenn diese zuvor beide Mieter waren.

294   Wird demjenigen Ehegatten die Wohnung zugewiesen, der bislang nicht ihr Mieter war, dann bewirkt die gerichtliche Zuweisung die Beendigung des Mietverhältnisses mit dem bisherigen Mieter und die Begründung eines neuen Mietverhältnisses mit dem anderen Ehegatten. Es wird also der eine Mieter gegen den anderen ausgetauscht. Weitere Änderungen des Mietvertrages, vor allem solche am Mietzins, der Laufzeit des Vertrages oder an den Vertragsbedingungen und der Hausordnung kommen nicht in Betracht. Das Gericht muss den vorhandenen Mietvertrag als gegeben annehmen, auch wenn es meint, dass einzelne Klauseln daraus unwirksam sind. Als einziges Gestaltungselement hat das Gericht noch die Befristung des Vertrages (BayObLG NJW 1957, 163). Insofern wird nicht weitergehend in die Rechte des Vermieters eingegriffen; denn ein befristeter Mietvertrag ist grundsätzlich ein minus gegenüber einem unbefristeten Vertrag. Erst wenn die Laufzeit übermäßig lang wird, wird der Vermieter durch die Befristung unangemessen benachteiligt, weil er während der Laufzeit des Vertrages gehindert ist, diesen zu kündigen. In der Regel wird die Laufzeit des Mietvertrages aber nicht so lang sein; denn eine Befristung kommt vornehmlich dann in Betracht, wenn dem anderen Ehegatten noch die Zeit gegeben werden soll, sich eine neue Wohnung zu suchen. Die dafür gesetzte Frist wird kürzer sein als die Frist, die der Vermieter einzuhalten hätte, wenn er das Mietverhältnis kündigte.

295   Die Umgestaltung des Mietverhältnisses bzw. die Neubegründung des Mietverhältnisses ist ein staatlicher Hoheitsakt gegenüber dem Vermieter (Staudinger/Weinreich, § 5 HausratsVO Rdnr. 12). Die Ermessensausübung des Gerichts bei der Zuweisung der Wohnung hat deswegen auch die Interessen des Vermieters zu berücksichtigen. Das Gericht darf nur eine Entscheidung erlassen, die geeignet ist, den Rechtsfrieden zwischen den Parteien wieder herzustellen und darf nur insoweit in die Rechte des Vermieters eingreifen, als es erforderlich ist, um diesen Zustand zu erreichen. Es darf deswegen keine Regelung der Rechtsverhältnisse an der Wohnung geben, die erkennbar die Interessen des Vermieters außer acht lässt. Seine Zustimmung ist zwar nur dann erforderlich, wenn der Anttrag auf Auseinandersetzung über die Ehewohnung erst später als ein Jahr nach Rechtskraft des Scheidungsurteils gestellt wurde

(§ 12 HausratsVO). Auch im übrigen ist aber das Einverständnis des Vermieters mit der Regelung dann nicht ohne Bedeutung, wenn er das Mietverhältnis kündigen könnte. Insoweit ist zwar als Kündigungsagrund auszuschließen, dass das Mietverhältnis so umgestaltet wird, dass nunmehr der andere Ehegatte sein Mieter ist. Trotzdem sind Fälle denkbar, in denen der Vermieter ein Kündigungsrecht hat, weil Eigenbedarf vorliegt oder er sonst an einer wirtschaftlichen Verwertung seines Hauses gehindert wäre oder weil es sich um ein selbstbewohntes Zwei- oder Dreifamilienhaus handelt, für das er keinen Kündigungsgrund braucht. Kündigt der Vermieter in diesen Fällen an, dass er eine gerichtliche Wohnungszuweisung an einen der Ehegatten nicht hinnehmen, sondern diese dann zum Anlass nehmen werde, das Mietverhältnis zu beenden, ist das ein erheblicher Faktor, der bei der Entscheidungsfindung mit einzubeziehen ist, weil sonst unter Umständen der durch die Entscheidung an sich begünstigten Seite aus dieser kein Vorteil erwachsen kann (vgl. auch KG FamRZ 1984, 1242).

Ein neues Mietverhältnis kann nach § 5 Abs. 2 HausratsVO begründet *296* werden, wenn das bisherige Mietverhältnis durch den mietenden Ehegatten bereits beendet wurde, wenn die bisherige Wohnung real geteilt wird (§ 6 HausratsVO, Rdnr. 255 ff.) und wenn die Wohnung bislang auf Grund eines anderen Nutzungsverhältnisses als eines Mietvertrags bewohnt wurde (z. B. Wohnrecht, auf Verwandtschaft beruhendes Nutzungsverhältnis).

Statt eines Mietverhältnisses kann das Familiengericht auch ein Nut- *297* zungsverhältnis anderer Art an der Wohnung begründen. Das kann ein unentgeltliches sein, aber auch eines, in dem der Nutzungsberechtigte eine Gegenleistung entrichtet, die aber ganz anders ausgestaltet sein kann als bei einem Mietverhältnis. Im Zweifel ist aber ein echtes Mietverhältnis vorzuziehen, weil nur dann der Schutz der §§ 53 ff. ZVG, 566 BGB eingreift (Rdnr. 277).

Das Gericht hat schließlich noch die Möglichkeit, eine allein zwischen *298* den Eheleuten wirkende Benutzungsregelung zu treffen. Gerade in den Fällen, in denen der Vermieter mit der Zuweisung der Wohnung an einen der Ehegatten nicht einverstanden ist, ohne seine Zustimmung aber keine extern wirkende Regelung getroffen werden kann, weil der Antrag auf Wohnungszuweisung erst später als ein Jahr nach Rechtskraft des Scheidungsurteils gestellt wurde (§ 12 HausratsVO) oder in denen eine Entscheidung gegen den Vermieterwillen nicht sinnvoll wäre, kann eine allein im Innenverhältnis der Eheleute wirkende Entscheidung geboten bzw. sinnvoll sein. Durch diese Entscheidung ändert sich im Außenverhältnis nichts. Der bisherige Mieter der Wohnung bleibt Mieter und ist dem Vermieter zur Mietzinszahlung verpflichtet. Allein intern wirkt dann die gerichtliche Regelung, die insoweit eine reine Benutzungsregelung bleibt.

299 Sofern das Gericht ein Mietverhältnis umgestaltet hat, gelten dafür die Bedingungen des bisherigen Mietverhältnisses weiter. Es handelt sich um eine Fortsetzung dieses Mietverhältnisses, nicht um ein neues, von dem vorausgegangenen unabhängiges Rechtsverhältnis. Das bedeutet vor allem, dass die Kündigungsfristen des Vermieters sich nach dem Beginn des ursprünglichen Mietverhältnisses bemessen. Der Inhalt, insbesondere auch die Höhe des Mietzinses, deckt sich mit dem des bisherigen Mietvertrages. Das gilt auch dann, wenn ein Mietverhältnis nach einer vorgängigen Beendigung des Mietverhältnisses durch den mietenden Ehegatten zugunsten des anderen rückwirkend neu begründet worden ist.

Wird ein Mietverhältnis neu begründet, dann muss das Gericht auch den Mietzins festsetzen sowie das Mietverhältnis ausgestalten. Dabei gelten die bereits dargestellten Grundsätze (Rdnr. 259 f.) entsprechend.

300 Als Nebenentscheidung zu der Umgestaltung oder Begründung des Mietverhältnisses kann das Gericht alle weiteren Anordnungen treffen, die zur Durchführung der Zuweisungsentscheidung erforderlich sind (§ 15 HausratsVO). Das können vor allem Räumungsanordnungen gegen den weichenden Ehegatten einschließlich der Festsetzung von Räumungsfristen sein (OLG Hamburg FamRZ 1983, 1151; OLG Stuttgart FamRZ 1980, 467). Diese Anordnungen sind zugleich Räumungstitel zugunsten des anderen Ehegatten (§ 16 HausratsVO). Der Vermieter dagegen kann sich nicht auf sie stützen, da er nicht Partei des Wohnungsverfahrens ist, sondern nur ein sonstiger Beteiligter. Will er erreichen, dass der Ehegatte, dem die Wohnung nicht zugewiesen ist, auszieht, muss er nach den allgemeinen Regeln einen Räumungstitel erwirken. Bestandteil des familienrechtlichen Wohnungsverfahrens ist das nicht mehr.

301 Schließlich kann das Gericht dem weichenden Ehegatten noch eine Ausgleichszahlung zusprechen, durch die dieser für den Verlust der Wohnung entschädigt werden soll bzw. durch die ihm die Kosten abgenommen werden sollen, die mit dem Wohnungswechsel verbunden sind. Es handelt sich nicht um eine Ausgleichszahlung für Hausrat, der in der Wohnung verbleibt. Dieser Streit richtet sich allein nach § 8 Abs. 2 HausratsVO. Die Regelungsbefugnis in bezug auf die Ausgleichszahlung wird allgemein aus der Gestaltungsbefugnis nach § 5 HausratsVO abgeleitet (BayObLG FamRZ 1965, 513; 1970, 30; OLG Hamm FamRZ 1988, 745;

OLG Karlsruhe FamRZ 1981, 1087, 1088; OLG Oldenburg FamRZ 1965, 277), obwohl das Gesetz nicht ausdrücklich von einer derartigen Befugnis spricht. Das ist auch unproblematisch, da § 2 HausratsVO eine allgemeine Billigkeitsentscheidung erlaubt. Der finanzielle Ausgleich dient dazu, noch verbleibende Billigkeitsdifferenzen auszugleichen. Er kommt vor allem dann in Betracht, wenn dem in der Wohnung verbleibenden Ehegatten noch erhebliche finanzielle Vorteile daraus erwachsen, dass der weichende Ehegatte dem Vermieter Zahlungen geleistet hat (Hauptfall: Kaution) oder dass er von Investitionen des weichenden Ehegatten in die Wohnung weiterhin in erheblichem Ausmaß profitiert (Hauptfall: vom weichenden Ehegatten installierte Einbauküche, die nicht ohne Zerstörung entfernt werden kann).

5.3.1.6 Wirksamwerden der Entscheidung

Für die Entscheidungen nach §§ 2 ff. HausratsVO gilt die allgemeine Regel des § 16 Abs. 1 FGG, dass sie mit der Bekanntmachung an denjenigen wirksam werden, für den sie ihrem Inhalt nach bestimmt sind, nur dann, wenn es sich nicht um eine Folgesache (vgl. § 623 ZPO) handelt. Ist die Wohnungssache dagegen als Folgesache geltend gemacht, tritt die Wirksamkeit der Entscheidung im Regelfall nicht vor derjenigen über den Scheidungsausspruch ein (§ 629d ZPO); denn die Entscheidung ist ja nur für den Fall der Scheidung gewollt (vgl. § 623 ZPO), so dass sie erst für diesen Zeitpunkt ihre Bedeutung erlangen soll. Dem entspricht es, dass die Folgesachen gegenstandslos werden, wenn die Scheidungssache abgewiesen wird und kein Antrag gestellt wird, die Sache als selbständige Familiensache weiterzuführen (§ 629 Abs. 3 ZPO, die Ausnahmen haben für den hier relevanten Bereich keine Bedeutung). *302*

Die Wirksamkeitssperre ist unabhängig davon, ob die Entscheidung über die Wohnung oder die Scheidung im Verbund oder nach einer Abtrennung des Verfahrens ergeht (§ 628 ZPO, in bezug auf Wohnungssachen extrem seltener Ausnahmefall). Die Folge tritt selbst dann ein, wenn die Entscheidung in der Wohnungssache schon unanfechtbar ist (z. B. weil die Rechtsmittelfrist abgelaufen ist). *303*

Die Rechtskraft des Scheidungsausspruchs tritt mit der Unanfechtbarkeit des Urteils ein, das diesen Ausspruch enthält, wenn also entweder seine Anfechtung unterblieben oder nicht rechtzeitig vorgenommen wurde sowie nach Rechtsmittelverzicht beider Ehegatten einschließlich des Verzichts auf Anschließung und Erweiterung nach § 629a Abs. 4 ZPO. In Betracht kommt bei Teilanfechtung des Scheidungsverbundurteils (ohne Anfechtung des Scheidungsausspruchs) auch, dass die Frist

des § 629a Abs. 3 ZPO oder die des § 629c S. 2 ZPO für die Anschließung und Erweiterung des Rechtsmittels auf den Scheidungsausspruch
abgelaufen sind. Ausnahmsweise kann die Rechtskraft auch durch den
Verzicht auf den Antrag nach § 629c S. 2 ZPO eintreten.

304   Die Wirksamkeitssperre hat zur Folge, dass nach dem Erlass des Urteils, selbst nach der Unanfechtbarkeit der Entscheidung in der Wohnungssache noch einstweilige Anordnungen (Rdnr. 462 ff.) ergehen können oder sogar ergehen müssen, wenn eine Regelung dringlich ist.

5.3.2 Die Zuweisung der lebenspartnerschaftlichen Wohnung

305   Die Zuweisung der lebenspartnerschaftlichen Wohnung richtet sich nach
§§ 17 und 18 LPartG, wobei aber § 18 Abs. 2 LPartG wiederum auf die
§§ 3–7 HausratsVO verweist. Sachliche Abweichungen zu der eben in bezug auf Eheleute dargestellten Rechtslage ergeben sich nicht. Im einzelnen gilt:

Es erfolgt grundsätzlich eine allgemeine Billigkeitsentscheidung (§ 17
S. 1 LPartG), wenn sich die Lebenspartner anlässlich der Aufhebung der
Lebenspartnerschaft nicht über die künftige Nutzung der lebenspartnerschaftlichen Wohnung einigen können. Dass das Gesetz hier als Anlass
der gerichtlichen Regelung ausschließlich auf die Aufhebung der Lebenspartnerschaft Bezug nimmt, dürfte ein sprachliches Versehen sein.
Der Gesetzgeber des Lebenspartnerschaftsgesetzes wollte eine Regelung
schaffen, die derjenigen, die für Eheleute bereits galt, vergleichbar ist.
Dabei hat er den häufigsten Anlass, aus dem das Wohnungsverfahren
stattfindet, die Scheidung, in den Wortlaut der Vorschrift mit seinem le-
benspartnerschaftsrechtlichen Äquivalent, der Aufhebung, aufgenommen. Dabei hat er allerdings übersehen, dass ein Wohnungsverfahren
immer in Betracht kommt, wenn die Partner um die dauerhafte weitere
Benutzung der Wohnung streiten. Dafür ist die Scheidung zwar der
Hauptfall. Wie die Regelung in § 12 HausratsVO aber deutlich zeigt,
kommt ein solches Verfahren selbst dann noch in Betracht, wenn das
Scheidungsverfahren längst rechtskräftig abgeschlossen ist. Dementsprechend ist § 17 S. 1 LPartG so auszulegen, dass es auf eine als endgültig
angestrebte Auseinandersetzung der lebenspartnerschaftlichen Wohnung ankommt. Wann dieser Streit geführt wird, ist gleichgültig. Es darf
sich nur nicht um einen Streit um eine vorläufige Benutzungsregelung
für die Zeit bis zur Aufhebung der Lebenspartnerschaft handeln. Für
diese Streitigkeiten gilt allein § 14 LPartG (Rdnr. 194).

306   §§ 17 f. LPartG ermöglichen eine im Außenverhältnis wirksame Rechtsgestaltung durch das Familiengericht. Deren Inhalt richtet sich zum einen

nach den Billigkeitskriterien, die aus den Personen der Lebenspartner, ihrer Beziehung zueinander und zu ihrer Umwelt resultieren, zum anderen aber auch nach den Rechtsverhältnissen, die an der Wohnung bestehen, um welche der Streit geführt wird. Insoweit bestehen letztlich trotz gewisser Differenzen im Wortlaut der Vorschriften keine Unterschiede zum Eherecht:

Für die Billigkeitsentscheidung fehlt die Hervorhebung der in § 2 HausratsVO genannten Gesichtspunkte (Wohl der Kinder und Erfordernisse des Gemeinschaftslebens). Das bedeutet aber nicht, dass diese Aspekte nicht in die Billigkeitsentscheidung eingehen dürften. Lediglich die besondere Betonung dieser Faktoren ist entfallen. Diese besondere Bedeutung ergibt sich aber letztlich bereits aus diesen Faktoren selbst. Das gesamte Familienrecht ist heute von dem Gedanken durchzogen, dass das Wohl von Kindern Vorrang vor den Individualinteressen der Eltern und der anderen Personen hat, mit denen Kinder in Kontrakt kommen. Das spricht dafür, diesen Aspekten auch im Rahmen der Entscheidung über die lebenspartnerschaftliche Wohnung hohe Bedeutung einzuräumen. Zwar sind die Kinder der Lebenspartner niemals gemeinschaftliche, weil die Lebenspartner auf biologischem Wege nicht Eltern werden können und die gemeinschaftliche Annahme von Kindern ihnen verwehrt ist. In vielen Fällen wird aber eine einseitige Annahme oder eine biologische Elternschaft allein aus dem Grund herbeigeführt, um quasigemeinschaftliche Kinder zu haben. Wenigstens aber haben die Kinder mit dem Willen beider Lebenspartner in der gemeinsamen Wohnung gelebt, so dass zumindest eine faktische Beziehung auch des anderen Lebenspartners zu ihnen besteht, die es rechtfertigt, ihre Interessen bei der Entscheidung über die Wohnung mit einzubeziehen.

307

Auch die fehlende Hervorhebung der Erfordernisse des Gemeinschaftslebens wird grundsätzlich nicht zu einer anderen Entscheidung führen, wenn man darunter die Anforderungen versteht, die von der Umwelt an die Partner gestellt werden, wie sie sich z. B. für beide aus ihrer Berufstätigkeit ergeben oder aus ehrenamtlichen Tätigkeiten, die eine Präsenz vor Ort erfordern. Diese Gesichtspunkte sind so wichtig, dass sie auch bei den Billigkeitsentscheidungen nach § 17 LPartG, bei denen ja alle Umstände des Einzelfalls zu berücksichtigen sind, den Ausschlag geben werden, obwohl kein besonderer Berücksichtigungsgrad vorgegeben ist.

Von den Rechtsverhältnissen, die bei der Zuweisung der Wohnung eine besondere Rolle spielen, nennt § 18 Abs. 2 LPartG nur das Eigentum und das Miteigentum, nicht aber die dinglichen Rechte, die nach § 3 Abs. 2 HausratsVO dem Eigentum und dem Miteigentum gleichstehen.

308

Aus der Verweisung in § 18 Abs. 3 LPartG, in der ausdrücklich die §§ 3–7 HausratsVO in Bezug genommen werden, ergibt sich aber, dass alles das, was zu Wohnungen von Ehepaaren gesagt worden ist (Rdnr. 255 ff.) auch hier anzuwenden ist. Es ist also danach zu differenzieren, ob die Wohnung im Alleineigentum (§ 3 Abs. 1 HausratsVO, Rdnr. 263 ff.) oder im gemeinschaftlichen Eigentum eines Lebenspartners mit einem Dritten (§ 3 Abs. 1 HausratsVO, Rdnr. 273) steht, ob sie gemeinschaftlich Eigentümer oder dinglich Nutzungsberechtigte sind (§ 6 HausratsVO, Rdnr. 274 ff.), ob einer der Lebenspartner allein oder gemeinsam mit einem Dritten dinglich nutzungsberechtigt ist (§ 3 Abs. 2 HausratsVO, Rdnr. 273), ob es sich um eine Werks- oder Dienstwohnung handelt (§ 4 HausratsVO, Rdnr. 279 ff.) oder ob die Eheleute zur Miete gewohnt haben (§ 5 HausratsVO, Rdnr. 286 ff.).

309   Die Regelungsbefugnis des Gerichts setzt voraus, dass zwischen den Parteien eine Lebenspartnerschaft besteht oder bestanden hat. In den Fällen, in denen eine Lebenspartnerschaft wegen des Vorliegens eines Partnerschaftsverbots oder sonstigen Begründungsmangels nicht zustande gekommen ist, vor allem in den Fällen einer ursprünglichen Scheinpartnerschaft, kommt eine Regelung nicht in Betracht (vgl. auch Rdnr. 194 ff.). Bei der Wohnung, über welche die Regelung ergehen soll, muss es sich noch im Zeitpunkt der Entscheidung um die lebenspartnerschaftliche Wohnung handeln, also um die zumindest ursprünglich von den Lebenspartnern gemeinsam genutzte Wohnung. Insoweit gilt das zu den Ehewohnungen Gesagte (Rdnr. 144) entsprechend.

310   Welche Regelung das Gericht jeweils treffen darf, richtet sich in erster Linie nach dem Grundsatz der Verhältnismäßigkeit. In die Billigkeitsentscheidung müssen alle Umstände des Einzelfalls eingehen (Fallgruppen wie Rdnr. 308). Die getroffene Entscheidung muss realisierbar sein, sie muss erforderlich sein, um die Belange des Lebenspartners zu wahren, dem die Wohnung zugewiesen wird, und sie darf nicht übermäßig in die Rechte des anderen eingreifen. In Betracht kommen nur schuldrechtliche Regelungen, nicht die dingliche Umgestaltung von Rechtsverhältnissen.

311   Das Gericht kann die Rechtsverhältnisse der Lebenspartner nicht nur intern, sondern auch mit Außenwirkung gestalten und dabei in die Rechte von Dritten eingreifen, vor allem von Vermietern und Arbeitgebern, sofern sie ihren Arbeitnehmern Werkswohnungen zur Nutzung überlassen haben. Im Lebenspartnerschaftsgesetz fehlt eine Regelung wie § 12 HausratsVO, durch die die Umgestaltung des Mietverhältnisses an die Zustimmung des Vermieters gebunden wird, wenn sie später als ein Jahr nach der Rechtskraft der Scheidung erfolgen soll. Auch auf § 12 HausratVO ist nicht explizit verwiesen. Das mag daran liegen, dass der

Gesetzgeber des Lebenspartnerschaftsgesetzes geglaubt hat, zu einer Regelung der Rechtsverhältnisse an lebenspartnerschaftlichen Wohnungen werde es immer im unmittelbaren Zusammmenhang mit der Aufhebung der Lebenspartnerschaft kommen. Es besteht aber kein Grund, den Vermieter bei einer Entscheidung über eine lebenspartnerschaftliche Wohnung schlechter zu behandeln als bei einem Streit über eine eheliche Wohnung. Dass er überhaupt eine Rechtsgestaltung im Interesse von Dritten hinnehmen muss, ist Ausdruck der Sozialbindung seines Eigentums und bedarf immer einer besonderen Rechtfertigung. An dieser fehlt es, wenn die Lebenspartner nach der Aufhebung ihrer Lebenspartnerschaft noch unverhältnismäßig lange zuwarten, bis sie die weitere Nutzung der Wohnung gerichtlich klären lassen. Auch im Bereich der Lebenspartnerschaft ist deswegen die Umgestaltung oder Neubegründung eines Mietverhältnisses an die Zustimmung des Vermieters gebunden, wenn sie später als ein Jahr nach der Rechtskraft des Aufhebungsurteils erfolgen soll.

Die Entscheidung über die Wohnung besteht – wie bei Eheleuten – zunächst in einer Zuweisung der Wohnung selbst. Wie diese auszusehen hat, wird wesentlich durch die Art der Rechtsverhältnisse bestimmt, welche an der Wohnung bestehen (Rdnr. 255 ff.). Die Wohnungszuweisung kann mit einem Räumungstitel gegen den weichenden Lebenspartner verbunden werden, aus dem dann die Zwangsvollstreckung betrieben werden kann. Sofern durch die Zuweisung in die Rechte eines der Lebenspartner oder eines Dritten eingegriffen wird, kommt die Begründung oder Umgestaltung von Mietverhältnissen in Betracht. In diesen Fällen kann das Gericht auch Mietzahlungen festsetzen (§ 18 Abs. 2 LPartG). Ausgleichszahlungen anderer Art für den weichenden Lebenspartner dürfen dagegen nur ausnahmsweise festgesetzt werden. Es gelten dieselben Grundsätze wie bei Eheleuten. *312*

Die bisherige lebenspartnerschaftliche Wohnung kann real geteilt werden, wenn das möglich und zweckmäßig ist (Rdnr. 243 ff.), es kann zur Umgestaltung eines mit einem Dritten bestehenden Mietverhältnis in der Weise kommen, dass ein bisher von den Lebenspartnern gemeinsam geführtes Mietverhältnis von einem von ihnen weitergeführt wird oder dass ein von einem Lebenspartner eingegangenes Mietverhältnis von ihm selbst oder dem anderen Lebenspartner fortgesetzt wird. Außerdem kann das Gericht anordnen, dass ein Mietverhältnis zum anderen Lebenspartner begründet wird, wenn dieser Allein- oder Miteigentümer der Wohnung ist. Die jeweiligen Voraussetzungen entsprechen denen im Eherecht, sie richten sich danach, welche Rechtsverhältnisse zuvor an der Wohnung bestanden (Rdnr. 255 ff.).

6. Die gerichtliche Verteilung von Hausrat

Neben der Wohnung bilden die Gegenstände, die von den Ehegatten *313* und Lebenspartnern in der Zeit ihres Zusammenlebens gemeinsam genutzt worden sind (zum genauen Begriff des Hausrats Rdnr. 314 ff.) den wichtigsten Streitpunkt, wenn die Partner sich trennen und ihre Beziehung endgültig lösen. Der Gesetzgeber hat wie bei der Wohnung auch insoweit unterschiedliche Instrumentarien dafür vorgesehen, ob es sich um eine Regelung bei bestehender Ehe oder Lebenspartnerschaft für die Zeit des Getrenntlebens handelt (dazu Rdnr. 326 ff.) oder ob eine endgültige Auseinandersetzung im Rahmen der Scheidung oder Aufhebung oder danach begehrt wird (dazu Rdnr. 346 ff.).

Wie bei der Regelung über die Wohnung auch ist der maßgebliche Gedanke, der hinter dieser Unterscheidung steht, der, dass während der Trennung noch keine Regelungen getroffen werden sollen, durch die eine Versöhnung erschwert wird. Es kommt deswegen nur eine Benutzungsregelung in Betracht, nicht aber eine endgültige Zuweisungsregelung, durch welche auch die Eigentumsverhältnisse an den Hausratsgegenständen berührt werden. Das ist erst bei der endgültigen Auseinandersetzung möglich.

Für Eheleute und Lebenspartner gelten wie bei der Wohnungsregelung unterschiedliche Rechtsgrundlagen: § 1361a BGB für die vorläufige Benutzungsregelung an Hausrat unter Eheleuten (Rdnr. 327 ff.), §§ 1, 8 ff. HausratsVO für die endgültige Verteilung des Hausrats (Rdnr. 347 ff.) unter ihnen. Für Lebenspartner richtet sich die vorläufige Benutzungsregelung an Hausrat dagegen nach § 13 LPartG (Rdnr. 345), die endgültige Verteilung nach §§ 17, 19 LPartG (Rdnr. 385). Die Regelungen für Eheleute und Lebenspartner sind weitgehend deckungsgleich. Dem schon bislang angewendeten Prinzip folgend werden deswegen jeweils die Regelungen für Ehegatten ausführlich erläutert, um dann für Lebenspartner noch auf die Ergänzungen und Sonderprobleme hinzuweisen, die sich aus der teilweise anderen Fassung der einschlägigen Regelungen ergeben können.

Regelungen in bezug auf Hausrat von nicht miteinander verheirateten oder verpartnerten Personen richten sich allein nach den allgemeinen Regeln (Rdnr. 496).

6.1 Der Begriff des Hausrats

314   Der Begriff des Hausrats ist in allen Regelungen, die sich mit Benut-
zungs- oder Verteilungsgrundsätzen befassen, in einem einheitlichen
Sinn auszulegen. Es kann daher eine gemeinsame Klärung vorgenommen werden.

6.1.1 Grundlagen

Bei der Ermittlung dessen, was unter Hausrat zu verstehen ist, ist eine
funktionale Betrachtung angebracht. Aus der objektiven Beschaffenheit
eines Gegenstandes kann dagegen weder abgeleitet werden, dass es sich
zwingend um einen Hausratsgegenstand handelt noch dass das nicht der
Fall ist. Die einzige Ausnahme bilden insoweit unbewegliche Sachen:
Grundstücke und diesen gleichstehende Rechte können niemals Hausrat
sein. Eine Benutzungsregelung an ihnen oder eine Zuweisung an einen
der Ehegatten bzw. Lebenspartner kommt immer nur dann in Betracht,
wenn es sich um die eheliche oder lebenspartnerschaftliche Wohnung
handelt. Einschlägig sind dann allein die Vorschriften über Wohnungen,
also § 1361b BGB für eine vorläufige Benutzungsregelung unter Ehegatten (Rdnr. 144 ff.), § 14 LPartG (Rdnr. 194 ff.) für eine solche unter Lebenspartnern. Eine endgültige Regelung unter Ehegatten richtet sich
nach §§ 2 ff. HausratsVO (Rdnr. 237 ff.), eine unter Lebenspartnern
nach §§ 17 f. LPartG (Rdnr. 305 ff.). Regelungen über Grundstücke kommen außerdem bei Gewaltanwendung oder Bedrohung in Betracht (§ 2
GewSchG, Rdnr. 197 ff.).

315   Hausratsgegenstände sind bewegliche Sachen und Rechte, die der gemeinsamen Lebensführung der Ehegatten bzw. Lebenspartner gedient
haben oder zumindest dazu bestimmt waren, im gemeinsamen Leben benutzt zu werden. Dazu ist es nicht unbedingt erforderlich, dass der Gegenstand von beiden Partnern gebraucht worden ist. Es reicht, dass der
Zweck der Nutzung eine war, die beiden zugute kommen sollte, auch
wenn die tatsächliche Handhabung nur durch einen der Partner erfolgte
(z. B. bestimmte Werkzeuge, Gartengeräte usw., die nach der im Haushalt praktizierten Rollenverteilung nur von einem der Partner bedient
wurden, während der daraus abgeleitete Erfolg beiden zugute kam). Insgesamt ist eine großzügige Betrachtung angebracht, da grundsätzlich in
einem Haushalt vorhandene Gegenstände von allen dort lebenden Personen genutzt werden, sofern es sich nicht um solche handelt, die erkennbar nur zur ausschließlichen persönlichen Benutzung durch einen
der Partner bestimmt sind.

Für die Einordnung eines Hausratsgegenstandes unerheblich sind die   *316*
Eigentumsverhältnisse an ihm. Diese erlangen nur Bedeutung für die
Frage, wem der Gegenstand zur Benutzung oder endgültig zuzuweisen
ist (Rdnr. 366 ff.). Die Hausratsgegenstände können also beiden Ehegatten oder Lebenspartnern gemeinsam, einem von ihnen allein oder
zusammen mit Dritten oder sogar Dritten gehören. Zumindest im letzt-
genannten Fall kommt aber eine gerichtliche Zuweisung des Hausratsgegenstandes nur in Betracht, wenn auf seiten der Ehegatten oder Lebenspartner ein Nutzungsrecht oder Anwartschaftsrecht besteht, das
dann seinerseits als zum Hausrat gehörig eingestuft werden kann. Zum
Hausrat gehören deswegen auch unter Eigentumsvorbehalt erworbene
Gegenstände, auch wenn der Kaufpreis noch nicht vollständig gezahlt
ist oder Gegenstände, die sicherungsübereignet sind (OLG Bamberg
OLGR 1998, 203). Selbst gemietete oder geleaste Gegenstände können
Hausrat sein, sofern sie die weiteren Voraussetzungen erfüllen (OLG
Oldenburg OLGR 1996, 139).

Wie die gerade genannten Beispiele zeigen, ist in diesen Fällen der Gegenstand, der vom gerichtlichen Hausratsverfahren betroffen ist, nicht die
Sache selbst, sondern das Recht, aus dem die Nutzung für den gemeinsamen Haushalt abgeleitet wird. In Betracht kommen aber auch Rechte
auf Schadensersatz, die aus der Zerstörung von Hausratsgegenständen
entstanden sind. Der Ersatzanspruch tritt insoweit an die Stelle des Gegenstandes, der im ehelichen oder lebenspartnerschatlichen Haushalt genutzt wurde. Das gilt aber nur, soweit es sich um Ersatzansprüche gegen
Dritte handelt. Insoweit kommen auch Versicherungsansprüche in Betracht. Ist dagegen der Hausratsgegenstand von einem der Ehegatten
oder Lebenspartner zerstört worden oder ergibt sich ein Ersatzanspruch
der Ehegatten oder Lebenspartner untereinander daraus, dass der Hausratsgegenstand veräußert wurde, dann ist kein Surrogat mehr vorhanden,
das noch verteilt werden könnte. Die Ersatzansprüche der Partner untereinander müssen vor dem Prozessgericht durchgesetzt werden; denn sie
betreffen keine Familiensache, weil sie in den Katalog des § 621 ZPO
(bzw. des § 661 ZPO) nicht eingeordnet werden können. Das Familiengericht ist deswegen gehindert, diesen Ersatzanspruch einem der Ehegatten oder Lebenspartner zuzuweisen. Mit seiner Weggabe oder Zerstörung
ist der Hausrat insofern endgültig geschmälert worden, und die Ehegatten
bzw. Lebenspartner müssen sich auf anderem Wege ausgleichen.

Ausgeschlossen von der Einordnung als Hausratsgegenstände sind sol-   *317*
che persönlichen Gegenstände, die nach ihrer Eigenart nur für einen der
Ehegatten bzw. Lebenspartner bestimmt sein können. Hierher gehören
vor allem Kleidung, persönliche Unterlagen (Fotos, Zeugnisse, Versiche-

rungs- und Rentenunterlagen), Schmuck sowie Sammlungsgegenstände, die einer Sammlung zuzuordnen sind, die ausschließlich von einem der Ehegatten bzw. Lebenspartner gepflegt wird. Bei Sammlungsgegenständen gilt das aber nur, wenn es sich nicht um solche handelt, die auch allgemein von den Eheleuten bzw. Lebenspartnern in ihrer Wohnung genutzt wurden, wie es gerade bei Möbeln, Bildern, Skulpturen und ähnlichem der Fall sein kann.

318   Einem Beruf zuzuordnende Gegenstände (z. B. Werkzeuge, Fachbücher, Berufskleidung) sind persönliche Gegenstände des Ehegatten oder Lebenspartners und damit kein Hausrat. Ob das auch auf den PC zutrifft, ist jeweils nach den Umständen des Einzelfalls zu beurteilen. Zu hart wäre es, insofern steuerliche Kriterien anzulegen, weil damit nahezu jede private Verwendung ausgeschlossen wäre. Richtigerweise ist darauf abzustellen, ob der Computer überhaupt für Belange der Lebensgemeinschaft bzw. der Familie eingesetzt worden ist. Ist das nicht der Fall, weil der Computer ausschließlich zu beruflichen Zwecken genutzt wurde oder weil er ausschließlich der persönlichen Freizeitbestätigung eines der Ehegatten oder Lebenspartner diente, dann handelt es sich bei dem Gerät nicht um Hausrat.

319   Auch ein Pkw kann zu den persönlichen Gegenständen gehören. Voraussetzung dafür ist, dass noch mindestens ein weiteres Fahrzeug vorhanden ist, mit dem die Angelegenheiten der Familie bzw. der Lebensgemeinschaft besorgt werden können, dass der Pkw ausschließlich oder nahezu ausschließlich von demjenigen Ehegatten oder Lebenspartner gefahren wurde, der ihn nun als persönlichen Gegenstand reklamiert.

320   Ebenfalls keine Hausratsgegenstände sind Wertgegenstände, die allein zur Vermögensanlage dienen. Derartige Werte sind allein güterrechtlich auszugleichen. Allerdings ist es im Einzelfall oft sehr schwer festzustellen, welche Gegenstände von Wert allein zur Geldanlage dienen sollten. Während das bei Goldbarren und Münzen noch relativ leicht ist, sind viele Gegenstände, die vornehmlich zur Geldanlage gekauft zu werden pflegen, auch praktisch verwendbar und werden im Regelfall auch zu diesem Zweck verwendet. In diesen Fällen wird aus dem Anlagegegenstand ein echter Hausratsgegenstand. In Betracht kommt das vor allem bei Bildern oder Skulpturen, die zur Ausschmückung der gemeinschaftlichen Wohnung bestimmt waren, bei antiken Möbeln oder Teppichen, die bestimmungsgemäß genutzt wurden, bei Silber oder Porzellan, das im Haushalt der Ehegatten oder Lebenspartner verwendet wurde, obwohl sein Anschaffungszweck darin lag, Vermögen anzulegen. Letztlich kann die bestimmungsgemäße Verwendung bei allen Gegenständen dieser Art unterstellt werden, die nicht eingelagert waren. Vor allem bei Kunstwer-

ken ist eine andere Abgrenzung kaum denkbar, weil jedes Kunstwerk den Raum, in dem es aufgestellt ist, auch schmückt und damit einen Zweck im Zusammenhang mit der ehelichen oder lebenspartnerschaftlichen Lebensgemeinschaft erfüllt.

In zeitlicher Hinsicht ist für die Einordnung als Hausrat erforderlich, *321* dass der Gegenstand bereits vor der Trennung der Eheleute oder Lebenspartner angeschafft war; denn sonst kann es sich nicht um einen Gegenstand des ehelichen oder des lebenspartnerschaftlichen Haushalts handeln, weil dieser Haushalt nicht mehr bestand, als der Gegenstand erworben wurde. Nicht zugewiesen werden können deswegen auch alle Gegenstände, die die Ehepartner oder Lebenspartner sich erst im Hinblick auf ihre Trennung angeschafft haben (BGHZ 89, 137, 145; Schwab FamRZ 1984, 430). Diese sind nicht für den gemeinsamen Haushalt bestimmt; es wäre geradezu widersinnig, einen Gegenstand, den ein Ehegatte oder Lebenspartner gerade im Hinblick auf die beabsichtigte Trennung erwirbt, ihm wieder wegzunehmen, weil der andere Partner diesen Gegenstand dringender benötigt, weil dieser den Gegenstand während des Zusammenlebens ohnehin nicht hat nutzen können.

Zweifelhaft ist aber die andere zeitliche Grenze. Unproblematisch ist, *322* dass als Hausrat jedenfalls diejenigen Gegenstände anzusehen sind, die von den Ehegatten oder Lebenspartnern während der Ehe bzw. Lebenspartnerschaft angeschafft wurden. Diese Gegenstände standen den Ehegatten bzw. Lebenspartnern in der Zeit ihres Zusammenlebens zur Verfügung, und allein ihre tatsächliche Bestimmung und Nutzung entscheidet darüber, ob es sich um Hausrat handelt oder nicht. Nicht ganz so klar erscheint die Lage, wenn die Gegenstände bereits vor der Ehe oder Lebenspartnerschaft erworben wurden. Teilweise wird insoweit angenommen, solche Gegenstände seien persönlich und könnten deswegen nicht in Hausratsverfahren zur Benutzung zugewiesen oder verteilt werden (FA-FamR/Klein, Rdnr. 8–181 mit Hinweis auf BGHZ 89, 137, 145). Vor allem die Aussteuer fällt bei dieser Betrachtung vollkommen aus dem Anwendungsbereich des Hausratsverfahrens heraus. Zwar nimmt die Bedeutung von Ausstattungen immer mehr ab, aber es erscheint weder mit dem Gesetzeswortlaut der verschiedenen Hausratsregelungen noch dem Zweck des Gesetzes vereinbar, Gegenstände, die haushaltstauglich sind und dort auch benutzt wurden, nur deswegen aus dem Anwendungsbereich des Hausratsverfahrens auszunehmen, weil sie vor der Eheschließung oder Eingehung der Lebenspartnerschaft bereits angeschafft waren. Gerade die Verteilungsregeln zeigen, dass die Eigentumsverhältnisse für die Beurtelung der Frage, ob es sich um Hausrat handelt, irrelevant sind. Die Lösung, vorehelich angeschaffte Gegenstände nicht als Hausrat einzustufen, ist umso merkwürdiger, weil nach der Gegenansicht voreheliche Anschaffungen dann einbezogen werden, wenn sie erst nach der Eheschließung bezahlt werden oder wenn die Gegenstände bei gemeinsamem Zusammenleben im Hinblick auf die Eheschließung gemeinsam erworben wurden (FA-FamR/Klein, Rdnr. 8–181). Auf diese Weise kann es zu kaum nachvollziehbaren, vom Zufall abhängenden unterschiedlichen Entscheidungen kommen. Es sollte deswegen der Grundregel folgend jeder Gegenstand, der im gemeinsamen Haushalt der Ehegatten oder Lebenspartner benutzt werden sollte und auch benutzt wurde, als Hausratsgegenstand eingeordnet werden, gleichgültig wem er gehört und wann er angeschafft wurde.

6.1.2 Einzelfragen

323 Bei der Entscheidung von Streitigkeiten über Hausrat stellen sich vielfältige Einzelfragen. Im folgenden soll daher in lexikalischer Form auf wichtige Einzelfälle in alphabetischer Reihenfolge eingegangen werden.

Antiquitäten sind dann Hausrat, wenn sie nicht nur zur Geldanlage angeschafft wurden, sondern auch tatsächlich im Haushalt genutzt werden. Bei Bildern, die an der Wand hängen oder Möbeln und Teppichen, die in einer zweckentsprechenden Weise aufgestellt sind, ist das immer der Fall.

Bücher sind dann Hausrat, wenn sie zu dem von beiden genutzten Bestand gehören. Solche Bücher, die eindeutig nur einem Partner zuzuordnen sind, vor allem beruflich genutzte Fachbücher oder Bücher aus Sammlungen, sind kein Hausrat.

Computer sind grundsätzlich nur dann Hausrat, wenn sie überwiegend für die Mitglieder der Gemeinschaft genutzt werden. Das ist dann der Fall, wenn ein „Familiencomputer" zum Surfen im Internet von mehreren Familienangehörigen genutzt wird, wenn er schulischen Zwecken dient oder auf ihm die den Haushalt betreffende Korrespondenz und ähnliches zu erledigt werden pflegt. Eine untergeordnete berufliche Nutzung durch einen der Ehegatten bzw. Lebenspartner schadet der Qualifikation als Hausratsgegenstand nicht. Umgekehrt sind solche Computer, die von einem Partner ausschließlich zu beruflichen Zwecken genutzt werden oder die er ausschließlich selbst nutzt, keine Hausratsgegenstände, sondern solche persönlicher Art.

Einbauküchen und andere **Einbaumöbel** sind nur dann Hausrat, wenn es sich um Normteile handelt, die ohne großen Kostenaufwand ausgebaut und weiterverwendet werden können. Ist das nicht der Fall, werden die eingebauten Möbel zu wesentlichen Bestandteilen des Grundstücks, in das sie eingefügt sind (§ 94 Abs. 2 BGB), es sei denn, es handelt sich um bloße Scheinbestandteile, die nur vorübergehend in das Haus eingefügt sind. Das wird man allerdings bei Bestandteilen, die nicht ohne ihre Zerstörung wieder entfernt werden können, nicht annehmen können. Sofern Einbaumöbel als wesentliche Bestandteile des Hauses und damit des Grundstücks anzusehen sind, werden sie durch die Zuweisung der Wohnung mit übertragen.

Elektrogeräte sind grundsätzlich Hausrat, wenn sie dem gemeinsamen Leben dienen sollten. Das kann bei allen Geräten angenommen werden, die nicht so speziell sind, dass sie nur von einem der Ehegatten oder Lebenspartner genutzt werden können oder wegen ihrer Eigenart genutzt werden (z. B. Funkgeräte, Elektrowerkzeuge). Bei Einbaugeräten handelt es sich nur dann um Hausrat, wenn es sich um Normteile handelt, die ohne großen Kostenaufwand ausgebaut und weiterverwendet werden können (Palandt/Brudermüller, § 1361a BGB Rdnr. 6), also bei Lampen, Lüftern, Herden usw. Allerdings ist insofern wie bei Einbaumöbeln zu beachten, ob es sich bei den Gegenständen um wesentliche Bestandteile des Hausgrundstücks handelt (eindeutig bei Steckdosen, Lichtschaltern, Sicherungen usw.). Insoweit sind insbesondere in bezug auf Küchenherde starke regionale Unterschiede in der Betrachtung festzustellen. In Norddeutschland werden diese anscheinend als Bestandteile der Wohnung angesehen.

Für **Kunstwerke** gilt das zu Antiquitäten Gesagte entsprechend.

Möbel sind grundsätzlich als Hausrat einzustufen, auch wenn es sich um Antiquitäten oder ähnliches handelt, die auch zur Wertanlage angeschafft wurden. Erst wenn kein Nutzungszweck im Haushalt der Eheleute oder Lebenspartner erkennbar ist, sind die Möbel nicht mehr als Hausrat anzusehen, und ist ihr Wert ist rein güterrechtlich auszugleichen, falls ein derartiger Ausgleich stattfindet. Das kommt etwa dann in Betracht, wenn ererbte oder als Wertanlage angeschaffte Möbel nie genutzt, sondern immer nur eingelagert oder in einem Abstellraum untergebracht waren.

Musikinstrumente sind nur dann Hausrat, wenn sie von mehr als einem Familienmitglied benutzt werden. Im übrigen handelt es sich um private Gegenstände dessen, der sie spielt.

Ein **Pkw** ist dann Hausratsgegenstand, wenn er im wesentlichen dafür bestimmt ist, der Haushaltsführung zu dienen und auch so genutzt worden ist. Die Bestimmung des Fahrzeugs kann sich aus einer ausdrücklichen Vereinbarung der Eheleute oder Lebenspartner ergeben. Das wird allerdings nur selten der Fall sein. Häufiger ist es, dass die Widmung des

Fahrzeugs stillschweigend erfolgt und sich in der Benutzung selbst mani-
festiert. Insofern ist es zu eng, wenn gesagt wird, der tatsächlichen Benutzung komme keine Bedeutung zu (FA-FamR/Klein, Rdnr. 8–183).
Vielmehr ist die Art der tatsächlichen Benutzung Indiz dafür, was die
Eheleute oder Lebenspartner in bezug auf die Nutzung vereinbart haben. Es kann daher angenommen werden, dass der Wagen Hausrat ist,
wenn er im wesentlichen für Einkäufe, zur Beförderung der Kinder, für
gemeinsame Wochenendausflüge oder Urlaubsfahrten genutzt worden
ist (BGH FamRZ 1983, 794; OLG Hamm FamRZ 1990, 54; OLG Köln
FamRZ 1980, 249; OLG Oldenburg FamRZ 1997, 942). Eine Einordnung als Hausratsgegenstand scheidet dagegen aus, wenn der Pkw im wesentlichen nur von einem der Ehegatten oder Lebenspartner genutzt
worden ist (MünchKomm-BGB/Wacke, § 1361a BGB Rdnr. 4). Damit
wird in den meisten Fällen, in denen ein Wagen für den Weg eines Partners zur Arbeitsstätte genutzt wird, eine Einordnung als Hausratsgegenstand ausscheiden, weil es an der notwendigen Intensität der Nutzung für
Gemeinschaftsbelange fehlt. Das ist wiederum ganz anders, wenn der
Pkw dazu benutzt wird, beide Ehegatten oder Partner zur Arbeitsstelle
zu bringen (z. B. Fahrgemeinschaft).

Gegenstände aus **Sammlungen** (Briefmarkensammlungen, Münz-
sammlungen, Graphiksammlungen usw.) sind grundsätzlich kein Hausrat. Etwas anderes gilt nur dann, wenn Gegenstände aus einer Sammlung
doppelt genutzt werden: zum einen als Bestandteile der Sammlung, zum
anderen als Gegenstände zur Ausschmückung oder sonstigen Nutzung in
der Wohnung der Eheleute oder Lebenspartner. Insofern gilt dann das
zu Antiquitäten Gesagte entsprechend.

Für **Teppiche** gilt das zu Möbeln Gesagte entsprechend.

Tiere sind keine Sachen (§ 90a BGB), werden aber im Rechtsverkehr
wie solche behandelt, sofern keine Bestimmungen des Tierschutzes entgegenstehen. Tiere können deswegen als Hausrat behandelt und nach
HausratsVO oder LPartG zugeteilt werden (OLG Schleswig NJW 1998,
3127; OLG Zweibrücken FamRZ 1998, 1432). Allerdings sind bei der
Verteilung und auch bei schlichten Benutzungsregeln die Bedürfnisse
des Tieres mit zu berücksichtigen; vor allem ist darauf zu achten, welcher
Partner eine stärkere emotionale Bindung an das Tier hat (und umgekehrt). Auch insoweit wird man rein persönliche Tiere aus dem Anwendungsbereich des Hausratsverfahrens ausnehmen müssen: Wenn ein Tier
erkennbar nur von einem Partner angeschafft, unterhalten und betreut
worden ist (OLG Naumburg FamRZ 2001, 481: Reitpferd), dann kann
es sich bei diesem Tier um einen persönlichen Gegenstand dieses Partners handeln, auch wenn das Zusammenleben mit einem Tier das Leben

der Gemeinschaft in hohem Maße beeinflusst hat. Hierher gehören nicht nur Blindenhunde, sondern auch Tiere, die ohne derartige Bedarfslage gehalten werden. Die Grenzziehung kann in diesen Fällen aber sehr schwierig sein. Im übrigen gelten auch in bezug auf Tiere die Grenzziehungen in bezug auf berufliche Nutzung: Beruflich (z. B. landwirtschaftlich oder artistisch) genutzte Tiere sind kein Hausrat und können im Hausratsverfahren nicht verteilt werden (OLG Naumburg OLGR 2000, 156). Zu beachten ist, dass eine Zuweisung des Tieres an den einen Ehegatten oder Lebenspartner bei dessen Kooperationsunwilligkeit regelmäßig dazu führt, dass der andere Ehegatte oder Lebenspartner von dem Kontakt zu dem Tier ganz ausgeschlossen wird; denn eine Umgangsregelung oder ähnliches, wie sie bei Kindern in Betracht kommt (§§ 1684 f. BGB), gibt es bei Tieren nicht (OLG Schleswig NJW 1998, 3127; Palandt/Brudermüller, § 1361a BGB Rdnr. 10; FA-FamR/Klein, Rdnr. 8– 169). Insofern fehlt es für eine Analogie jedenfalls an einer vergleichbaren Interessenlage; denn für die Kinder besteht eine Verantwortung der Umgangsberechtigten, wenn es sich um eigene Kinder handelt, und im übrigen ist das Umgangsrecht allein im Interesse des Kindes angeordnet; es darf nur dann angeordnet werden, wenn der Umgang das Wohl des Kindes fördert (§ 1685 BGB, vgl. HK-BGB/Kemper, § 1685 BGB Rdnr. 3). Tiere sind aber in ihrer Wertigkeit mit derjenigen von Kindern nicht im entferntesten zu vergleichen.

Vorräte an Nahrung oder Heizmitteln sind als Hausrat zu behandeln (Palandt/Brudermüller, § 1361a BGB Rdnr. 7; MünchKomm-BGB/Wacke, § 1361a BGB Rdnr. 4; a. A. Qualmbusch FamRZ 1989, 691).

Wäsche ist Hausrat, soweit es sich um solche handelt, die von den Ehegatten oder Lebenspartnern gemeinsam genutzt zu werden pflegt, wie Tischwäsche, Bettwäsche, Handtücher und ähnliches. Kleidung ist dagegen grundsätzlich als persönlicher Gegenstand einzuordnen. Insofern können sich allenfalls bei Lebenspartnern Gesichtspunkte ergeben, die eine andere Beurteilung rechtfertigen.

Wohnwagen und Wohnmobile unterliegen denselben Regeln wie Pkws. Im Regelfall sind sie Hausrat, weil ihr Zweck darin besteht, der ganzen Familie als Unterkunft während des gemeinsamen Urlaubs zu dienen (OLG Hamm MDR 1999, 615; OLG Koblenz FamRZ 1994, 1255; OLG Köln FamRZ 1992, 696; anders aber OLG Düsseldorf FamRZ 1992, 60). Umgekehrt scheidet eine Benutzungsregelung oder Verteilung aus, wenn feststeht, dass das Wohnmobil immer nur von einem der Ehegatten oder Lebenspartner für sich allein genutzt wurde (z. B für den Besuch von Treffen mit Freunden oder Anhängern desselben Sports usw.). Fest installierte Wohnwagen können eine Ehe- oder lebenspartnerschaftliche Wohnung und deswegen im Wohnungsverfahren zu verteilen sein.

6.2 Hausratsverfahren und Auskunftsklage

324   Problematisch ist, wie ein Ehegatte oder Lebenspartner erreichen kann, Kenntnis davon zu erhalten, welche Hausratsgegenstände sich zum Zeitpunkt des Streits noch im Besitz des anderen Ehegatten bzw. Lebenspartners befinden, um klären zu können, auf welche Gegenstände er im Hausratsverfahren Anspruch erheben soll.

Nicht einschlägig ist insoweit regelmäßig § 1379 BGB (auf den § 6 Abs. 2 S. 4 LPartG auch für Lebenspartner verweist); denn dieser Anspruch bezieht sich nur auf die Vermögensgegenstände, die in den Zugewinnausgleich einzubeziehen sind (HK-BGB/Kemper, § 1379 BGB Rdnr. 4). Dazu gehören Hausratsgegenstände aber nach der hier vertretenen Auffassung nur ausnahmsweise dann, wenn sie Alleineigentum eines Ehegatten oder Lebenspartners sind (Rdnr. 21). Nach der wohl herrschenden Auffassung sind Hausratsgegenstände nie Gegenstand des Zugewinnausgleichs; nach dieser Ansicht kann § 1379 BGB deswegen nie zur Grundlage eines Auskunftsanspruchs werden.

Soweit § 1379 BGB überhaupt herangezogen werden kann, ist zu berücksichtigen, dass der Anspruch insofern auf die zum Bewertungszeitpunkt vorhandenen Gegenstände beschränkt ist. Die Norm gibt dagegen keine Grundlage für eine Auskunft über nicht mehr vorhandene Gegenstände, vor allem nicht darüber, wo diese Gegenstände verblieben sind (HK-BGB/Kemper, § 1379 BGB Rdnr. 4).

325   Ein Auskunftsanspruch kann sich daher nur nach den allgemeinen Grundsätzen aus § 242 BGB ergeben (KG FamRZ 1982, 68; OLG Düsseldorf FamRZ 1987, 81; OLG Frankfurt FamRZ 1988, 645; OLG Zweibrücken FamRZ 1995, 1211). Voraussetzung dafür ist, dass der Auskunft begehrende Ehegatte oder Lebenspartner nicht auf andere Weise Kenntnis von den vorhandenen Hausratsgegenständen erlangen kann, dass seine Unkenntnis entschuldigt ist und dass der andere Ehegatte oder Lebenspartner die Auskunft unschwer erteilen kann. Während letzteres im Regelfall anzunehmen sein dürfte, da es gerade um die bei ihm befindlichen Hausratsgegenstände geht, kommt eine entschuldigte Unkenntnis nur in Ausnahmefällen in Betracht, vor allem, wenn sich der Auskunft Begehrende im Ausland befindet und nur unter großen Kosten oder Schwierigkeiten (z. B. visumstechnischer Art) wieder nach Deutschland gelangen kann, um sich die Information selbst zu beschaffen.

Allerdings ist zu beachten, dass im Hausratsverfahren der Amtsermittlungsgrundsatz gilt (§ 12 FGG). Regelmäßig wird es daher an einem Rechtsschutzinteresse für ein gesondertes Auskunftsbegehren fehlen.

6.3 Die vorläufige Nutzung des Hausrats

Vorläufige Nutzungsregelungen in bezug auf Hausrat ermöglichen §1361a BGB für Eheleute (Rdnr. 327 ff.) und § 13 LPartG in bezug auf Lebenspartner (Rdnr. 345). Für nicht verheiratete oder verpartnerte Paare ist eine Benutzungsregelung grundsätzlich nicht möglich. Eine Ausnahme bildet insofern nur die Möglichkeit, unter Miteigentümern nach § 745 Abs. 2 BGB eine der Billigkeit entsprechende Benutzungsregelung herbeizuführen. Für derartige Streitigkeiten ist aber nicht das Familiengericht, sondern die Prozessabteilung des Amtsgerichts bzw. das Landgericht zuständig – und zwar selbst dann, wenn die Frage der Hausratsnutzung im Zusammenhang mit einer Wohnungszuweisung nach dem Gewaltschutzgesetz (Rdnr. 197 ff.) steht, für die eine Zuständigkeit des Familiengerichts begründet ist; denn es handelt sich um eine rein gemeinschaftsrechtliche Regelung ohne familienrechtliche Überformung. *326*

Auch in den Fällen des Gewaltschutzes (Rdnr. 197 ff.) ist nur die Zuweisung der Wohnung, nicht aber eine Regelung über den Hausrat möglich. Eine gewisse Regelungsmöglichkeit besteht jedoch dadurch, dem gewalttätigen Mitbewohner bzw. Partner für eine (kurze) Zeit das Betreten der Wohnung polizeirechtlich zu untersagen bzw. gegen ihn eine Unterlassensanordnung nach § 1 GewSchG zu erlassen. Soweit der der Wohnung Verwiesene nicht durch Dritte die ihm gehörenden Hausratsgegenstände in Besitz nehmen kann, ist er in dieser Zeit zumindest faktisch gehindert, diese Gegenstände selbst zu nutzen und dem anderen Partner zu entziehen.

Die vorläufigen Regelungen sind reine Benutzungsregelungen. In die Eigentumsverhältnisse an den Hausratsgegenständen darf nicht eingegriffen werden. Vielmehr sind die Eigentumsverhältnisse im Regelfall entscheidend dafür, wer die Gegenstände weiter nutzen darf. Nur aus Billigkeitsgründen darf davon abgewichen werden (Rdnr. 330 ff.).

6.3.1 *Benutzungsregelungen nach § 1361a BGB*

§ 1361a BGB enthält die Regelung für eine vorläufige Zuweisung der Benutzung von Hausrat unter Ehegatten. Die Norm ergänzt § 1361b BGB, in dem die vorläufige Zuweisung der Ehewohnung für die Zeit der Trennung geregelt ist. Wie diese hat sie den Zweck, den Eheleuten die *327*

Realisierung der für die Scheidung erforderlichen Trennung zu erleichtern, ohne andererseits die Versöhnung unnötig zu erschweren. Die Voraussetzungen der Norm decken sich deswegen teilweise mit denen des § 1361b BGB. Wie dort wird dem Gericht auch nur eine vorläufige Regelung der Benutzung des Hausrats erlaubt. Eigentumsverhältnisse dürfen nicht umgestaltet werden.

6.3.1.1 Voraussetzungen der Benutzungsregelung

328 Voraussetzungen für eine Benutzungsregelung nach § 1361a BGB sind neben dem Bestehen einer Ehe (Rdnr. 328) und dem Getrenntleben (Rdnr. 329), der Eigenschaft des Gegenstandes, um den die Parteien streiten, als Hausrat (Rdnr. 314 ff.) vor allem, dass der Hausratsgegenstand im Eigentum dessen steht, der ihn zugewiesen haben will (Rdnr. 331) oder dass Billigkeitsgründe für die Zuweisung des Gegenstandes an den anderen Ehegatten sprechen, der nicht Eigentümer ist (Rdnr. 332 ff.).

6.3.1.1.1 Ehe

§ 1361a BGB setzt zwingend voraus, dass die Parteien, die um den Hausrat streiten, miteinander verheiratet sind. Es reicht, dass die Ehe aufhebbar ist. Nur in den seltenen Fällen einer Nichtehe ist kein Raum für die Anwendung des § 1361a BGB, wenn die Betroffenen sich trennen wollen und über die weitere Nutzung des bisher gemeinsam genutzten Hausrats streiten.

Für Lebenspartner gilt allein § 13 LPartG. Für nicht miteinander verheiratete Paare ist § 1361a BGB ebenfalls nicht, auch nicht analog anwendbar. Für diese kommt eine Benutzungsregelung über Hausrat grundsätzlich nur bei Miteigentum in Betracht, weil dann jeder Miteigentümer eine angemessene Benutzungsregelung fordern kann (§ 745 Abs. 2 BGB, Rdnr. 491 ff.).

6.3.1.1.2 Getrenntleben

329 Die Eheleute müssen getrennt leben, um auf diese Weise die Voraussetzungen für eine Scheidung zu schaffen. Deswegen muss der Begriff des Getrenntlebens auch so ausgelegt werden wie in § 1567 Abs 1 BGB (wie hier Palandt/Brudermüller, § 1361a BGB Rdnr. 11): Erforderlich ist, dass die Ehegatten die eheliche Lebensgemeinschaft beenden, weil mindestens einer von ihnen diese Gemeinschaft ablehnt.

Die Parallelauslegung ist die zwingende Folge aus dem Zweck des § 1361a BGB, Hilfsinstrument für die Ermöglichung der Trennung zu sein. Rein faktische Trennungen ohne Ablehnung der ehelichen Lebensgemeinschaft werden deswegen nicht erfasst. In diesen Fällen (z. B. Strafhaft oder berufliche Abwesenheit eines Ehegatten) müssen sich die Eheleute einigen, wie die weitere Benutzung des Hausrats geregelt sein soll. Der Anwendungsbereich des § 1361a BGB würde durch die Einbeziehung derartiger Trennungsfälle überdehnt: Die Vorschrift ermöglicht nur vorübergehende Regelungen ohne Umgestaltung des Außenverhältnisses. Gerade in den nicht partnerschaftsbezogenen Trennungsfällen wird in den meisten Fällen gerade die Außenwirkung ein wichtiges Element der angestrebten Benutzungsregelung sein, da die Trennung an sich ja ohnehin feststeht. Streiten die Parteien dagegen nur um den Umfang einer Benutzungsvergütung, die der Ehegatte, der den dem anderen gehörenden Hausrat nutzt, an diesen zahlen soll, handelt es sich um eine vermögensrechtliche Streitigkeit aus der ehelichen Lebensgemeinschaft heraus, für die ebenfalls die Zuständigkeit der Familiengerichte gegeben, die aber als streitiges Verfahren zu führen ist.

Anders als bei § 1361b BGB reicht für den Anspruch aus § 1361a BGB der bloße Wille zum Getrenntleben nicht. Praktische Bedeutung hat das kaum; denn der Anspruch kann sofort nach der vollzogenen Trennung geltend gemacht werden – und dass eine Trennung gerade daran scheitert, dass bestimmte Haushaltsgegenstände nicht sofort zur Verfügung stehen, kommt kaum in Betracht. Insoweit unterscheidet sich die Interessenlage erheblich von derjenigen in bezug auf die Entscheidung über die weitere Nutzung der Wohnung: Das Fehlen einer Wohnung kann eine Trennung durchaus vereiteln. Deswegen hat der trennungswillige Ehegatte ein Interesse daran, dass bereits vor der Trennung darüber entschieden werden kann, von wem die bislang gemeinsam genutzte Wohnung künftig bewohnt werden soll.

6.3.1.2 Verteilungsgrundsätze

Die Benutzungsregelung orientiert sich grundsätzlich an den Eigentumsverhältnissen am Hausrat. Aus § 1361a Abs. 1 S. 1 BGB ergibt sich, dass grundsätzlich derjenige Ehegatte Hausratsgegenstände nutzen können soll, dem sie auch gehören. Nur ausnahmsweise kann der andere Ehegatte diese Gegenstände verlangen, wenn er sie zur Führung eines abgesonderten Haushalts benötigt und die Überlassung an ihn der Billigkeit entspricht (§ 1361a Abs. 1 S. 2 BGB, Rdnr. 331 ff.). Im gemeinschaftli-

330

chen Eigentum der Eheleute stehende Gegenstände werden nach Billigkeit verteilt (§ 1361a Abs. 2 BGB, Rdnr. 337 ff.).

6.3.1.2.1 Gegenstände im Alleineigentum eines Ehegatten

331 Gegenstände, die einem Ehegatten allein gehören, stehen grundsätzlich
ihm selbst zur Verfügung und können von ihm vom anderen Ehegatten
herausverlangt werden (§ 1361 Abs. 1 S. 1 BGB). Das Gesetz spricht
neutral von „gehören", weil insofern nicht nur das Eigentum an Sachen
in Betracht kommt, sondern auch die Inhaberschaft an Rechten. Trotz
fehlender Erwähnung im Gesetzestext muss man dem Fall, dass dem
Ehegatten der Gegenstand allein gehört, den Fall gleichstellen, dass er
einem Ehegatten zusammen mit einem Dritten gehört, ohne dass der andere Ehegatte daran mitberechtigt ist; denn auch in diesem Fall liegt
eine weitaus bessere Berechtigung des einen Ehegatten vor.

332 Will der andere Ehegatte den einem Ehegatten allein gehörenden Gegenstand zur Nutzung überlassen bekommen, muss er zunächst darlegen,
dass er den Gegenstand zur Führung eines abgesonderten Haushalts,
also eines vom Haushalt des anderen Ehegatten getrennten Haushalts,
benötigt. Ein derart abgesonderter Haushalt kann auch in den Fällen
vorliegen, in denen keine räumliche Trennung der Eheleute erfolgt ist,
weil sie in der bisherigen ehelichen Wohnung getrennt leben.

Der Bedarf zur Führung des abgesonderten Haushalts ist bei allen Gegenständen erfüllt, die erforderlich sind, um den bisherigen ehelichen
Lebensstandard in dem abgesonderten Haushalt aufrecht zu erhalten. Es
ist dagegen nicht erforderlich, dass sie schlechthin unentbehrlich sind
(BayObLG NJW 1972, 949; OLG Köln FamRZ 1986, 703). In die Beurteilung einzubeziehen sind die Interessen des Ehegatten und der gemeinsamen Kinder (AG Freiburg FamRZ 1996, 172). Was im einzelnen dazu
gehört, richtet sich nach dem Lebensstandard, den die Eheleute bislang
gepflegt haben. Dabei spricht die Tatsache, dass es sich um einen Gegenstand des bisher gemeinsamen Haushalts handelt, schon prima facie dafür, dass es sich um einen Gegenstand handelt, der den Lebensverhältnissen der Eheleute entsprach.

333 Sofern der Ehegatte oder die gemeinsamen Kinder die Gegenstände
benötigen, ist es unschädlich, wenn sie auch von Dritten mitbenutzt werden. Ausgeschlossen ist es dagegen, Gegenstände zu verlangen, die nicht
für den Gebrauch des Ehegatten oder der gemeinsamen Kinder erforderlich sind, sondern die allein für den Gebrauch von Dritten bestimmt
sind. In Betracht kommen insofern vor allem Gegenstände, die Dritte

benötigen, die mit dem anderen Ehegatten zusammenleben, wie in die Wohnung aufgenommene Eltern oder nicht gemeinsame Kinder.

Der Anspruch auf Benutzung der dem anderen Ehegatten gehörenden *334* Hausratsgegenstände besteht nur, wenn die Überlassung nach den Umständen des Falles der Billigkeit entspricht (§ 1361a Abs. 1 S. 2 BGB). Es ist eine umfassende Abwägung aller Umstände des Einzelfalles vorzunehmen. Bei dieser Abwägung ist aber zu berücksichtigen, dass grundsätzlich dem Eigentümer Vorrang in der Nutzung seiner Gegenstände gebührt. Die Argumente, die für den anderen Ehegatten sprechen, müssen also von erheblichem Gewicht sein – vor allem dann, wenn auch der Eigentümer-Ehegatte auf die Benutzung des Gegenstandes angewiesen ist.

Für eine Benutzungsregelung zu Gunsten des anderen Ehegatten sprechen eine gesteigerte Bedürftigkeit bei Leistungsfähigkeit des Eigentümer-Ehegatten, der sich deswegen ohne weiteres Ersatz für den weggegebenen Hausratsgegenstand beschaffen kann, ebenso wie der Umstand, dass der Gegenstand in der Lebensgemeinschaft der Eheleute vorwiegend von dem anderen Ehegatten genutzt worden ist. Die Bedürfnisse der gemeinsamen minderjährigen Kinder werden im Regelfall zu Gunsten des anderen Ehegatten sprechen, wenn die Kinder sich bei ihm befinden. Durch die Trennung soll das Kindeswohl möglichst wenig beeinträchtigt werden. Den Ehegatten, dem die Gegenstände gehören, trifft gegenüber seinen Kindern die Verpflichtung, ihnen die Trennung möglichst zu erleichtern. Das kann er in diesen Fällen dadurch, dass er dem anderen Ehegatten wenigstens die Hausratsgegenstände zur Verfügung stellt, die von den Kindern benötigt werden. Zu Gunsten des anderen Ehegatten kann auch sprechen, dass der Ehegatte, dem der Gegenstand gehört, die Trennung verursacht hat. Dabei ist aber zu fordern, dass das die Ursache eindeutig auf seiner Seite liegt und ein Gewicht hat, das demjenigen der Härtegründe in § 1579 BGB entspricht (Palandt/Brudermüller, § 1361a BGB Rdnr. 13).

Gegen die Zuweisung an den anderen Ehegatten kann vor allem spre- *335* chen, dass dieser nun mit einem Dritten zusammenlebt und auch der Dritte in den Genuss der Hausratsgegenstände kommen würde. Keinem Ehegatten kann zugemutet werden, die Lebensgemeinschaft seines Ehepartners mit einem Ehebrecher noch zu unterstützen (MünchKomm-BGB/Wacke, § 1361a BGB Rdnr. 11). Auch wenn der Ehegatte in bezug auf den Gegenstand so bedürftig ist, dass normalerweise sein Interesse an der Nutzung vorrangig wäre, scheidet daher in diesem Fall eine Nutzungsüberlassung an ihn aus. Gegen den anderen Ehegatten spricht auch, wenn er es war, der den ehelichen Haushalt verlassen und eine neue Wohnung bezogen hat. Es ist nicht die Angelegenheit des in der Wohnung bleibenden Ehegatten, dem anderen die Wohnung einzurichten, in der er getrennt lebt.

336   Die Zuweisung an den Ehegatten, dem die Hausratsgegenstände gehören, richtet sich grundsätzlich allein nach seinem Eigentum, wenn der andere Ehegatte nicht ein Interesse an dem Gegenstand geltend machen kann, dass für eine Zuweisung an ihn spricht. Es ist zu berücksichtigen, dass jeder mit den ihm gehörenden Gegenständen so verfahren kann, wie es ihm beliebt (vgl. § 903 BGB; MünchKomm-BGB/Wacke, § 1361a BGB Rdnr. 6, Fn. 33). Insoweit kann der andere Ehegatte deswegen Härtegründe nicht einwenden, vor allem auch nicht, dass der Ehegatte, dem die Gegenstände gehören, diese auch zusammen mit einem Dritten nutzen will, mit dem er in einer eheähnlichen Gemeinschaft zusammenlebt. Soweit die Rechtsprechung den Herausgabeanspruch nach § 1361a Abs. 1 S. 1 BGB teilweise in derartigen Fällen gestützt auf § 242 BGB oder § 1353 BGB verneint (LG Berlin FamRZ 1956, 55, 56; LG Bonn NJW 1960, 2243, 2244), läuft das dem Grundgedanken des § 1361a BGB geradezu entgegen, nach dem jeder Ehegatte grundsätzlich seine Gegenstände nutzen können soll und der andere nur ausnahmsweise bei eigenem Interesse an der Nutzung, das auch noch einer Billigkeitskontrolle unterworfen wird, in den Genuss der Nutzung kommen soll.

6.3.1.2.2 Gegenstände im gemeinschaftlichen Eigentum der Ehegatten

337   Die beiden Ehegatten gehörenden Gegenstände bleiben grundsätzlich bei demjenigen Ehegatten, bei dem sie sich befinden. Ein Herausgabeanspruch des einen gegen den anderen besteht im Regelfall nicht. Ob ein Gegenstand gemeinschaftlich ist, richtet sich nach den allgemeinen Regeln. Allerdings ist § 8 Abs. 2 HausratsVO entsprechend anzuwenden: Der Hausrat, der während der Ehe für den gemeinsamen Haushalt angeschafft wurde, gilt für die Verteilung bzw. die Benutzungsregelung als gemeinschaftlicher Hausrat der Ehegatten, es sei denn, dass das Alleineigentum eines Ehegatten feststeht.

Ausnahmsweise kann ein Ehegatte einen Gegenstand verlangen, wenn die Nutzung durch ihn der Billigkeit entspricht. Anders als bei den im Alleineigentum eines Ehegatten stehenden Gegenständen ist nicht erforderlich, dass der Ehegatte die Gegenstände für die Führung des abgesonderten Haushalts benötigt. Es reicht vielmehr eine reine Billigkeitsabwägung. In diese sind alle Faktoren einzubeziehen, die auch im Rahmen einer Benutzungsregelung nach § 1361a Abs. 1 S. 2 BGB (Rdnr. 332 ff.) Bedeutung haben können. Außerdem spielt insofern auch die Frage eine Rolle, ob der Ehegatte, der den Gegenstand verlangt, diesen auch benötigt. Je dringender der Bedarf ist, der durch diesen Gegenstand gedeckt werden soll, desto eher wird eine Billigkeitsabwägung zu Gunsten des Ehegatten ausfallen, der den gemeinsamen Gegenstand nun allein nutzen will – vor allem, wenn der andere Ehegatte an diesem Gegenstand kein besonderes Interesse hat oder selbst unschwer für Ersatz sorgen kann. Das Fehlen des Notwendigkeitserfordernisses bedeutet also nicht, dass dieses keine Bedeutung haben soll, sindern nur, dass es auch in Betracht kommt, Gegenstände zu verlangen, deren Benutzung nicht notwendig für die Führung des abgesonderten Haushalts ist, die diesem Zweck aber durchaus dienlich sein können.

6.3.1.3 Inhalt der Anordnung

Die gerichtliche Anordnung im Verfahren nach § 1361a BGB enthält zum einen eine Benutzungsregelung für den Hausrat, über den zu entscheiden ist (Rdnr. 339 ff.). Sie kann eine Herausgabeanordnung gegenüber dem anderen Ehegatten und eine Regelung in bezug auf eine Nutzungsvergütung (Rdnr. 342) beinhalten. Ein Eingriff in Eigentumsverhältnisse kommt dagegen nicht in Betracht. Dieser ist nur im Verfahren nach §§ 8 ff. HausratsVO möglich. *338*

6.3.1.3.1 Überlassung des Hausrats zur Alleinnutzung

Kern der Entscheidung ist die gerichtliche Benutzungsregelung am Hausrat. Zu beachten ist, dass der Eingriff in die Rechte des Ehegatten, dem die Gegenstände gehören und der sie herausgeben muss, möglichst gering bleiben muss, damit das Verhältnismäßigkeitsprinzip gewahrt bleibt. So kommt etwa bei einem Getrenntleben in der bisher gemeinsamen ehelichen Wohnung die Zuweisung von Großgeräten (Waschmaschine, Tiefkühltruhe usw.) zur Alleinbenutzung nur ausnahmsweise in Betracht, weil dem Bedürfnis des Ehegatten, der nicht Eigentümer ist, durch einen Anspruch auf zeitweilige oder anteilige Benutzung hinreichend Rechnung getragen werden kann. In einem weitergehenden Umfang bedarf er dann des Hausratsgegenstandes nicht. Das Gesetz erkennt das dadurch an, dass es ausdrücklich davon spricht, dass die Überlassungspflicht nur besteht, soweit der andere Ehegatte die Gegenstände zur Führung eines abgesonderten Haushalts benötigt. *339*

Der Hausrat ist so zu überlassen, wie er ist. Der Überlassungspflichtige braucht nicht erst Reparaturen vorzunehmen. Ebensowenig kann er aber die Gegenstände, auf die seine Überlassungspflicht sich bezieht, von sich aus durch andere ersetzen. Es ist deswegen ausgeschlossen, einen beson-

ders hochwertigen Hausratsgegenstand durch einen funktionell gleich-
wertigen, aber materiell geringwertigeren zu ersetzen (OLG Hamm
JMBl. 1961, 175).

340 Die Überlassung ist grundsätzlich nur eine zur Benutzung, nicht eine
eigentumsübertragende. Das gilt auch in den Fällen, in denen eine Entscheidung über gemeinschaftliches Eigentum erfolgt. Das Familiengericht darf nicht das Eigentum übertragen, selbst wenn das durch die
umgekehrte Zuweisung an einem anderen Gegenstand wertmäßig kompensiert werden könnte. Soweit allerdings Vorräte an Nahrungsmitteln
oder Heizmaterial zugewiesen werden, liegt es in der Natur der Zuweisung, dass es sich insofern nicht nur um eine Benutzungsregelung, sondern um eine Gestattung des Verbrauchs handelt; denn auf andere
Weise ist eine Nutzung der Vorräte nicht möglich. Das kann auch unterhaltsrechtlich zu berücksichtigen sein; denn insofern wird der Lebensbe-
darf des Begünstigten bereits durch die Zuweisung befriedigt.

341 Die Überlassung begründet eine Holschuld. Transportkosten können
allerdings vom Überlassungspflichtigen als unterhaltsrechtlicher Sonderbedarf geschuldet sein. Das setzt allerdings voraus, dass der Überlassungspflichtige zugleich auch unterhaltspflichtig ist. Im übrigen kann sich
ein Anspruch auf Ersatz der Transportkosten aus einer stillschweigenden
Abrede zwischen den Ehegatten ergeben. Das kommt vor allem dann in
Betracht, wenn ein Ehegatte aus der bisher gemeinsamen Wohnung auszieht, weil das gerade dem Wunsch des Ehegatten entspricht, der ihm
nunmehr den in der neu bezogenen Wohnung benötigten Hausrat überlassen muss (MünchKomm-BGB/Wacke, § 1361a BGB Rdnr. 12).

Bei dem Anspruch aus § 1361a BGB handelt es sich um einen echten
Herausgabeanspruch. In den Fällen des § 1361a Abs. 1 BGB ergibt sich
das schon aus dem Gesetzeswortlaut selbst. Gleichwohl ist hier wie in
den Fällen des § 1361a Abs. 2 BGB in der Entscheidung selbst festzustellen, dass der Ehegatte verpflichtet ist, den genau bezeichneten Gegenstand an den anderen herauszugeben und im Tenor die Herausgabe anzuordnen.

6.3.1.3.2 Nutzungsvergütung

342 Für die Benutzung des Hausratsgegenstandes kann das Gericht eine angemessene Vergütung festsetzen (§ 1361a Abs. 3 S. 2 BGB). Die Höhe
der Vergütung richtet sich nach Billigkeitsgesichtspunkten, nicht notwendigerweise nach dem Betrag, der für eine Anmietung eines vergleichbaren Gegenstandes zu entrichten wäre. Vielmehr kommt es auch auf die
Einkommens- und Vermögensverhältnisse beider Seiten, den Grund der

Zuweisung (vor allem, wenn er im Wohl der gemeinsamen Kinder begründet ist) und die Bedeutung des Hausratsgegenstandes an. Einbezogen werden muss außerdem, ob der Überlassungspflichtige unterhaltsrechtlich verpflichtet ist, den Bedarf des anderen Ehegatten bzw. der gemeinsamen Kinder gerade in bezug auf die überlassenen Gegenstände zu decken. In diesem Fall ist eine Nutzungsvergütung unangemessen, denn der Überlassungspflichtige ist unterhaltsrechtlich gerade dazu verpflichtet, den Bedarf an diesen Haushaltsgegenständen zu decken, so dass seine Unterhaltsverpflichtung in der Höhe der Bedarfsdeckung befriedigt wird. Eine Verpflichtung des Unterhaltsberechtigten zur Zahlung einer Nutzungsvergütung würde dem Unterhaltspflichtigen diesen Vorteil erneut verschaffen und damit zu einer doppelten Berücksichtigung führen. Insoweit gilt das zur Nutzungsvergütung bei Wohnungen Gesagte entsprechend.

Der Ehegatte, dem ein Pkw zur Nutzung zugewiesen wird, wird dadurch im straßenverkehrsrechtlichen Sinne zu dessen Halter und ist dementsprechend verpflichtet, die anfallenden Kfz-Steuern sowie die Haftpflichtversicherung zu übernehmen. Ist der Pkw noch neu, kann es darüber hinaus angezeigt sein, dass er vollkaskoversichert werden muss (OLG Koblenz FamRZ 1991, 1302; OLG München FamRZ 1998, 1230). Das Familiengericht muss das durch entsprechende Anordnungen sicherstellen.

6.3.1.4 Wirksamwerden und Wirkungsdauer der Regelung

Für die Entscheidungen nach § 1361a BGB gilt die allgemeine Regel des *343* § 16 Abs. 1 FGG, dass sie mit der Bekanntmachung an denjenigen wirksam werden, für den sie ihrem Inhalt nach bestimmt sind. Diese Regelung wird auch durch § 629d ZPO nicht modifiziert, weil die Verfahren zur Regelung der Nutzungsverhältnisse am Hausrat in der Trennungszeit keine Verfahren sind, in denen eine Entscheidung für den Fall der Scheidung beantragt wird und demgemäß nicht in den Verhandlungs- und Entscheidungsverbund fallen.

Die Entscheidung über die Benutzung des Hausrats verliert ihre Wirk- *344* samkeit, wenn die Eheleute die eheliche Gemeinschaft wieder herstellen, weil sie sich wieder versöhnt haben. Eine kurzzeitige Wiederaufnahme der ehelichen Lebensgemeinschaft im Rahmen eines Versöhnungsversuchs schadet dagegen nicht, solange nicht die Dauer überschritten ist, die auch ein Getrenntleben nach § 1567 BGB beenden würde. Insoweit gilt das zu § 1361b BGB Gesagte entsprechend.

Ebenfalls unwirksam wird die Regelung nach § 1361a BGB mit der Rechtskraft der Scheidung. Die Norm betrifft nur eine vorläufige Benutzungsregelung für die Zeit bis zur Scheidung. Ist diese dagegen erfolgt, ist nur noch Raum für eine endgültige Regelung; die vorläufige Regelung geht ins Leere. Die Lage entspricht damit derjenigen bei Wohnungszuweisunggen nach § 1361b BGB (Rdnr. 192 f.).

Ist eine Regelung nach § 1361a BGB einmal unwirksam geworden, lebt sie auch nicht wieder auf, wenn die Umstände wegfallen, die zu ihrem Erlöschen geführt haben. Trennen sich die Eheleute nach einer Versöhnung, die zum Erlöschen der Entscheidung über die Hausratsbenutzung geführt hat, erneut, muss deswegen eine erneute Entscheidung herbeigeführt werden, deren Inhalt sich dann nach den Umständen zum Zeitpunkt der erneuten Trennung bemisst.

6.3.2 Hausratszuweisung nach § 13 LPartG

345   Die Regelung in § 13 LPartG entspricht bis in die Formulierung hinein derjenigen des § 1361a BGB. Für die Partner einer eingetragenen Lebenspartnerschaft gilt daher das Rdnr. 327 ff. Gesagte entsprechend, wenn sie eine vorläufige Benutzungsregelung in bezug auf Hausrat anstreben.

6.4 Die endgültige Zuweisung des Hausrats

346   Eine endgültige Zuweisung von Hausrat nicht nur zur Benutzung, sondern gegebenenfalls auch mit eigentumsübertragender Wirkung gestatten die §§ 8 ff. HausratsVO unter Eheleuten und §§ 17, 19 LPartG in bezug auf Lebenspartner. Da die Regeln für Lebenspartner durch die Bezugnahme auf die Vorschriften der Hausratsverordnung geprägt sind, sollen zunächst die Verteilungsgrundsätze unter Eheleuten ausführlich und im Anschluss daran nur die Abweichungen in bezug auf Lebenspartner dargestellt werden.

6.4.1 Die Verteilung des Hausrats von Eheleuten

347   Eine endgültige Regelung in bezug auf ehelichen Hausrat ermöglichen allein die §§ 8 ff. HausratsVO. Zu vorläufigen Regelungen während der Zeit des Getrenntlebens siehe § 1361a BGB (Rdnr. 327 ff.), zu solchen zwischen Lebenspartnern §§ 17, 19 LPartG (Rdnr. 345).

6.4.1.1 Grundlagen

Die Verteilung von Hausrat nach §§ 8 ff. HausratsVO dient der endgültigen Auseinandersetzung der Lebensgemeinschaft der Eheleute. Alles, was noch nicht verteilt wurde, als sich die Partner trennten, soll nun auseinandergesetzt werden.

Die Verteilung des Hausrats richtet sich in erster Linie nach den Eigentumsverhältnissen. Bei der Untersuchung sind also zu unterscheiden: die Hausratsgegenstände, die einem der Ehegatten gehören und die dieser auch weiterhin für sich selbst nutzen will (Rdnr. 352 f.), die Gegenstände, die einem der Ehegatten allein gehören, die aber der andere Ehegatte für sich beansprucht (Rdnr. 354 ff.), Gegenstände, die beiden Eheleuten gemeinsam gehören (Rdnr. 358 ff.) und Gegenstände, die allein oder ihnen zusammen mit Dritten gehören (Rdnr. 363 f.).

Während die vorläufige Regelung nach § 1361a BGB sich grundsätzlich nur auf Benutzungsregelungen beschränkt, dient das Verfahren nach §§ 8 ff. HausratsVO vornehmlich zu einer endgültigen Auseinandersetzung, kann also auch die Übertragung des Eigentums umfassen, wenn es um Gegenstände geht, die dem Antragsteller nicht allein gehören. Allerdings ist immer nur eine Übertragung unter den Parteien des Verfahrens, also den Eheleuten, möglich. Es ist dagegen unzulässig, im Hausratsverfahren Übertragungen von Hausratsgegenständen an Dritte vorzunehmen. Das gilt auch dann, wenn die Ehegatten damit einverstanden sind und die Übertragung dazu dienen soll, eine Gesamtregelung zu ermöglichen, die ohne die Zustimmung des Dritten nicht zustande kommen könnte, weil die Regelung auch in seinem Eigentum stehende Gegenstände betrifft, über die das Gericht nicht ohne seine Zustimmung entscheiden kann (Rdnr. 363 ff.). *348*

In die Rechte Dritter kann bei der Verteilung des Hausrats grundsätzlich nicht eingegriffen werden (Rdnr. 363). Für den in der Praxis wichtigsten Fall, die unter Eigentumsvorbehalt gelieferten Gegenstände, bestimmt § 10 Abs. 2 HausratsVO deswegen ausdrücklich, dass die einem Ehegatten gelieferten Gegenstände nur dann dem anderen zugeteilt werden dürfen, wenn der Gläubiger einverstanden ist. Im übrigen kommt eine Entscheidung über fremde Sachen nicht in Betracht. Dritte sind deswegen (anders als in Wohnungssachen, Rdnr. 293 ff.) grundsätzlich auch nicht Beteiligte im Hausratsverfahren. *349*

Da es sich bei der Regelung der Rechtsverhältnisse am Hausrat um eine umfassende Regelung handelt, muss vor der Entscheidung genau festgestellt werden, welche Gegenstände zum Hausrat zu zählen sind (Rdnr. 314 ff.) und wie die Eigentumsverhältnisse an ihnen beschaffen *350* sind. Da bei der Verteilung versucht werden soll, ein Gleichgewicht zwischen den Gegenständen zu erreichen, die jeder Ehegatte aus dem Hausrat erhält, der gemeinschaftliches Eigentum ist und dass ein Ehegatte auch aus dem Eigentum des anderen nicht mehr zugewiesen erhält als er selbst diesem an Gegenständen zurückgibt, die in seinem Alleineigentum stehen, kann die Entscheidung immer erst fallen, wenn sowohl der Bestand des Hausrats als auch die Eigentumsverhältnisse geklärt sind.

351   Das Familiengericht kann in dem Hausratsverteilungsverfahren auch eine Ausgleichszahlung festsetzen, wenn bei der Verteilung des Hausrats einer der Ehegatten weniger erhält als der andere (§ 9 HausratsVO, Rdnr. 374 ff.).

6.4.1.2 Voraussetzungen der endgültigen Regelung

352   Die Voraussetzungen der endgültigen Regelung in bezug auf den Hausrat unterscheiden sich danach, ob es sich um einen Gegenstand im Alleineigentum eines Ehegatten (Rdnr. 352 ff. ff.) oder um einen im gemeinschaftlichen Eigentum der Ehegatten (Rdnr. 358 ff.) handelt. Besondere Regeln bestehen für die Verteilung von Hausrat, an dem Dritte Rechte haben (Rdnr. 363 ff.).

6.4.1.2.1 Hausrat im Alleineigentum eines Ehegatten

Nach der Scheidung behält jeder Ehegatte grundsätzlich die Gegenstände, die ihm allein gehören. Für diesen Umstand trägt er wegen der Vermutung des § 8 Abs. 2 HausratsVO die Beweislast. Solange also unklar ist, ob ein Gegenstand dem Ehegatten allein gehört, ist er als gemeinschaftliches Eigentum zu behandeln und entsprechend nach § 8 HausratsVO zu verteilen.

353   Den einem Ehegatten allein gehörenden Gegenständen müssen grundsätzlich diejenigen gleichgestellt werden, an denen er zusammen mit einem Dritten berechtigt ist (z. B. durch Miteigentum), an denen der andere Ehegatte aber keine Rechtsposition hat. Auch in diesen Fällen ist es gerechtfertigt, den Hausratsgegenstand grundsätzlich bei dem Ehegatten zu belassen, mit dem der Dritte in Rechtsgemeinschaft steht.

354   Ausnahmsweise können die einem Ehegatten gehörenden Gegenstände dem anderen Ehegatten zugewiesen werden. Voraussetzung ist dafür nach § 9 Abs. 1 HausratsVO, dass der andere Ehegatte auf die Weiterbenutzung angewiesen ist und dass es dem Eigentümer-Ehegatten zugemutet werden kann, dem anderen den Gegenstand zu überlassen. Die Voraussetzungen ähneln damit im wesentlichen denen für eine Gebrauchsüberlassung von im Eigentum eines Ehegatten stehenden Gegenständen während der Trennungszeit (§ 1361a Abs. 1 S. 2 BGB; Rdnr. 331 ff.). Ist also ein dem einen Ehegatten gehörender Hausratsgegenstand dem anderen zur Benutzung zugewiesen worden, weil er des Gegenstandes bedarf, dann spricht das als Indiz dafür, dass auch eine endgültige Zuweisung in Betracht zu ziehen ist. Eine vollkommene Entsprechung besteht aber nicht, weil die Abwägung im Rahmen des § 1361a BGB nur die Nutzung betraf, während es bei der Zuweisung nach § 9 HausratsVO um eine endgültige einschließlich einer Eigentumsänderung geht.

Ob der andere Ehegatte auf die weitere Nutzung des Hausratsgegenstandes angewiesen ist, ist nach den Umständen des Einzelfalles zu beurteilen, vor allem der bisherigen Nutzung des Gegenstandes, den Einkommens- und Vermögensverhältnissen und den Bedürfnissen der gemeinschaftlichen Kinder. Es gelten ähnliche Grundsätze wie bei der Nutzungszuweisung von dem anderen Ehegatten gehörenden Hausratsgegenständen, die während der Trennungszeit maßgebend sind (Rdnr. 332 ff.):

Es kommt vor allem darauf an, ob die Gegenstände erforderlich sind, um den bisherigen ehelichen Lebensstandard aufrecht zu erhalten. Es ist dagegen nicht erforderlich, dass sie schlechthin unentbehrlich sind. Die unentbehrlichen Gegenstände (Anhaltspunkt: Liste der unpfändbaren Gegenstände in § 811 ZPO) sind jedoch immer hierher zu rechnen. Was sonst im einzelnen dazu gehört, richtet sich nach dem Lebensstandard, den die Eheleute bislang gepflegt haben. Die Mitnutzung der Gegenstände durch Dritte ist unschädlich, wenn der andere Ehegatte oder die gemeinsamen Kinder die Gegenstände auch ohne diese Mitnutzung benötigen. Ausgeschlossen ist es dagegen, Gegenstände zu verlangen, die nicht für den Gebrauch des Ehegatten oder der gemeinsamen Kinder erforderlich sind, sondern die allein für den Gebrauch von Dritten bestimmt sind. In Betracht kommen insofern vor allem Gegenstände, die Dritte benötigen, die mit dem anderen Ehegatten zusammenleben, wie in die Wohnung aufgenommene Eltern, nicht gemeinsame Kinder oder der neue Partner des Ehegatten.

Dem Eigentümer-Ehegatten muss die Überlassung des Hausratsgegenstandes an den anderen Ehegatten zumutbar sein. Damit ist letztlich nichts anderes gemeint als eine Billigkeitsabwägung. Es kommt darauf an, wie angesichts des Bedarfs des anderen Ehegatten ein vernünftiger Mensch über den weiteren Gebrauch entscheiden würde. Bei der Entscheidung ist zu berücksichtigen, dass durch sie in das Eigentumsrecht des Eigentümer-Ehegatten eingegriffen wird. Es ist daher immer der mildeste mögliche Eingriff zu wählen (zum Inhalt s. Rdnr. 365 ff.) und im

355

Zweifelsfall ist für den Eigentümer-Ehegatten und gegen den anderen Ehegatten zu entscheiden; denn grundsätzlich gebührt dem Eigentümer Vorrang in der Nutzung seiner Gegenstände. Die Argumente, die für den anderen Ehegatten sprechen, müssen also von erheblichem Gewicht sein – vor allem dann, wenn auch der Eigentümer-Ehegatte den Hausratsgegenstand selbst weiter für sich nutzen will und dieser nicht ohne weiteres wieder zu beschaffen ist.

Allerdings sind rein persönliche Empfindlichkeiten ohne Bezug zum Eigentum außer acht zu lassen. Die Grenzziehung ist oft schwierig. Für eine Entscheidung zu Gunsten des anderen Ehegatten sprechen eine gesteigerte Bedürftigkeit bei Leistungsfähigkeit des Eigentümer-Ehegatten, der sich ohne weiteres Ersatz für den weggegebenen Hausratsgegenstand beschaffen kann, ebenso wie der Umstand, dass der Gegenstand in der Lebensgemeinschaft der Eheleute vorwiegend von dem anderen Ehegatten genutzt worden ist. Vor allem bei teuren Gegenständen, deren Neuanschaffung nicht ohne weiteres in Betracht kommt (z. B. Musikinstrumente, Möbel), ist deswegen an eine Zuweisung zu denken. Die Bedürfnisse der gemeinsamen minderjährigen Kinder werden im Regelfall zu Gunsten des anderen Ehegatten sprechen, wenn die Kinder sich bei ihm befinden. Durch die Scheidung soll das Kindeswohl möglichst wenig beeinträchtigt werden. Den Ehegatten, dem die Gegenstände gehören, trifft gegenüber seinen Kindern die Verpflichtung, ihnen die auch die Scheidung möglichst zu erleichtern. Das kann er in diesen Fällen dadurch, dass er dem anderen Ehegatten wenigstens die Hausratsgegenstände zur Verfügung stellt, die von den Kindern benötigt werden. Zu Gunsten des anderen Ehegatten kann auch sprechen, dass der Ehegatte, dem der Gegenstand gehört, die Trennung verursacht hat. Dabei ist aber zu fordern, dass das die Ursache eindeutig auf seiner Seite liegt und ein Gewicht hat, das demjenigen der Härtegründe in § 1579 BGB entspricht (vgl. Rdnr. 334 für die Trennungszeit).

356   Andererseits kann als eine Zuweisung ausschließender Grund nicht angenommen werden, dass der andere Ehegatte beabsichtigt, den Hausratsgegenstand zusammen mit einem neuen Partner zu nutzen, wenn an sich die Voraussetzungen für eine Zuweisung, vor allem der persönliche Bedarf, erfüllt sind. Anders als während der Zeit der Trennung besteht keine Treuepflicht mehr. Deswegen ist das Interesse, nicht das Zusammenleben mit einem neuen Partner zu fördern, nur ein persönlicher Umstand, der unberücksichtigt bleiben kann, weil er nur eine Empfindlichkeit betrifft (so zu Recht MünchKomm-BGB/Müller-Gindulis, § 9 HausratsVO Rdnr. 4 gegen RGRK/Kalthoener, § 9 HausratsVO Rdnr. 3; Soergel/Heintzmann, § 9 HausratsVO Rdnr. 4).

Die Zuweisung an den Ehegatten, dem die Hausratsgegenstände gehö- *357*
ren, richtet sich grundsätzlich allein nach seinem Eigentum, wenn der andere Ehegatte nicht ein Interesse an dem Gegenstand geltend machen
kann, das für eine Zuweisung an ihn spricht. Es ist zu berücksichtigen,
dass jeder mit den ihm gehörenden Gegenständen so verfahren kann,
wie es ihm beliebt (vgl. § 903 BGB). Insoweit kann der andere Ehegatte
deswegen Härtegründe nicht einwenden, vor allem auch nicht, dass der
Ehegatte, dem die Gegenstände gehören, diese auch zusammen mit einem Dritten nutzen will, mit dem er in einer eheähnlichen Gemeinschaft
zusammenlebt.

6.4.1.2.2 Hausrat im gemeinschaftlichen Eigentum der Ehegatten

Hausrat, der beiden Ehegatten gemeinschaftlich gehört, wird vom Ge- *358*
richt gerecht und zweckmäßig verteilt (§ 8 Abs. 1 HausratsVO). Es findet
eine reine Billigkeitsentscheidung statt, ohne dass es erforderlich wäre,
dass einer der Ehegatten die Gegenstände tatsächlich für die Fortfüh-
rung eines den ehelichen Lebensverhältnissen entsprechenden Haushalts
benötigte. Ziel der Regelung ist es vielmehr, zu einer endgültigen Verteilung des Hausrats zu gelangen, damit später nicht ständig erneut Streit
aufkommen kann. Die Veräußerung des Hausrats wird vermieden.

Gemeinsam gehört Hausrat den Eheleuten dann, wenn sie Miteigentü- *359*
mer oder Gesamthandseigentümer (z. B. im Fall der Gütergemeinschaft
oder der ungeteilten Erbengemeinschaft) sind oder – wenn es sich um
Rechte handelt – wenn sie beide Inhaber des Rechts sind. Die gemeinschaftliche Berechtigung wird vermutet, wenn es sich um Hausrat handelt, der während der Ehe für den gemeinsamen Haushalt angeschafft
wurde (§ 8 Abs. 2 HausratsVO), es sei denn, dass ein Ehegatte seine Al-
leinberechtigung nachweist.

Angeschafft ist Hausrat dann während der Ehe für den gemeinsamen *360*
Haushalt, wenn einerseits ein zeitlicher Zusammenhang mit der Ehe in
der Weise besteht, dass in der Ehe der Kaufvertrag (oder ein anderes auf
den Erwerb gerichtetes schuldrechtliches Geschäft) abgeschlossen wurde
oder dass zumindest die Erfüllung dieses Geschäfts in der Ehe erfolgte,
soweit die Verpflichtung der Eheleute bzw. des Ehegatten betroffen ist.
Das gilt jedenfalls dann, wenn es sich um einen Kauf unter Eigentumsvorbehalt handelte; denn dann wird erst mit der Zahlung der Erwerbs-
vorgang vollständig und die Sache zum Hausrat der Ehegatten.

Auf den Zustand der Ehe zu dem Zeitpunkt, zu dem der Hausrat angeschafft wurde, kommt es nicht an. Auch wenn sie zum Anschaffungs-
termin schon völlig zerrüttet war (MünchKomm-BGB/Müller-Gindulis,

§ 8 HausratsVO Rdnr. 10; RGRK/Kalthoener, § 8 HausratsVO Rdnr. 8; a. A. Kuhnt AcP 150, 137; Soergel/Häberle, § 8 HausratsVO Rdnr. 6), ist § 8 Abs. 2 HausratsVO grundsätzlich anwendbar. Allerdings kann der Zustand der Ehe durchaus als Indiz bei der Beweisführung eines Ehegatten gewertet werden, der nachweisen will, dass der in der Zeit der Ehe angeschaffte Hausrat doch nicht für die Gemeinschaft, sondern für ihn persönlich bestimmt war. Das kommt vor allem dann in Betracht, wenn Hausrat in der Zeit des Zusammenlebens angeschafft wurde, aber erst für die Zeit nach der Trennung zur Nutzung bestimmt war (z. B. neue Möbel für die Möblierung der zum Zweck des Getrenntlebens bezogenen Wohnung).

Für Hausrat, der in der Zeit des Getrenntlebens angeschafft wurde, gilt die Vermutung nicht. Auch Hausrat, der von einem der Ehegatten mit in die Ehe gebracht wurde, fällt nicht darunter. Sofern dagegen Hausrat vor der Ehe erworben, aber erst in der Ehe bezahlt wurde, kann davon ausgegangen werden, dass er für den gemeinsamen Haushalt bestimmt war, und der Anschaffungsvorgang wurde auch erst in der Ehe vollendet.

361   Die Vermutung des § 8 Abs. 2 HausratsVO ist widerleglich. Der Gegenbeweis ist geführt, wenn das Alleineigentum eines Ehegatten feststeht. Damit ist nicht gemeint, dass das Eigentum offenkundig sein muss, sondern nur, dass es – eventuell nach einer Beweisaufnahme – keinen vernünftigen Zweifel mehr am Alleineigentum eines der Ehegatten gibt. An den Nachweis sind keine übergroßen Anforderungen zu stellen. Vor allem muss bei den Anforderungen der Wert des Gegenstands berücksichtigt werden. Im Zweifel bleibt es aber bei der Vermutung des gemeinsamen Eigentums.

Der Beweis kann mit allen Beweismitteln geführt werden. Gegenstand des Beweisverfahrens ist, wer Eigentümer des Hausratsgegenstands ist. Der Beweis kann nicht ohne weiteres allein damit erfolgen, dass der Ehegatte, der das Alleineigentum behauptet, nachweist, dass der Kaufvertrag von ihm allein abgeschlossen und mit seinen Mitteln erfüllt wurde. Das ist zwar ein wesentliches Indiz dafür, dass der vertragschließende Ehegatte auch Eigentümer des Hausratsgegenstandes geworden ist. Entscheidend ist aber, ob er darlegen und notfalls beweisen kann, dass auch der Wille bestand, nur für sich und nicht für die eheliche Gemeinschaft, also zusammen mit dem anderen Ehegatten erwerben zu wollen (OLG München NJW 1972, 542; OLG Celle NdsRPfl 1960, 231). Widerlegt ist die Vermutung in allen Fällen, in denen ein Ehegatte darlegen kann, dass der Hausratsgegenstand, um den gestritten wird, ein Ersatzstück für einen mit in die Ehe gebrachten, im Alleineigentum stehenden Gegenstand ist; denn § 1370 BGB gilt auch im Bereich des

Hausratsverfahrens und geht der Vermutung nach § 8 Abs. 2 Hausrats VO vor (BayObLG FamRZ 1970, 31; KG FamRZ 1968, 648). Soweit diese Vermutung nicht eingreift, weil der Ersatzvorgang nicht unter § 1370 BGB zu subsumieren ist, bleibt es bei den allgemeinen Beweisregeln. Das kommt vor allem dann in Betracht, wenn der Ersatzgegenstand ererbt war (OLG Stuttgart FamRZ 1982, 485) oder wenn er mit in die Ehe gebracht, aber erst dadurch zum Hausratsgegenstand wurde, dass er einen anderen Gegenstand, der zu demselben Zweck genutzt worden war, nach dessen Unbrauchbarkeit ersetzt. Im Regelfall dürften diese Vorgänge aber ihrerseits relativ leicht nachzuweisen und die Vermutung auf diese Weise zu widerlegen sein.

Auch in den Fällen, in denen die Vermutung des § 8 Abs. 2 Hausrats VO nicht eingreift, kann aber ein Gegenstand vorliegen, der den Ehegatten gemeinschaftlich gehört; die gemeinschaftliche Berechtigung muss dann nur von dem Ehegatten nachgewiesen werden, der sich auf diesen Umstand stützt. *362*

6.4.1.2.3 Besonderheiten bei Rechten Dritter

In die Rechte Dritter kann das Familiengericht bei einer Entscheidung *363* über Hausrat grundsätzlich nicht eingreifen. Soweit die Hausratsgegenstände weder Eigentum eines Ehegatten allein noch der Ehegatten gemeinsam sind, kommt deswegen eine Zuteilung des Eigentums oder die Begründung eines Nutzungsverhältnisses nicht in Betracht. Allerdings sind Fälle, in denen Ehegatten Hausrat nutzen, der nicht ihnen gehört, sondern einem Dritten, relativ selten – wenn man berücksichtigt, dass auch Rechte Hausrat sein können. Sofern also von den Ehegatten für ihren Haushalt Gegenstände genutzt werden, die nicht ihnen gehören und in bezug auf die – wie in aller Regel – ein Nutzungsverhältnis zu den Dritten begründet ist, ist das daraus folgende Nutzungsrecht als Hausratsgegenstand anzusehen und kann deswegen zugeteilt werden. Das Nutzungsverhältnis selbst wird dadurch jedoch nicht berührt; es handelt sich um eine intern zwischen den Eheleuten wirkende Regelung.

Für den besonders häufigen Fall einer Drittbeteiligung, des Erwerbs *364* eines Gegenstandes unter Eigentumsvorbehalt, enthält § 10 Abs. 2 Hausrats VO eine besondere Ausprägung des gerade dargestellten Grundsatzes. Die Norm bestimmt, dass eine einem Ehegatten unter Eigentumsvorbehalt gelieferte Sache nur dann dem anderen Ehegatten zugeteilt werden soll, wenn der Lieferant zustimmt. Auf diese Art und Weise soll sichergestellt werden, dass durch das Hausratsverfahren die Interessen des Dritten nicht beeinträchtigt werden. Wegen der gleichen Interessenlage ist sie entsprechend anzuwenden, wenn andere Rechte Dritter bestehen, die in ihrer Art dem Eigentumsvorbehalt ähneln, wie vor allem bei Sicherungsübereignungen, aber auch im Fall der Miete, Leihe oder des Leasing (KK-FamR/Weinreich, § 10 HausratsVO Rdnr. 9).

Allerdings bewirkt die Regelung in § 10 Abs. 2 HausratsVO nicht, dass jede Regelung, die ohne das Einverständnis des Dritten getroffen wird, unwirksam ist. § 10 Abs. 2 HausratsVO ist als Soll-, nicht als Mussvorschrift gefasst. Außerdem fordert der Zweck der Norm, den Rechtsinhaber zu schützen, nicht in jedem Fall die Unwirklsamkeit der Zuweisung: Kann das Gericht durch eine Anordnung sicherstellen, dass in Rechte des Dritten nicht eingegriffen wird (OLG Saarbrücken OLGZ 67, 1; RGRK/Kalthoener, § 10 HausratsVO Rdnr. 4; KK-FamR/Weinreich, § 10 HausratsVO Rdnr. 8; a. A. MünchKomm-BGB/Müller-Gindulis, § 10 HausratsVO Rdnr. 5; Soergel/Häberle, § 10 HausratsVO Rdnr. 3), ist deswegen auch eine Zuweisung ohne seine Zustimmung zulässig. In Betracht kommt etwa die Anordnung, dem Vorbehaltsverkäufer den Kaufpreisrest zu zahlen (KK-FamR/Weinreich, § 10 HausratsVO Rdnr. 8) oder die durch die Sicherungsübereignung gesicherte Forderung zu begleichen. Da es sich insoweit um allein vom Willen der Parteien abhängige Vorgänge handelt, liegen insoweit keine echten Bedingungen der Zuteilung vor, so dass die Zuteilung selbst davon abhängig gemacht werden kann.

6.4.1.3 Der Inhalt der Regelung

365 Die gerichtliche Entscheidung über die Zuweisung des Hausrats kann drei Hauptbestandteile haben: die Zuweisung der Hausratsgegenstände (Rdnr. 366 ff.), die Anordnung, eine Entschädigung für die Überlassung von einem Mehr an Haushaltsgegenständen (Rdnr. 374 ff.) zu zahlen und die Anweisung, eine Entschädigung für die Überlassung von Gegenständen zu entrichten, die im Alleineigentum eines Ehegatten standen, wenn diese Gegenstände an den anderen Ehegatten zugewiesen werden (Rdnr. 378 ff.). Daneben kommt noch eine Regelung in bezug auf die Schulden in Betracht, die aus dem Erwerb des zugewiesenen Hausrats resultieren (Rdnr. 381 ff.).

6.4.1.3.1 Die Zuweisung des Hausrats

366 Der wichtigste Teil der Entscheidung ist derjenige, durch welchen der Hausrat verteilt und jeweils einem der Ehegatten zugewiesen wird. Die Art der Zuweisung kann dabei durchaus unterschiedlich sein: In Betracht kommt eine reine Benutzungsregelung wie in der Zeit des Ge-

trenntlebens (Rdnr. 339 ff.), aber auch eine Umgestaltung des Eigentums, durch die die bisherige Gemeinschaft der Eheleute an dem Hausratsgegenstand beseitigt oder Alleineigentum des einen Ehegatten auf den anderen übertragen wird.

Da der Titel auch Herausgabetitel in bezug auf die Hausratsgegenstände ist, die von den Ehegatten an den jeweils anderen abgegeben werden müssen, muss er so bestimmt formuliert sein, dass der Gerichtsvollzieher weiß, auf welche Gegenstände er sich bezieht.

6.4.1.3.1.1 Hausrat im Alleineigentum eines Ehegatten

Für die Art der Zuweisung sieht § 9 HausratsVO in den dort geregelten Fällen der Entscheidung über Alleineigentum eines Ehegatten zu Gunsten des anderen Ehegatten vor, dass grundsätzlich ein Mietverhältnis begründet werden soll (§ 9 Abs. 2 S. 1 BGB). Damit ist aber kein absoluter Vorrang der Begründung des Mietverhältnisses gemeint; dem Richter ist vielmehr ein Ermessen eingeräumt (Staudinger/Weinreich, § 9 HausratsVO Rdnr. 10). Allerdings wird regelmäßig das Nutzungsverhältnis den Vorrang vor der Eigentumsübertragung haben müssen; denn die Begründung des Nutzungsverhältnisses ist ein kleinerer Eingriff in das Eigentumsrecht als dessen vollständiger Entzug. Es entspricht daher dem Verhältnismäßigkeitsprinzip, nur die Nutzung zu regeln, wenn das ausreicht, um den Bedarf des anderen Ehegatten an der Nutzung des Gegenstandes zu befriedigen. Das kommt vor allem in Betracht, wenn es sich um langlebige Gegenstände handelt, deren Nutzungsbedarf aber nur für eine relativ kurze Zeit angenommen werden kann, wie z. B. Möbel, die sich wenig abnutzen, aber nur noch für kurze Zeit benötigt werden, weil die Volljährigkeit der Kinder naht und schon feststeht, dass sie danach die Wohnung verlassen werden und die Möbel nicht mehr benötigen.

367

Kommt die Begründung eines Mietverhältnisses nicht in Frage, dann ist das Eigentum von dem bisherigen Eigentümer auf den anderen Ehegatten zu übertragen. Daran ist vor allem zu denken, wenn die Gegenstände generell für eine Vermietung nicht geeignet sind, wie Geschirr, Wäsche und ähnliches. Außerdem kann eine Eigentumsübertragung geboten sein, wenn die Begründung eines Mietverhältnisses nur zu einer Perpetuierung des Streits zwischen den Eheleuten führen würde, weil diese nicht mehr fähig sind, miteinander zu kommunizieren (Palandt/Brudermüller, § 9 HausratsVO Rdnr. 3). Ebenfalls ausscheiden kann ein Mietverhältnis, wenn die Umstände der Nutzung durch den anderen Ehegatten eine Rückgabe des Gegenstandes als schwierig oder gar aus-

368

geschlossen erscheinen lassen, wie etwa, wenn die voraussichtliche Nutzungsdauer die Lebenszeit des Gegenstandes erschöpfen wird oder wenn dieser an einem weit entfernten Ort genutzt wird oder seine Nutzung voraussetzt, dass er eingebaut wird usw.

369   Die Übertragung erfolgt durch die gerichtliche Entscheidung selbst. Sie wird mit der Rechtskraft der Zuweisungsentscheidung wirksam (RGRK/Kalthoener, § 9 HausratsVO Rdnr. 6). Eine Übereignung durch den Eigentümer-Ehegatten an den anderen ist nicht erforderlich. Eine Befristung oder Bedingung der Zuweisung kommt deswegen nicht in Betracht. Sollte sie erwogen werden, fehlt es wahrscheinlich schon an den Voraussetzungen für die Zuweisung; denn eine Nutzung auf Zeit kann durch einen Mietvertrag als eine weniger belastendere verhältnismäßige Regelung geschaffen werden.

Die Zuweisung von Gegenständen, die nicht dem anderen Ehegatten gehören, ist wirkungslos. Rechte Dritter (Pfandrechte, Nutzungsrechte) bleiben bestehen.

370   Für die Zuweisung ist es nicht erforderlich, dass der Ehegatte, dem das Eigentum genommen wird oder der Ehegatte, dem es zugewiesen wird, Besitzer der Sache sind. Mag die Sache sich auch im Besitz eines Dritten befinden (z. B. eines Mitbewohners, eines Nachbarn), mit der Zuweisung wird der begünstigte Ehegatte Eigentümer. Er muss die Sache dann nur noch in Besitz nehmen. Dazu ist gegebenenfalls ein weiteres Herausgabeverfahren gegen den Dritten anzustrengen. Mit der Zuweisung ist der Gegenstand auch von den Gläubigern des begünstigten Ehegatten pfändbar, für ihn gelten die Pfändungsverbote des § 811 ZPO.

371   Bei der Zuweisung von Alleineigentum an den anderen Ehegatten ist zu berücksichtigen, dass wegen des Eingriffs in das Eigentum nur gegen Festsetzung eines Entgelts zugewiesen werden darf. Der Eigentümer-Ehegatte muss für den Eingriff in seine Rechtsposition entschädigt werden. Das ergibt sich ohne weiteres aus § 9 Abs. 2 HausratsVO. Zu Einzelheiten siehe Rdnr. 378 ff.

372   Nach der Zuweisung des Gegenstandes zu Eigentum kann der begünstigte Ehegatte mit diesem grundsätzlich tun, was er will (§ 903 BGB). Auch an einer Weiterveräußerung ist er nicht gehindert. Das Eigentum ist ihm zwar übertragen, weil er des Gegenstandes bedarf und eine mildere Form der Nutzungsüberlassung nicht in Betracht kam. Das ihm zugewiesene Eigentum ist aber gleichwohl nicht zweckgebunden (Kuhnt, AcP 150, 140; RGRK/Kalthoener, § 9 HausratsVO Rdnr. 7). Eine Änderung der Entscheidung über die Zuweisung nach § 17 HausratsVO kommt in diesen Fällen auch nicht in Betracht; denn die Änderung darf

nicht in die Rechte von Dritten eingreifen, die ihr nicht zustimmen (§ 17 S. 2 HausratsVO). Diese Zustimmung wird aber im Regelfall nicht zu erhalten sein, weil der Dritte damit seine eigene Rechtsposition zunichte machen würde.

6.4.1.3.1.2 Hausrat im gemeinschaftlichen Eigentum der Ehegatten

Mit der Zuteilung des gemeinschaftlichen Hausrats an einen der Ehegatten gestaltet das Familiengericht die Rechtsbeziehungen mit Wirkung zwischen ihnen und gegenüber allen. Aus der Mitberechtigung wird Alleineigentum oder eine Alleininhaberschaft (bei Forderungen). Die Rechtsänderung erfolgt durch die gerichtliche Entscheidung selbst. Sie wird mit der Rechtskraft der Zuweisungsentscheidung wirksam. *373*

Die Zuteilung entfaltet ihre Wirkung auch dann, wenn sie Gegenstände betrifft, die tatsächlich nicht gemeinschaftliches Eigentum der Ehegatten waren, sondern die einem von ihnen allein gehörten, wenn das Gericht aber irrig gemeinschaftliches Eigentum angenommen hat (RGRK/Kalthoener, § 8 HausratsVO Rdnr. 11; MünchKomm-BGB/ Müller-Gindulis, § 8 HausratsVO Rdnr. 14). Die Zuteilung von Gegenständen, die nicht (auch) dem anderen Ehegatten gehören, sondern die im Eigentum Dritter stehen, ist wirkungslos. Rechte Dritter (Pfandrechte, Nutzungsrechte) bleiben bestehen.

Die Befristung oder Bedingung der Zuteilung ist ausgeschlossen.

6.4.1.3.2 Die Entschädigung für ungleiche Zuweisungsmengen

Die Gegenstände, die das Familiengericht den Ehegatten im Rahmen der Hausratsverteilung zuteilt, werden oft unterschiedlichen Wert aufweisen. Zwar wird das Gericht sich bemühen, bei der Verteilung den Ehegatten jeweils wertmäßig vergleichbare Mengen an Hausratsgegenständen zuzuteilen. Gleichwohl wird es sich in vielen Fällen nicht vermeiden lassen, dass einer der Ehegatten mehr Hausratsgegenstände erhält als der andere. In diesen Fällen erfordert eine der Billigkeit entsprechende Verteilung, dass die Differenz zu Gunsten des Ehegatten, der weniger Hausratsgegenstände erhalten hat, ausgeglichen wird. § 8 Abs. 3 S. 2 HausratsVO ermöglicht es daher dem Richter, eine Ausgleichszahlung festzusetzen, wenn das der Billigkeit entspricht. *374*

Die einzige Voraussetzung für die Anordnung der Ausgleichszahlung ist, dass ohne sie eine der Billigkeit entsprechende Verteilung nicht erreicht werden kann – oder wie das Gesetz es ausdrückt, dass die Anordnung einer Ausgleichszahlung der Billigkeit entspricht. Die Umstände, *375* die in die Billigkeitsentscheidung eingehen, sind dieselben, die auch für die Verteilung der Hausratsgegenstände (Rdnr. 366 ff.) maßgebend sind: die beiderseitigen Einkommensverhältnisse, die Vermögensverhältnisse, die Interessen der gemeinschaftlichen Kinder, die Dauer der Ehe, die Gründe für die Beendigung der Ehe usw.

Ausgangspunkt für die Berechnung der Entschädigung ist die Wertdifferenz zwischen den zugewiesenen Hausratsgegenständen. Relevant ist der objektive Verkehrswert, nicht das Affektionsinteresse, den die Gegenstände gerade für die Eheleute haben. Vor allem bei Tieren, Antiquitäten, Kunstwerken usw. kann das erheblich auseinanderfallen. Aus der so festgestellte Wertdifferenz ist dann im Wege einer Billigkeitsabwägung die Ausgleichszahlung zu ermitteln. Sie muss den Wert nicht erreichen.

376   Grundsätzlich ist ein Ausgleich in Geld vorzusehen, denn § 8 Abs. 3 HausratsVO spricht von einer Ausgleichszahlung. Eine Ausnahme ist aber insoweit zuzulassen, als dem Ehegatten, der weniger an gemeinsamem Hausrat erhalten hat, Gegenstände zugewiesen werden, die im Alleineigentum des anderen Ehegatten stehen. In diesen Fällen ist ebenfalls eine Entschädigung festzusetzen (§ 9 Abs. 2 S. 2 HausratsVO, Rdnr. 378 ff.), wenn die Begründung eines Nutzungsverhältnisses nicht ausreicht oder aus anderen Gründen ausscheidet. Es spricht nichts dagegen, in solchen Fällen die Entschädigung mit der Ausgleichszahlung nach § 8 Abs. 2 HausratsVO zu verrechnen, also gewissermaßen das Mehr an Zuweisung von gemeinschaftlichem Hausrat durch die Zuteilung des im Alleineigentum stehenden Hausratsgegenstands in umgekehrter Richtung zu kompensieren. Das setzt aber immer voraus, dass eine zulässige Zuweisung von Alleineigentum erfolgen kann, dass also die Voraussetzungen des § 9 Abs. 1 HausratsVO (Rdnr. 353 ff.) vorliegen. Die Regelung über die Ausgleichszahlung dient dagegen nicht dazu, die gerichtlichen Befugnisse in bezug auf die im alleinigen Eigentum eines Ehegatten stehenden Sachen zu vergrößern. Sofern die Voraussetzungen des § 9 HausratsVO nicht vorliegen, kommt deswegen eine weitergehende Zuweisung von Alleineigentum eines Ehegatten als „Ausgleichszahlung" nicht in Betracht (RGRK/Kalthoener, § 8 HausratsVO Rdnr. 15; weitergehend: BayObLG FamRZ 1970, 31; MünchKomm-BGB/Müller-Gindulis, § 8 HausratsVO Rdnr. 16; Soergel/Häberle, § 8 HausratsVO Rdnr. 14).

377   Das Gericht setzt in seiner Entscheidung auch die Modalitäten für die Erfüllung der Ausgleichszahlung fest, vor allem Fälligkeit, Zahlungstermine, Stundung, Verzinsung sowie gegebenenfalls die Sicherung des An-

spruchs, wenn die Gefahr besteht, dass der ausgleichspflichtige Ehegatte die dafür erforderlichen Mittel zunächst nicht aufbringen kann.

6.4.1.3.3 Die Entschädigung bei Zuweisung von Alleineigentum an den anderen Ehegatten

Wird Hausrat nach § 9 HausratsVO verteilt, also Alleineigentum des einen Ehegatten dem anderen zugewiesen, darf das wegen des damit verbundenen Eingriffs in das Eigentumsrecht nur gegen Entgelt geschehen. Dieses Entgelt ist unterschiedlich auszugestalten, je nachdem, ob es sich bei der Zuweisung um eine solche zur Nutzung handelt oder um eine eigentumsübertragende. *378*

Wird ein Nutzungsverhältnis begründet, handelt es sich bei diesem in aller Regel um ein Mietverhältnis (§ 9 Abs. 2 S. 1 HausratsVO). Für dieses setzt der Richter einen angemessenen Mietzins fest. Dieser muss genau bestimmt werden. Seine Höhe richtet sich nach Billigkeitsgesichtspunkten, nicht notwendigerweise nach dem Betrag, der für eine Anmietung eines vergleichbaren Gegenstandes zu entrichten wäre. Der Verkehrswert der Gebrauchsüberlassung ist nur der Ausgangspunkt für die Bemessung des Mietzinses, wird sich aber oft kaum feststellen lassen, weil – vor allem langfristige – Mietverträge über Hausrat in der gewerblichen Mietpraxis kaum vorkommen. Neben dem Verkehrswert kommt es auch auf die Einkommens- und Vermögensverhältnisse beider Seiten, den Grund der Zuweisung (vor allem, wenn er im Wohl der gemeinsamen Kinder begründet ist) und die Bedeutung des Hausratsgegenstandes an. *379*

In die Betrachtung einbezogen werden muss außerdem, ob der Überlassungspflichtige unterhaltsrechtlich verpflichtet ist, den Bedarf des anderen Ehegatten bzw. der gemeinsamen Kinder gerade in bezug auf die überlassenen Gegenstände zu decken. In diesem Fall ist eine Nutzungsvergütung unangemessen, denn der Überlassungspflichtige ist unterhaltsrechtlich gerade dazu verpflichtet, den Bedarf an diesen Haushaltsgegenständen zu decken, so dass seine Unterhaltsverpflichtung in der Höhe der Bedarfsdeckung befriedigt wird. Eine Verpflichtung des Unterhaltsberechtigten zur Zahlung einer Nutzungsvergütung würde dem Unterhaltspflichtigen diesen Vorteil erneut verschaffen und damit zu einer doppelten Berücksichtigung führen. Insoweit gilt das zur Nutzungsvergütung bei Wohnungen Gesagte (Rdnr. 342) entsprechend.

Etwas anders ist die Lage gestaltet, wenn die Zuweisung des Gegenstandes zu Eigentum erfolgt. In diesem Fall soll das Entgelt nicht den reinen Nutzungsausfall kompensieren, sondern den Verlust des Eigen- *380* tums. Auszugehen ist deswegen bei der Bemessung der Entschädigung vom Verkehrswert der Sachsubstanz (RGRK/Kalthoener, § 9 HausratsVO Rdnr. 4). Dieser Wert kann aber durch Billigkeitsgesichtspunkte modifiziert werden, wie das auch bei einer Nutzungsvergütung der Fall ist (Rdnr. 342). Anders als dort kommt dagegen eine Beeinflussung der Höhe dieses Betrags durch unterhaltsrechtliche Gesichtspunkte nicht in Betracht; denn der Ausgleich bezieht sich nicht auf die mit dem Unterhaltsbedarf identische Nutzung des Gegenstandes, sondern auf dessen Substanzwert.

6.4.1.3.4 Die Regelung der aus der Anschaffung des Hausrats resultierenden Schulden

381 Schließlich kann das Familiengericht in der Entscheidung über den Hausrat noch eine Regelung darüber treffen, welcher Ehegatte die Schulden begleichen muss, die mit der Anschaffung des Hausrats zusammenhängen (§ 10 Abs. 1 HausratsVO).

Erfasst werden alle Schulden, die aus dem Erwerb oder der Unterhaltung des Hausratsgegenstandes resultieren, vor allem eine Kaufpreisrestschuld, Forderungen aus der Änderung oder Anpassung des Gegenstandes, wegen seiner Reparatur oder Unterhaltung.

Das Gericht kann die interne Haftung für diese Schulden neu regeln. Die Rechte der Gläubiger werden nicht berührt. Etwas anderes gilt nur dann, wenn die Gläubiger sich mit der Neuregelung auch im Außenverhältnis einverstanden erklären. Fehlt es an einer Umgestaltung im Außenverhältnis, dann besteht zunächst ein Freistellungsanspruch des durch die Umverteilung begünstigten Ehegatten gegen den anderen. Hat er bereits bezahlt, wandelt sich dieser Anspruch in einen Zahlungsanspruch um. Das Verfahren ist keine Familiensache (BayObLG FamRZ 1985, 1057).

382 Voraussetzung für die Regelung in bezug auf die Schulden ist neben deren Bezug zu Hausrat allein, dass die Umverteilung der an sich im Außenverhältnis bestehenden Haftung der Billigkeit entspricht. Bei der Entscheidung dieser Frage sind alle Umstände einzubeziehen, die auch für die Verteilung des Hausrats maßgebend sein können (Rdnr. 352 ff.). Erhebliche Bedeutung hat aber insofern zum einen, welcher Ehegatte den Hausratsgegenstand zugeteilt bekommen hat, auf dem die Schulden lasten. In der Regel wird es der Billigkeit entsprechen, diesem Ehegatten auch die Haftung für die Schulden zuzuweisen. Etwas anderes gilt nur dann, wenn die Zuweisung an ihn ein reines Nutzungsverhältnis begründet, nicht aber Eigentum. Zum anderen muss verhindert werden,

dass die Schulden mehrfach berücksichtigt werden. Da zumindest nach h. M. eine güterrechtliche Berücksichtigung ausgeschlossen ist, wenn sie im Hausratsverfahren eine Regelung finden (Rdnr. 19 ff.), muss das Umgekehrte gelten, wenn über den Güterstand bereits rechtskräftig entschieden wurde. Entsprechendes gilt, wenn die Schulden bereits bei der Bemessung des Unterhalts eine Rolle gespielt haben (Staudinger/Weinreich, § 10 HausratsVO Rdnr. 4).

Durch die Berücksichtigung im Hausratsverfahren werden die Schulden güterrechtlich neutralisiert. Das bedeutet vor allem, dass diese Schulden von dem Ehegatten, der im Außenverhältnis für sie haftet, im Verfahren auf Ausgleich des Zugewinns nicht vom Endvermögen abgezogen werden dürfen (BGH NJW-RR 1986, 1325).   *383*

6.4.1.4 Wirksamwerden und Wirkungsdauer der Regelung

Für die Entscheidungen nach §§ 8 ff. HausratsVO gilt die allgemeine Regel des § 16 Abs. 1 FGG, dass sie mit der Bekanntmachung an denjenigen wirksam werden, für den sie ihrem Inhalt nach bestimmt sind, nur dann, wenn es sich nicht um eine Folgesache handelt. Die Rechtslage entspricht insofern der bei Wohnungszuweisungen (Rdnr. 343 f.).   *384*

Auch hier ist die Wirksamkeitssperre unabhängig davon, ob die Entscheidung über den Hausrat oder die Scheidung im Verbund oder nach einer Abtrennung des Verfahrens ergeht (§ 628 ZPO, in bezug auf Hausratssachen extrem seltener Ausnahmefall). Die Folge tritt selbst dann ein, wenn die Entscheidung in der Hausratssache schon unanfechtbar ist (z. B. weil die Rechtsmittelfrist abgelaufen oder die notwendige Beschwer unzweifelhaft nicht erreicht ist). Folge der Wirksamkeitssperre ist, dass nach dem Erlass des Urteils, selbst nach der Unanfechtbarkeit der Entscheidung in der Hausratssache noch einstweilige Anordnungen (Rdnr. 462 ff.) ergehen können oder sogar ergehen müssen, wenn eine Regelung dringlich ist.

6.4.2 Die Zuweisung des lebenspartnerschaftlichen Hausrats

Für die Zuweisung des lebenspartnerschaflichen Hausrats verweist § 19 LPartG auf §§ 8–10 HausratsVO. Damit gelten die gerade für Eheleute dargestellten Grundsätze auch für Lebenspartner.   *385*

Die wichtigste Abweichung des § 19 LPartG von § 9 HausratsVO liegt darin, dass § 19 S. 2 LPartG dem Alleineigentum das Miteigentum eines Lebenspartners mit einem Dritten gleichstellt. Dieser Schritt wurde hier allerdings für die Verteilung des ehelichen Hausrats ebenfalls vollzogen (Rdnr. 331), so dass sich in der Sache kein Unterschied ergibt.

Für das Wirksamwerden der Entscheidung gilt das zu Eheleuten Gesagte entsprechend.

6.5 Exkurs: Die Verteilung von Hausrat von Kindern

386   Hausrat, der von Kindern genutzt wird, wird nach den vorstehend dargestellten Regeln verteilt, wenn er im Eigentum eines oder beider Elternteile steht. In diesen Fällen begründet gerade die Benutzung der Gegenstände für die gemeinschaftlichen Kinder deren Eigenschaft als Hausratsgegenstand. Die Verteilung richtet sich danach, in wessen Eigentum die Gegenstände stehen (Rdnr. 366 ff.).

387   Hausratsgegenstände, die im Eigentum der Kinder selbst stehen, können im Hausratsverfahren nicht verteilt werden. Diese Gegenstände sind nicht Hausrat der Ehegatten, sondern solcher im Eigentum Dritter. Die Kinder als Dritte haben deswegen Herausgabeansprüche nach den allgemeinen Regeln (§ 985 BGB) in bezug auf die Gegenstände, die ihnen allein gehören. Diese Ansprüche können als Annex zu den Verfahren auf Kindesherausgabe geltend gemacht werden und sind deswegen auch Familiensachen.

388   Entsprechendes wie für die Hausratsgegenstände im Eigentum der Kinder gilt für von den Kindern genutzte Gegenstände, die sich im Eigentum Dritter (z. B. Großeltern) befinden. Die Eigentümer haben gegen den Besitzer, der nicht Inhaber des Sorgerechts ist, aus dem er gegebenenfalls ein Recht zum Besitz an den den Kindern zur Verfügung gestellten Gegenständen ableiten kann, einen Herausgabeanspruch nach den normalen Regeln. Insoweit ist ein Streit zwischen den Eltern und den Dritten aber nicht mehr familienrechtlich überformt. Er ist deswegen nicht vor dem Familiengericht, sondern vor der Prozessabteilung des Amtsgerichts bzw. vor dem Landgericht zu führen.

7. Rechtsbehelfe und Rechtsmittel

In bezug auf die Anfechtbarkeit bzw. Korrektur von Entscheidungen *389* über Wohnung und Hausrat ist zu unterscheiden zwischen der Anfechtung der Entscheidung durch Rechtsmittel (Rdnr. 390 ff.) und der Aufhebung wegen veränderter Umstände (Rdnr. 452 ff.).

7.1 Rechtsmittel

Für die Rechtsmittel gegen Entscheidungen in Hausrats- und Woh- *390* nungssachen ist zu unterscheiden, ob es sich bei dem Verfahren um ein isoliertes oder um ein Verbundverfahren handelt. Verbundverfahren können nur die Verfahren sein, die auf endgültige Regelungen gerichtet sind, also das Wohnungsverfahren nach §§ 2 ff. HausratsVO und nach §§ 17 f. LPartG sowie das Hausratsverfahren nach §§ 8 ff. HausratsVO und nach §§ 17, 19 LPartG. Die Verfahren nach §§ 1361a und 1361b BGB, 2 GewSchG und § 13, 14 LPartG sind dagegen immer isolierte Verfahren und folgen den dafür geltenden Regeln. Das bedeutet, dass gegen Entscheidungen in isolierten Verfahren die Beschwerde stattfindet, während im Verbundverfahren nur in relativ seltenen Fällen die Beschwerde gegeben ist, sondern regelmäßig durch die Berufung verdrängt wird.

Ein Rechtsmittel gegen die Entscheidungen der zweiten Instanz findet *391* in Hausrats- und Wohnungsstreitigkeiten nicht statt: § 621e Abs. 2 ZPO schließt die Rechtsbeschwerde aus, und § 629a Abs. 2 S. 1 ZPO erstreckt das auch auf den Fall, dass ein Rechtsmittel eingelegt wird, wenn die Hausrats- oder Wohnungssache im Verbund steht, so dass auch eine Revision nicht in Betracht kommt.

Ein Rechtsmittel gegen die Entscheidung im Wohnungsverfahren kann *392* auch von jedem Drittbeteiligten (Rdnr. 94 ff.) selbständig eingelegt werden (§§ 19, 20 FGG; § 14 HausratsVO). Die Befugnis dazu ist unabhängig davon, ob der Dritte bereits in der Instanz, die durch die angegriffene Entscheidung abgeschlossen wird, von seinem Beteiligungsrechten Gebrauch gemacht hat. Es reicht, dass er mit dem dort gefundenen Ergebnis nicht einverstanden ist.

7.1.1 Isolierte Verfahren

393   Die Rechtsmittel in FGG-Familiensachen (§ 621 Abs. 1 Nr. 1–3, 6, 7, 9, 10, 12 und Verfahren nach § 1600e BGB) und damit auch die Hausrats- und Wohnungsverfahren einschließlich der Gewaltschutzverfahren sind in § 621e ZPO geregelt, soweit es sich um isolierte Verfahren handelt. Die Vorschrift eröffnet gegen die Endentscheidungen des Familiengerichts in FGG-Familiensachen die befristete Beschwerde (§ 621e Abs. 1 ZPO) und grundsätzlich auch die Rechtsbeschwerde. Von letzterer ausgenommen sind jedoch die hier relevanten Verfahren, nämlich das Hausrats- und Wohnungsverfahren sowie das Gewaltschutzverfahren (§ 621e Abs. 2 S. 1 ZPO).

Im Anwendungsbereich des § 621e ZPO sind die §§ 19 ff. FGG weitgehend verdrängt. Das Verfahren der Beschwerde wird weitgehend den Regelungen über die Berufung und Revision angeglichen. Das erfolgt vor allem dadurch, dass die Fristen für die Einlegung und Begründung von Beschwerde derjenigen für die Berufung angepasst wurden.

Die Vorschrift gilt für alle Endentscheidungen in isolierten FGG-Familiensachen. Soweit die Norm nicht eingreift, bleibt es bei der Geltung der allgemeinen Regeln. Alle Entscheidungen in FGG-Familiensachen, die keine Endentscheidungen sind, sind daher mit der Beschwerde nach §§ 19 ff. FGG anzufechten.

7.1.1.1 Voraussetzungen der befristeten Beschwerde

394   Die Voraussetzungen der Berufungsbeschwerde ergeben sich zum Teil aus § 621e, zum Teil aus den allgemeinen Regeln für Beschwerden in Angelegenheiten der freiwilligen Gerichtsbarkeit, vor allem aus § 20 FGG sowie aus § 14 HausratsVO.

Nach § 621e Abs. 1 ZPO findet die Berufungsbeschwerde statt gegen „Endentscheidungen in (den) Familiensachen". Diese Formulierung legt die Annahme nahe, dass die Vorschrift nur eingreift, wenn materiell eine Entscheidung in einer FGG-Familiensache vorliegt, nicht aber dann, wenn es gerade darum geht, ob eine solche gegeben ist. Es besteht jedoch Einigkeit, dass diese Formulierung nach der Änderung des § 119 GVG durch das UÄndG nicht mehr treffend ist. Hier ist eine formelle Anknüpfung gewollt. Die Vorschrift ist daher so zu lesen, als ob es dort hieße: „Gegen die im ersten Rechtszug von den Familiengerichten als Familiensachen des § 621 Abs. 1 Nr. 1 bis 3, 6, 7, 9, 10, in Verfahren nach § 1600e Abs. 2 des Bügerlichen Gesetzbuchs, Nr. 12 sowie 13 erlassenen Endentscheidungen findet die Beschwerde statt". Die Beschwerde nach § 621e findet daher auch statt, wenn gerügt werden soll, dass gerade keine Familiensache, also keine Hausrats-, Wohnungs- oder Gewalt-schutzsache nach § 2 GewSchG vorliegt (vgl. BGH FamRZ 1990, 147).

7.1.1.1.1 Statthaftigkeit

Die Berufungsbeschwerde findet nur gegen Endentscheidungen statt.   *395*
Gegen Zwischenentscheidungen, die die Instanz nicht einmal teilweise beenden (vgl. BGH FamRZ 1979, 224), findet – vorbehaltlich spezieller Regelung wie § 620c ZPO – die Beschwerde nach §§ 19 ff. FGG statt. Nach einer gängigen Faustformel sind Endentscheidungen die Instanz beendende Hauptsacheentscheidungen, die, wenn sie im Verbund ergingen, in Form eines Urteils getroffen werden müssten (KG FamRZ 1979, 76; OLG Düsseldorf FamRZ 1982, 186). Ob die Entscheidung die Haupt- oder eine Nebenfrage betrifft, ist dagegen unerheblich. Auch Nebenentscheidungen können daher Endentscheidungen im Sinne von § 621e ZPO sein. Die Abgrenzung zwischen Zwischen- und Endentscheidungen ist nicht immer leicht zu treffen, zumal auch Teil-Endentscheidungen in den Anwendungsbereich des § 621e ZPO fallen.

Als Endentscheidungen sind allgemein einzuordnen: die Entscheidung   *396*
des Gerichts über die eigene Zuständigkeit (§ 280 Abs. 2 ZPO analog, OLG Stuttgart FamRZ 1978, 442) und über den Anspruchsgrund (OLG Hamburg FamRZ 1980, 1133), die Feststellung der Erledigung der Hauptsache (BGH FamRZ 1982, 586; OLG Köln FamRZ 1983, 1262) sowie die Vollstreckbarerklärung ausländischer Entscheidungen, die bei Einordnung nach deutschem Recht FGG-Familiensachen sein würden.

In Hausratsstreitigkeiten wurden von der Rechtsprechung auch die Ablehnung des Verfahrens als nach der HausratsVO unzulässig, Entscheidungen über eine Räumungsfrist und Entscheidungen in Änderungsverfahren nach § 17 HausratsVO (OLG Karlsruhe FamRZ 1979, 824; OLG München FamRZ 1978, 196) als Endentscheidungen eingeordnet.

Keine Endentscheidungen, sondern bloße Zwischenentscheidungen   *397*
sind dagegen gerichtliche Verfügungen, die lediglich das Verfahren betreffen, wie etwa die Ablehnung eines Prozesskostenhilfegesuchs (BGH FamRZ 1979, 232) oder die Aussetzung des Verfahrens. Auch Entscheidungen des Familiengerichts im Wege des einstweiligen Rechtsschutzes sind keine Endentscheidungen; denn sie treffen gerade nur eine vorläufige Regelung für die Zeit bis zur die Instanz abschließenden Entscheidung (BGHZ 72, 169; OLG Düsseldorf FamRZ 1978, 141; OLG Hamm FamRZ 1978, 441; OLG Karlsruhe FamRZ 1978, 270; OLG Köln FamRZ 1978, 533).

Isolierte Kostenentscheidungen nach Antragsrücknahme (§ 269 Abs. 3 S. 3 ZPO) oder übereinstimmender Erledigungserklärung (§ 91a ZPO) sind ebenfalls keine Endentscheidungen (BGH FamRZ 1990, 1102). In diesen Fällen findet die sofortige Beschwerde nach § 20a Abs. 2 FGG statt.

7.1.1.1.2 Beschwerdeberechtigung (§ 20 FGG)

398   Auch bei Beschwerden nach § 621e richtet sich die Beschwerdeberechtigung nach § 20 FGG. Beschwerdeberechtigt ist danach, wer durch die gerichtliche Entscheidung in seinen Rechten beeinträchtigt ist. Diese Voraussetzung ist nur erfüllt, wenn in ein subjektives Recht des Beschwerdeführers eingegriffen wird; die Beeinträchtigung von bloßen Interessen reicht nicht. Ob der Beschwerdeführer bereits zuvor am Verfahren beteiligt war, ist unerheblich (BGH FamRZ 1980, 989); es kommt allein auf die materielle Beschwer an.

Der Beschwerdeführer muss eine Rechtsverletzung rügen und damit erreichen wollen, dass die gerichtliche Entscheidung zu seinen Gunsten geändert wird (BGH NJW 1983, 179; FamRZ 1990, 1099). Es ist daher nicht möglich, mit der Beschwerde Verfahrensfehler zu rügen, wenn nicht gleichzeitig das Ergebnis dieses Verfahrens in Frage gestellt wird. Ebensowenig ist es möglich, sich ohne eigene Beschwer einer von einem Dritten erhobenen Beschwerde anzuschließen; denn im Beschwerdeverfahren gibt es keine notwendige Streitgenossenschaft (BGH FamRZ 1981, 657).

399   Durch Entscheidungen über die Verteilung von Hausrat kann grundsätzlich nur in Rechte der Ehegatten bzw. Lebenspartner eingegriffen werden. Beschwerdebefugt ist, wer geltend macht, dass ein bestimmter Gegenstand ihm hätte zugeteilt werden müssen oder dass eine Ausgleichszahlung für den anderen Ehegatten hätte festgesetzt werden müssen (vgl. § 8 Abs. 3 S. 2, 9 Abs. 2 S. 2 HausratsVO). Eine Beschwerdefugnis Dritter kommt ausnahmsweise in Betracht, wenn der Richter eine dem einen Ehegatten unter Eigentumsvorbehalt gelieferte Sachen dem anderen zuteilt (§ 10 Abs. 2 HausratsVO, Rdnr. 364 f.); denn der durch den Eigentumsvorbehalt gesicherte Gläubiger hat ein Interesse daran, dass die Sache bei seinem Schuldner verbleibt, weil sonst sein Sicherungsrecht beeinträchtigt wird.

400   Die Entscheidung über die Wohnung kann auch die in § 7 HausratsVO bezeichneten Dritten (Vermieter, Grundstückseigentümer, Dienstherr, Mitberechtigte) in ihren Rechten betreffen. Diese sind daher neben den Ehegatten bzw. Lebenspartnern, für die gegenüber der Rechtslage beim

Hausrat keine Besonderheiten gelten, beschwerdebefugt. Die Familienangehörigen ohne derartige eigene Rechte – vor allem Kinder – sind dagegen nicht beschwerdebefugt. Eine Beschwerdebefugnis Dritter besteht außerdem nur für die endgültige Entscheidung über die Wohnungszuweisung, nicht aber für die vorläufige Regelung während der Trennungszeit; denn die vorläufige Regelung ist allein eine Benutzungsregelung im Innenverhältnis der Eheleute bzw. Lebenspartner.

7.1.1.1.3 Beschwerdewert in Hausratssachen (§ 14 HausratsVO)

Betrifft die Beschwerde allein eine Entscheidung über die Verteilung *401* von Hausrat, muss der Beschwerdewert 600 Euro übersteigen (§ 14 HausratsVO). Greift der Beschwerdeführer mit seiner Beschwerde dagegen nicht nur die Verteilung des Hausrats, sondern zusätzlich die Entscheidung über die Wohnung an, ist der Wert der Beschwer durch die Entscheidung über die Wohnung ohne Belang. Das ergibt sich bereits aus dem Wortlaut des § 14 HausratsVO.

7.1.1.1.4 Rechtsschutzbedürfnis

Das Rechtsschutzbedürfnis für eine Beschwerde gegen eine familienge- *402* richtliche Entscheidung entfällt vor allem, wenn das angestrebte Ziel auf einem einfacheren, kostengünstigeren Weg erreicht werden kann. Zu denken ist insofern vor allem an die Berichtigung von Rechenfehlern nach § 319 ZPO. Das kommt jedoch nur bei Berechnungen in Betracht, im hier relevanten Bereich also bei Entschädigungszahlungen oder Mietfestsetzungen.

7.1.1.2 Inhalt und Reichweite der befristeten Beschwerde

Die Berufungsbeschwerde dient dazu, den aus der Endentscheidung fol- *403* genden Eingriff in die Rechte des Beschwerdeführers zu beseitigen. Sie ist dagegen kein Mittel, um bloße Interessenbeeinträchtigungen geltend zu machen, das in erster Instanz abgeschlossene Verfahren nachträglich zu erweitern oder rechtskräftig abgeschlossene Verfahren wieder aufzurollen.

7.1.1.2.1 Gegenstand der Beschwerde

Mit der Beschwerde wird eine konkrete Entscheidung des Familienge- *404* richts angegriffen. Durch deren Gegenstand wird daher grundsätzlich auch der Gegenstand des Beschwerdeverfahrens festgelegt. Neue, den Verfahrensgegenstand über den Gegenstand des erstinstanzlichen Verfahrens hinaus erweiternde Anträge sind daher unzulässig (BGH FamRZ 1990, 607; OLG Karlsruhe FamRZ 1984, 819, 820).

7.1.1.2.2 Gesamt- und Teilanfechtung

405 Durch die Beschwerde wird die Entscheidung des Familiengerichts grundsätzlich in vollem Umfang angegriffen. Die Teilanfechtung ist aber möglich, wenn die Entscheidung mehrere Verfahrensgegenstände betrifft oder wenn der Verfahrensgegenstand teilbar ist. In einem derartigen Fall ist es dem Beschwerdegericht verwehrt, seine Entscheidung auch auf die anderen Teile zu erstrecken (BGH FamRZ 1984, 1215; 1986, 250; OLG Zweibrücken FamRZ 1993, 82, 83).

406 Eine Teilanfechtung von Entscheidungen in Streitigkeiten um Wohnung und Hausrat ist jedenfalls dann möglich, wenn die Entscheidung in bezug auf die Ehewohnung oder den Hausrat insgesamt angegriffen wird. Zulässig ist es auch, nur einzelne Nebenentscheidungen zur Wohnungszuweisung (z. B. die Entscheidung über die Räumungsfrist) anzugreifen. Nicht möglich ist es dagegen, die Entscheidung über den Hausrat nur in bezug auf einzelne Gegenstände anzugreifen, um insoweit eine andere Verteilung zuerreichen; denn bei der Hausratsverteilung handelt es sich um eine umfassende, den gesamten nicht einverständlich verteilten Hausrat einbeziehende Billigkeitsentscheidung (BGHZ 18, 143; OLG Zweibrücken FamRZ 1993, 82, 83; MünchKomm/Klauser, § 621e ZPO Rdnr. 38; a. A. Rolland/Roth, § 621e ZPO Rdnr. 39). Wollen die Parteien den Streit nur über bestimmte Einzelgegenstände in die zweite Instanz bringen, können sie jedoch den Rest durch eine Einigung der gerichtlichen Prüfung entziehen (vgl. §§ 8 Abs. 3 S. 2, 9 Abs. 2 S. 2 HausratsVO). An diese Einigung ist das Gericht gebunden (BGHZ 18, 143; BGH FamRZ 1979, 789; OLG Zweibrücken FamRZ 1993, 82, 83); prozessual bleibt es aber dabei, dass das Gericht weiterhin über den gesamten im Streit befindlichen Hausrat entscheidet.

407 Die Erweiterung des Rechtsmittels nach einer zulässigerweise eingelegten Teilanfechtung ist uneingeschränkt zulässig, solange die Beschwerdebegründungsfrist noch läuft. Nach Ablauf der Beschwerdebegründungsfrist ist eine Erweiterung der Beschwerde dagegen grundsätzlich nur noch möglich, wenn die rechtzeitig vorgetragene Begründung auch die erweiterte Beschwerde trägt (BGH FamRZ 1982, 1196). Darüber hinaus kommt die Erweiterung des Rechtsmittels nur in denjenigen Fällen in Betracht, in denen das materielle Recht eine spätere Änderung der Entscheidung gestattet, wie im Wohnungs- und Hausratsverfahren durch § 17 HausratsVO (Rdnr. 452 ff.).

7.1.1.2.3 Begehren des Beschwerdeführers und gerichtliche Prüfungskompetenz

Ein Antrag des Beschwerdeführers ist grundsätzlich nicht erforderlich. *408*
Es reicht, dass sich sein Begehren hinreichend bestimmt aus der Beschwerdebegründung ergibt. Die Prüfungskompetenz des Gerichts wird
durch einen gleichwohl vom Beschwerdeführer gestellten Antrag bzw.
die in seiner Beschwerdebegründung enthaltene Umschreibung seines
Begehrens grundsätzlich nicht beschränkt, wenn Beschwerdegegenstand
die gesamte Entscheidung des Familiengerichts ist. Das ergibt sich daraus, dass § 536 ZPO in die Verweisung des § 621e Abs. 3 S. 2 ZPO nicht
einbezogen ist. Daher kommt in Verfahren über die Verteilung von
Hausrat grundsätzlich keine Beschränkung der Prüfungskompetenz des
Beschwerdegerichts in Betracht (OLG Zweibrücken FamRZ 1993, 82,
83); denn bei der Entscheidung über die Verteilung des Hausrats handelt
es sich um eine umfassende, den gesamten nicht einverständlich verteilten Hausrat einbeziehende Billigkeitsentscheidung (BGHZ 18, 143;
OLG Zweibrücken FamRZ 1993, 82, 83). Ließe man hier die Einschränkung der Prüfungsbefugnis zu, machte man dem Beschwerdegericht
diese Billigkeitsentscheidung unmöglich.

Soweit der Verfahrensgegenstand teilbar ist, kann der Beschwerdeführ-
rer seine Beschwerde auf einen Teil des Verfahrensstoffs beschränken
und auf diese Weise die Einschränkung der Prüfungsbefugnis des Gerichts erreichen.

7.1.1.2.4 Reformatio in peius

Das Verbot der Schlechterstellung kann ebenfalls zu einer Beschränkung *409*
der Prüfungsbefugnis des Beschwerdegerichts führen. Soweit es eingreift,
hindert es das Beschwerdegericht daran, die angefochtene Entscheidung
zum Nachteil des Beschwerdeführers abzuändern. Entsprechend zu dem
in bezug auf die Bindungswirkung des Antrags Gesagten greift das Verbot der reformatio in peius in FGG-Familiensachen aber nur ein, wenn
durch die Entscheidung ausschließlich private Interessen der Eheleute
betroffen sind. Im übrigen ist dagegen die Änderung der angefochtenen
Entscheidung zum Nachteil des Beschwerdeführers ohne weiteres möglich (BGHZ 85, 180, 186 = FamRZ 1983, 44, 46 = NJW 1983, 173, 174;
BGH FamRZ 1985, 44, 46; KG FamRZ 1986, 1016). Das kann vom Beschwerdeführer nur dadurch verhindert werden, dass er die Beschwerde
rechtzeitig zurücknimmt.

Das Verbot der reformatio in peius gilt grundsätzlich auch im Haus-
rats- und Wohnungsverfahren (BGHZ 19, 196, 199; BGH FamRZ 1979,

230, 231). Zu beachten ist im Hausratsverfahren aber, dass eine Schlechterstellung nicht bereits aus der Änderung der Entscheidung über die Zuweisung eines einzelnen Gegenstandes hergeleitet werden kann. Bei der Hausratsverteilung handelt es sich um eine Billigkeitsentscheidung, in die der gesamte Hausrat einbezogen wird, über dessen Verteilung sich die Ehegatten noch nicht geeinigt haben. Eine Schlechterstellung des Beschwerdeführers kann daher erst dann angenommen werden, wenn er insgesamt weniger erhält, als ihm vom Familiengericht zugesprochen worden war.

7.1.1.3 Das Beschwerdeverfahren

410   Das Beschwerdeverfahren ist dem Berufungsverfahren stark angenähert. Auf diese Weise soll eine möglichst weitgehende Vereinheitlichung der Rechtsmittel in Familiensachen erreicht werden.

7.1.1.3.1 Einlegung und Begründung der Beschwerde

411   Die Einlegung der Beschwerde erfolgt durch Einreichung einer Beschwerdeschrift beim Beschwerdegericht (§ 621e Abs. 3 S. 1 ZPO). Die Regelungen über Form, Frist und Begründung entsprechen denjenigen bei der Berufung. Im einzelnen bedeutet das:

Die Beschwerde muss bei dem Beschwerdegericht, d. h. dem Oberlandesgericht (§ 119 Abs. 1 Nr. 2 GVG), eingelegt werden (§ 621e Abs. 3 S. 1 ZPO). Die allgemeine Regel des § 21 Abs. 1 FGG, nach der eine Beschwerde auch beim Erstgericht eingelegt werden kann, wird durch diese Spezialregelung verdrängt. Eine gleichwohl an das Familiengericht adressierte Beschwerde ist aber nicht per se unzulässig. Das Familiengericht gibt sie an das Oberlandesgericht weiter; geht sie dort innerhalb der Beschwerdefrist ein, ist der Mangel geheilt (BGH FamRZ 1978, 232; 1979, 30; 1979, 909, 910; KG FamRZ 1978, 729). Unterbleibt jedoch die Weiterleitung oder geht die Beschwerde erst nach Ablauf der Beschwerdefrist beim Beschwerdegericht ein, ist das Rechtsmittel wegen Verfristung unzulässig. Eine Wiedereinsetzung in den vorigen Stand kommt bei anwaltlich vertretenen Parteien nicht in Betracht, da die Falschbezeichnung des Gerichts ein Verschulden des Beschwerdeführers darstellt (BGH EzFamR ZPO § 233 Nr. 10; Nr. 16); bei anwaltlich nicht vertretenen Parteien kann eine mildere Beurteilung angezeigt sein (OLG Karlsruhe OLGZ 1981, 241).

412   Die Beschwerde wird durch Einreichung einer Beschwerdeschrift eingelegt (§ 621e Abs. 3 S. 1 ZPO). Obwohl die Verweisung in § 621e Abs. 3 S. 2 ZPO § 518 ZPO nicht mit einbezieht, ist wegen der Angleichung der

Beschwerde nach § 621e an die Berufung zu verlangen, dass die Beschwerdeschrift vom Beschwerdeführer unterzeichnet wird (OLG Düsseldorf FamRZ 1977, 744; OLG Hamm FamRZ 1989, 307; a. A. KG FamRZ 1979, 966; OLG Celle FamRZ 1978, 139); § 21 Abs. 2 FGG, der auch eine nicht unterzeichnete Beschwerdeschrift ausreichen lässt, wird insoweit verdrängt. Eine Ausnahme vom Unterschriftserfordernis besteht nur nach den allgemeinen Regeln, wenn sich der Beschwerdeführer eines der modernen Telekommunikationsmittel (Telefax, Telebrief, Telegramm) bedient.

Die bei der befristeten Beschwerde bestehende Möglichkeit, die Beschwerde durch Erklärung zu Protokoll der Geschäftsstelle einzulegen (vgl. § 21 Abs. 2 FGG), ist für die Berufungsbeschwerde nicht vorgesehen. Jedoch reicht eine vom Urkundsbeamten gleichwohl in ein Protokoll aufgenommene Erklärung zur wirksamen Beschwerdeeinlegung aus, wenn sie den Anforderungen des Schriftformerfordernisses genügt; vor allem muss sie unterzeichnet sein. Fehlt es daran, ist die Beschwerde trotz Protokollierung nicht ordnungsgemäß eingelegt. In diesen Fällen kann jedoch regelmäßig gegenüber nicht anwaltlich vertretenen Parteien kein Schuldvorwurf erhoben werden, wenn sie sich darauf verlassen, dass der Urkundsbeamte die Protokollierung ordnungsgemäß vorgenommen hat, so dass Wiedereinsetzung in den vorigen Stand zu gewähren ist und die Unterschrift noch nachgeholt werden kann.

Die Beschwerdefrist beträgt einen Monat (§ 621e Abs. 3 S. 2 ZPO *413* i. V. m. § 516 ZPO). Sie ist eine Notfrist. Sie gilt wegen der formalen Umschreibung in § 119 GVG selbst dann, wenn die vom Familiengericht entschiedene Sache keine Familiensache ist (BGH FamRZ 1990, 147).

Die Monatsfrist beginnt grundsätzlich mit der Zustellung der Entscheidung an den Beschwerdeführer zu laufen (§ 621e Abs. 3 S. 2 ZPO i. V. m. § 516 ZPO). Wird die Entscheidung nicht zugestellt oder ist die Zustellung unwirksam, beginnt die Frist spätestens mit Ablauf von fünf Monaten nach der Verkündung der Entscheidung. Im schriftlichen Verfahren tritt in diesen Fällen die Herausgabe der Entscheidung an die Stelle der Verkündung. Soweit insoweit angenommen wird, die Frist beginne gar nicht zu laufen (OLG Celle FamRZ 1989, 881; OLG München FamRZ 1991, 1460), überzeugt das nicht, weil die auf diese Weise entstehende unbefristete Anfechtbarkeit die Rechtssicherheit gefährdet. Die hier vertretene Auffassung ist auch ohne weiteres mit dem Gesetz vereinbar; denn § 621e Abs. 3 S. 2 ordnet nur die entsprechende Anwendung des § 516 ZPO an (ebenso OLG Frankfurt FamRZ 1985, 613). Die Beschwerdefrist läuft für jeden Beteiligten gesondert. § 62 ZPO gilt im FGG-Verfahren nicht. Die Beschwerde eines Beteiligten kann daher in keinem Fall fristwahrende Wirkung zugunsten eines anderen Beteiligten entfalten (BGH FamRZ 1980, 773; 1981, 657, 659).

414   Die Beschwerde muss innerhalb eines Monats nach Einlegung der Beschwerde begründet werden (§ 621e Abs. 3 S. 2 ZPO i. V. m. § 519 ZPO). Die Frist kann durch den Vorsitzenden des Beschwerdesenats verlängert werden (§ 519 Abs. 2 S. 3 ZPO). Nach Ablauf der Beschwerdebegründungsfrist kann die Begründung nicht mehr erweitert werden. Wurde bis dahin keine Begründung vorgetragen, ist die Beschwerde daher als unzulässig zu verwerfen. Ebenso ist es ausgeschlossen, nach dem Ablauf der Begründungsfrist die Beschwerde auf andere, bislang noch nicht angefochtene Teile der Entscheidung zu erstrecken, wenn die Erweiterung der Beschwerde nicht durch den innerhalb der Beschwerdebegründungsfrist vorgetragenen Stoff getragen wird (BGH FamRZ 1982, 1196).

Daraus, dass § 621e Abs. 3 S. 2 ZPO nicht auf § 519 Abs. 3 ZPO verweist, ergibt sich, dass die Begründung der Beschwerde nicht den Anforderungen genügen muss, die an eine Berufungsbegründung zu stellen sind. Vor allem ist es nicht erforderlich, die Beschwerde mit einem bestimmten Antrag zu verbinden. Es ist ausreichend, dass der Beschwerdeführer darlegt, warum er sich durch die Entscheidung beschwert fühlt und was er an ihr missbilligt. Die Begründung muss jedoch wenigstens so klar sein, dass der Beschwerdegegner daraus erkennen kann, wie er seine Verteidigungsstrategie einrichten muss. Ein Mindestmaß an Klarheit und Präzisierung ist daher unverzichtbar. Deshalb reicht es für eine wirksame Beschwerdebegründung nicht, pauschal auf das Vorbringen in erster Instanz Bezug zu nehmen (OLG Düsseldorf FamRZ 1983, 721, 728) oder schlicht auszuführen, die Entscheidung sei unbillig oder ungerecht oder widerspreche dem Kindeswohl. Zulässig ist dagegen, auf ein ganz bestimmtes Vorbringen in der ersten Instanz zu rekurrieren oder auf bestimmte Teile (Schreiben der Gegenseite, Protokolle usw.) der bei Gericht befindlichen Akte Bezug zu nehmen (BGH FamRZ 1979, 30; FamRZ 1982, 36, 38). Gleiches gilt für die Bezugnahme auf das Prozesskostenhilfegesuch (BGH FamRZ 1989, 269).

Zur Begründung der Beschwerde kann der Beschwerdeführer Rechtsausführungen vortragen, aber auch neue Tatsachen (§ 23 FGG). Wegen des im FGG-Verfahren geltenden Amtsermittlungsgrundsatzes kommt eine Präklusion insoweit nicht in Betracht.

7.1.1.3.2 Prozesskostenhilfe

415   Für die Prozesskostenhilfe gelten die §§ 114 ff. ZPO. Besonderheiten bestehen nur insoweit, als ein Prozesskostenhilfeantrag für eine Beschwerde jedenfalls von einer anwaltlich nicht vertretenen Partei nicht begründet sein muss (BGH LM § 118 Nr. 3). Diese Einschränkung wird durch das Erfordernis der Waffengleichheit im Verfahren geboten; denn gerade die Streitigkeiten, in denen eine Berufungsbeschwerde in Betracht kommt, sind nahezu regelmäßig so kompliziert gelagert, dass eine nicht anwaltlich beratene Partei gar nicht dazu in der Lage ist, eine substantiierte Begründung vorzutragen. Das Verlangen nach einer Begründung würde es daher der Partei, die finanziell nicht dazu in der Lage ist, einen Anwalt zur Stellung des PKH-Antrags zu beauftragen, regelmäßig unmöglich machen, ihr Recht zu suchen.

7.1.1.3.3 Zustellung von Beschwerdeschrift und Beschwerdebegründung

Die Beschwerdeschrift und die Beschwerdebegründung müssen allen Beteiligten (außer dem Beschwerdeführer selbst) zugestellt werden (§ 621e Abs. 3 S. 2, § 519a S. 1 ZPO). Dem Beschwerdegegner ist darüber hinaus der Zeitpunkt der Beschwerdeeinlegung mitzuteilen (§ 621e Abs. 3 S. 2, § 519a S. 2 ZPO), damit er feststellen kann, wann die Beschwerdebegründungsfrist abläuft. Obwohl es im Gesetz nicht vorgesehen ist, entspricht es gerichtlicher Praxis, auch dem Beschwerdeführer den Zeitpunkt des Eingangs der Beschwerdeschrift formlos mitzuteilen, damit auch er den Lauf der Beschwerdebegründungsfrist zuverlässig berechnen kann.

416

7.1.1.3.4 Abhilfe, aufschiebende Wirkung und vorläufige Maßnahmen

Das Familiengericht darf der Beschwerde nicht selbst abhelfen (§ 621e Abs. 3, § 577 Abs. 3 ZPO); § 18 FGG ist in Beschwerdeverfahren nach § 621e nicht anzuwenden (BGH FamRZ 1982, 687; FamRZ 1984, 572). Zulässig ist nur eine Berichtigung der Entscheidung nach § 319 ZPO.

417

7.1.1.3.5 Allgemeine Verfahrensgrundsätze

Auch das Beschwerdeverfahren ist ein FGG-Verfahren. Es gilt daher der Amtsermittlungsgrundsatz (§ 12 FGG), so dass das Beschwerdegericht von sich aus den Sachverhalt klären und Beweise erheben muss. Es ist nicht auf den Strengbeweis beschränkt, sondern kann auch formlos Auskünfte einholen. Für die Parteien ergibt sich aus dem Amtsermittlungsgrundsatz als wichtigste Konsequenz, dass neue Tatsachen ohne Beschränkung in das Verfahren eingeführt werden können.

418

Das Beschwerdeverfahren kann grundsätzlich entweder mündlich oder schriftlich durchgeführt werden; § 128 ZPO gilt nicht. Welches dieser

Verfahren gewählt wird, entscheidet das Gericht nach pflichtgemäßem Ermessen.

Soweit in § 13 Abs. 2 HausratsVO für Entscheidungen über Wohnung und Hausrat angeordnet ist, dass mündlich zu verhandeln ist, bedeutet das nicht, dass auch im Beschwerdeverfahren grundsätzlich eine mündliche Verhandlung durchgeführt werden muss. Zu Recht sieht der BGH in diesen Streitigkeiten eine mündliche Verhandlung in der Beschwerdeinstanz als entbehrlich an, wenn bereits in der ersten Instanz der Sachverhalt ausreichend geklärt und den Parteien rechtliches Gehör gewährt wurde und eine Vereinbarung nicht zu erwarten ist (BGH FamRZ 1983, 267; KG FamRZ 1982, 180, 181; OLG Celle FamRZ 1979, 598, 599; OLG Hamm FamRZ 1980, 702, 703; OLG München FamRZ 1978, 696; 1980, 699).

Anwaltszwang besteht im Beschwerdeverfahren in isolierten Verfahren für den Beschwerdeführer ebensowenig wie für die übrigen Beteiligten.

7.1.1.3.6 Rücknahme der Beschwerde und Erledigung der Hauptsache

419 Eine Rücknahme der Beschwerde kann nach den allgemeinen für das FGG-Verfahren geltenden Grundsätzen bis zur Entscheidung des Beschwerdegerichts erfolgen. Der Zustimmung des Beschwerdegegners bedarf es selbst dann nicht, wenn eine mündliche Verhandlung stattgefunden hat; denn da die mündliche Verhandlung nicht zwingend ist, darf ihre zufällige Durchführung dem Beschwerdeführer nicht zum Nachteil gereichen. Die Rücknahme der Beschwerde muss dem Beschwerdegericht gegenüber erklärt werden. Sie ist kann nicht von einer Bedingung abhängig gemacht werden. Mit der Rücknahme des Antrags verliert auch eine unselbständige Anschlussbeschwerde ihre Wirkungen (§ 522 Abs. 1 ZPO analog).

Die Erledigung der Hauptsache ist vom Beschwerdegericht von Amts wegen festzustellen. In Hausrats- und Wohnungssachen hat die übereinstimmende Erledigungserklärung durch beide Parteien für das Gericht aber trotz Geltung des Amtsermittlungsgrundsatzes bindende Wirkung, weil ausschließlich private Interessen der Parteien betroffen sind. Wird die Beschwerde nach Erledigung in der Hauptsache nicht auf die Kostenfrage beschränkt, ist sie abzuweisen (vgl. BGH FamRZ 1982, 156; FamRZ 1987, 469); eine „Fortsetzungsfeststellung" gibt es im FGG-Verfahren nicht.

7.1.1.3.7 Die Beschwerdeentscheidung

Die Entscheidung über die Beschwerde nach § 621e ZPO erfolgt im iso- *420* lierten Verfahren durch Beschluss. Entscheidungsreif ist die Beschwerde, wenn eine einheitliche Entscheidung gegenüber allen Beteiligten möglich ist. Es müssen also entweder zulässige Beschwerden aller Beteiligten vorliegen oder aber eine Beschwerde der nicht beschwerdeführenden Beteiligten muss ausgeschlossen sein, weil die Rechtsmittelfrist abgelaufen ist oder sie auf das Rechtsmittel verzichtet haben.

Die Verkündung der Entscheidung ist nur erforderlich, wenn eine mündliche Verhandlung stattgefunden hat (§ 621a Abs. 1 S. 2, § 329 Abs. 1 S. 1 ZPO). Wurde nicht mündlich verhandelt, reicht die Zustellung der Entscheidung an die Beteiligten aus.

Die Wirksamkeit von Entscheidungen in Hausrats- und Ehewohnungs- *421* streitigkeiten tritt sofort ein; denn gegen diese Beschwerdeentscheidungen findet die weitere Beschwerde nicht statt, so dass sie bereits mit der Verkündung bzw. Zustellung rechtskräftig werden.

Der Inhalt der Beschwerdeentscheidung richtet sich nach den allge- *422* meinen Regeln des FGG-Verfahrens: Die Beschwerde wird verworfen, wenn sie wegen des Fehlens formaler Voraussetzungen unzulässig ist. Hält das Beschwerdegericht die Entscheidung des Familiengerichts für zutreffend, wird die Beschwerde als unbegründet zurückgewiesen. Meint das Beschwerdegericht dagegen, die Entscheidung des Familiengerichts sei unzutreffend, hebt es diese auf. Gleichzeitig erlässt es grundsätzlich selbst eine eigene Sachentscheidung. Nur in bezug auf Ausführungshandlungen, für deren Anordnung das erstinstanzliche Gericht funktionell zuständig ist (vor allem Zwangsgeldfestsetzungen nach § 33 FGG), ist das Beschwerdegericht an einer eigenen Sachentscheidung gehindert; in diesen Fällen verweist es die Sache daher an das Familiengericht. Eine Verweisung an ein Familiengericht ist – sofern die allgemeinen Voraussetzungen dafür vorliegen – auch möglich, wenn in der ersten Instanz ein örtlich unzuständiges Gericht entschieden hatte.

Im übrigen ist die Zurückverweisung an das Gericht der ersten Instanz grundsätzlich dann geboten, wenn die mit der Beschwerde angegriffene Entscheidung an einem schweren Verfahrensfehler leidet (§§ 538, 539 ZPO analog; vgl. BGH FamRZ 1982, 152, 153; OLG Frankfurt FamRZ 1989, 84). Das kommt vor allem in Betracht, wenn das Familiengericht den Sachverhalt nicht hinreichend aufgeklärt hat (OLG Hamm FamRZ 1987, 1063, 1064; 1987, 1288; 1991, 1466) und zwar selbst dann, wenn es die nach Ansicht des Beschwerdegerichts entscheidungsrelevanten Tatsachen nur deswegen nicht ermittelt hat, weil sie aus seiner rechtlichen

Beurteilung der Streitigkeit unerheblich waren (BGH FamRZ 1982, 152, 153; OLG Koblenz FamRZ 1980, 589, 590). Eine Zurückverweisung ist auch vorzunehmen, wenn das Beschwerdegericht mangels Begründung der familiengerichtlichen Entscheidung nicht erkennen kann, weshalb das Familiengericht so entschieden hatte wie geschehen (OLG Düsseldorf FamRZ 1978, 56). Dagegen darf nicht nur deshalb zurückverwiesen werden, weil das Beschwerdegericht nur materiell-rechtlich eine andere Auffassung vertritt als das erstinstanzliche Gericht.

423   Entsprechend § 540 ZPO kann das Beschwerdegericht grundsätzlich auch von einer Zurückverweisung absehen und selbst entscheiden, wenn es das für sachdienlich hält. Für die Ermessensentscheidung, selbst über die Sache zu entscheiden statt zurückzuverweisen, ist vor allem von Bedeutung, ob der Verfahrensmangel in der Beschwerdeinstanz geheilt werden kann und wie sich der Verlust einer Instanz für die Parteien auswirkt (BGH FamRZ 1978, 873, 877). Regelmäßig wird daher für eine Zurückverweisung kein Raum sein, wenn der Verfahrensmangel vom Beschwerdegericht selbst behoben werden kann.

7.1.1.4 Anschlussbeschwerde und Gegenanschließung

424 Die Einlegung einer selbständigen Anschlussbeschwerde (innerhalb der Beschwerdefrist) ist auch in Hausrats- und Wohnungssachen wie in allen FGG-Streitigkeiten ohne weiteres zulässig. Für die unselbständige, Anschlussbeschwerde d. h. die nach Ablauf der Beschwerdefrist erfolgte Anschließung an eine andere Beschwerde, ist dagegen in mehrfacher Hinsicht zu differenzieren: Grundsätzlich zulässig ist ein Anschlussrechtsmittel, wenn es sich gegen die Entscheidung einer FGG-Familiensache richtet, die als Teil eines Verbundurteils getroffen wurde (BGH FamRZ 1980, 233; 1982, 36, 38; BGHZ 85, 140). Das ergibt sich unmittelbar aus § 521 ZPO. Begrenzungen resultieren jedoch aus der Sonderregelung des § 629a Abs. 3 ZPO.

Die Zulassung einer unselbständigen Anschlussbeschwerde soll verhindern, dass nur noch eine den Beschwerdeführer begünstigende Entscheidung ergehen kann, wenn er die Beschwerdefrist bis zum letzten ausschöpft und der Beschwerdegegner im Vertrauen darauf, dass keine Beschwerde mehr erhoben werde, es seinerseits unterlassen hat, rechtzeitig ein Rechtsmittel einzulegen. Dieser Zweck erfordert die Zulassung der unselbständigen Anschlussbeschwerde in den Verfahren, in denen das Verbot der reformatio in peius gilt (BGHZ 92, 207, 210). Eine Anschlussbeschwerde kann daher gegen Entscheidungen über Wohnung und Hausrat ohne weiteres eingelegt werden (BGH FamRZ 1979, 230,

231; BayObLG FamRZ 1977, 467, 470; 1978, 599, 601; OLG Frankfurt FamRZ 1977, 400; OLG Hamm FamRZ 1983, 1241).

Die Anschließung muss gegen den Beschwerdeführer gerichtet sein. 425
Möglich ist es aber auch, sich dem Rechtsmittel eines Drittbeteiligten anzuschließen. Verfolgt sie dasselbe Ziel wie die Hauptbeschwerde, handelt es sich nicht mehr um ein zulässiges Anschlussrechtsmittel, sondern
um ein eigenes Hauptrechtsmittel, das nach den allgemeinen Grundsätzen auf seine Zulässigkeit zu überprüfen (und in den Fällen der unselbständigen Anschlussbeschwerde wegen Verfristung abzuweisen) ist (vgl.
BGH FamRZ 1982, 36, 38; 1985, 59, 60; 1985, 267, 269; 1985, 799, 800).

Für die Einlegung und Durchführung der Anschlussbeschwerde gelten 426
trotz ihrer Nichterwähnung in § 621e Abs. 3 S. 1 ZPO nach allgemeiner
Ansicht nicht die Regelungen des FGG, sondern die Vorschriften der
ZPO (BGH FamRZ 1983, 459, 460; BGHZ 86, 51), weil nur auf diese
Weise eine einheitliche Gestaltung der Rechtsmittel in Familiensachen
erreicht werden kann.

Die Anschließung kann erfolgen, solange das Beschwerdegericht noch
keine eigene Entscheidung erlassen hat (BGHZ 71, 314, 321). Ob zuvor
bereits eine mündliche Verhandlung stattgefunden hat, ist ohne Belang
(BGH NJW 1978, 1977, 1978). In formaler Hinsicht werden an die Einlegung der Anschlussbeschwerde dieselben Anforderungen gestellt wie
in bezug auf das Hauptrechtsmittel. Die Durchführung der Anschlussbeschwerde folgt ebenfalls den für das Hauptrechtsmittel geltenden Regeln. Wird das Hauptrechtsmittel zurückgenommen oder als unzulässig
verworfen, verliert die Anschließung ihre Wirkung. Die Kostenentscheidung richtet sich dann nach § 13a FGG.

Die Gegenanschließung an eine Anschlussbeschwerde ist nach densel- 427
ben Grundsätzen zuzulassen wie die Anschlussbeschwerde selbst; denn
es besteht kein schutzwürdiges Interesse des Anschlussbeschwerdefüh-
rers daran, dass die Entscheidung bezüglich eines Verfahrensstoffs, den
er selbst erst durch die Anschlussbeschwerde in die zweite Instanz gebracht hat, nur noch zu seinem Vorteil geändert werden kann (Münch-
Komm-ZPO/Klauser, § 621e ZPO, Rdnr. 47; Zöller/Philippi, § 621e
ZPO, Rdnr. 25b; Rolland/Roth, § 621e ZPO Rdnr. 47). Die gegenteilige
Auffassung des BGH (BGHZ 88, 360; BGH FamRZ 1984, 680; 1986,
455) überzeugt nicht.

7.1.2 Verbundverfahren

Über die im Verbund stehenden Streitigkeiten ist zwar einheitlich durch 428
Urteil zu entscheiden (§ 629 ZPO). Daraus folgt aber nicht, dass gegen

alle in dem Verbundurteil enthaltenen Entscheidungen ausschließlich die für ZPO-Folgesachen gegebenen Rechtsmittel stattfinden. Es bleibt vielmehr auch in bezug auf die Rechtsmittel bei dem Grundsatz, dass jede Folgesache demjenigen Rechtsmittel unterliegt, dem sie auch unterläge, wenn die Streitigkeit als selbständige Familiensache geltend gemacht worden wäre. Dieser Grundsatz wird nur dann modifiziert, wenn FGG-Folgesachen zusammen mit der Scheidungs- bzw. Aufhebungssache oder ZPO-Folgesachen angefochten werden.

Allerdings wird durch § 629a Abs. 1 ZPO in den Folgesachen nach § 621 Abs. 1 Nr. 7 und 9, in denen in selbständigen Verfahren eine Befassung des BGH ausgeschlossen ist (vgl. § 621e Abs. 2) verhindert, dass diese auf dem Wege einer Gesamtanfechtung zum BGH gelangen können. Das betrifft gerade die Hausrats- und Wohnungsverfahren (§ 621 Abs. 1 Nr. 7 ZPO).

7.1.2.1 Rechtsmittel gegen Verbundurteile des Familiengerichts

429 Gegen Verbundurteile des Familiengerichts, in denen auch über Hausrats- oder Wohnungssachen entschieden ist, findet entweder die Beschwerde oder die Berufung zum Oberlandesgericht (vgl. § 119 Abs. 1 Nr. 1 GVG) statt.

7.1.2.1.1 Beschwerde

Der Berufungsbeschwerde entsprechend § 621e unterliegen alle Entscheidungen in den FGG-Folgesachen, sofern der Rechtsmittelführer nicht gleichzeitig ein Rechtsmittel gegen die Entscheidung in einer ZPO-Folgesache einlegt (§ 629a Abs. 2 S. 1 ZPO). Es gilt grundsätzlich, vor allem in bezug auf die Beschwerdebefugnis, das zum isolierten Verfahren Gesagte. Zu beachten ist aber, dass – anders als bei Beschwerden gegen Entscheidungen in selbständigen Familiensachen – wegen des Verbunds für die Ehegatten bzw. Lebenspartner (nicht aber für die anderen Beschwerdeberechtigten) im Beschwerdeverfahren Anwaltszang besteht (§ 78 Abs. 2 Nr. 1 ZPO).

Während des Beschwerdeverfahrens selbst wird der Anwaltszwang zum Teil durch den Amtsermittlungsgrundsatz relativiert: Das Vorbringen eines Ehegatten bzw. Lebenspartner darf in den FGG-Folgesachen nicht schon deswegen außer Acht gelassen werden, weil er nicht anwaltlich vertreten ist. Das Gericht ist vielmehr verpflichtet, alle ihm bekanntwerdenden Tatsachen zur Kenntnis zu nehmen und bei seiner Entscheidung zu verwerten (BVerfG FamRZ 1992, 1151; OLG Hamm FamRZ 1994, 714, 715; OLG Zweibrücken FamRZ 1982, 187).

7.1.2.1.2 Berufung

Die Berufung ist statthaft, soweit der Scheidungs- oder Aufhebungsaus- *430*
spruch bzw. seine Versagung oder eine Entscheidung in einer ZPO-Folgesache (Unterhalt, güterrechtlicher Ausgleich) angegriffen werden sollen. Das gilt selbst dann, wenn außerdem noch die Entscheidung in
FGG-Folgesachen angegriffen wird.

Obwohl im Gesetz nicht ausdrücklich angesprochen, ist die Berufung
auch dann das einheitliche Rechtsmittel, wenn ein Ehegatte bzw. Lebenspartner zugleich die Entscheidung in der Scheidungs- bzw. Lebens-
partnerschafts- und/oder in ZPO-Folgesachen und diejenige in FGG-
Folgesachen angreift (vgl. BGH FamRZ 1980, 670); denn aus § 511 ZPO
folgt, dass mit einer uneingeschränkten Berufung alle Streitigkeiten zum
Gegenstand des Verfahrens zweiter Instanz werden, über die durch das
angegriffene Urteil entschieden worden ist. Fehler in der Bezeichnung
des Rechtsmittels durch den Berufungsführer sind aber unschädlich
(BGH NJW 1981, 2360; OLG Frankfurt FamRZ 1984, 406).

Die Klageerweiterung ist im selben Umfang zulässig wie in dem Fall, *431*
dass nur die Entscheidungen in ZPO-Folgesachen angegriffen werden
(BGHZ 85, 140). Die Berufungsschrift braucht hinsichtlich der FGG-
Folgesachen nicht den Anforderungen an eine Berufungsschrift zu genügen; vor allem ist es nicht erforderlich, dass der Rechtsmittelführer einen
bestimmten Antrag stellt (zum Antrag allgemein s. Rdnr. 90 f.).

Für die Berufung gelten grundsätzlich die §§ 511 ff. ZPO. Zu berück- *432*
sichtigen ist aber, dass auch in der Berufungsinstanz die Ehe- bzw. Lebenspartnerschaftssache und alle Folgesachen im Verbund stehen, so
dass über die noch im Streit befindlichen Verfahrensgegenstände gemeinsam zu verhandeln und zu entscheiden ist. Zum Verbund kommt es
auch, wenn nur noch Folgesachen im Streit sind.

Über die Berufung einschließlich der Hausrats- oder Wohnungssache *433*
ist mündlich zu verhandeln. Nur, wenn die Berufung durch die Rücknahme der gegen die Entscheidung in der Ehe- bzw. Lebenspartnerschaftssache und den ZPO-Folgesachen wieder zu einer Beschwerde
wird, kann ohne mündliche Verhandlung entschieden werden; denn die
Beschwerde unterliegt den FGG-Regeln, soweit diese nicht durch § 621
ZPO modifiziert wurden.

Über die Berufung wird einheitlich durch Urteil entschieden. Nur
wenn noch ausschließlich über FGG-Folgesachen zu entscheiden ist, ergeht die Entscheidung durch Beschluss (OLG Hamm FamRZ 1988, 625,
626; OLG Hamburg FamRZ 1984, 398; OLG München FamRZ 1991,
1452, 1453).

434   Ist der Berufungskläger im Verhandlungstermin nicht anwesend, kann gegen ihn ein Versäumnisurteil ergehen, wenn der andere Ehegatte oder Lebenspartner das beantragt. § 542 ZPO ist auf die Ehesache, die Lebenspartnerschaftssache und die ZPO-Folgesachen ohne weiteres anwendbar (OLG Hamm NJW-RR 1987, 521; OLG Schleswig FamRZ 1992, 839). Die Vorschrift gilt aber wegen der Annäherung des Rechtsmittelverfahrens über FGG-Folgesachen, die zusammen mit der Ehesache (bzw. Lebenspartnerschaftssache) und den ZPO-Folgesachen zu entscheiden sind, auch für die FGG-Folgesachen, für die im Normalfall keine Säumnisentscheidung in Betracht kommt, weil das FGG eine solche nicht kennt. Sind die Ehesache (bzw. die Lebenspartnerschaftssache) oder ZPO-Folgesachen und FGG-Folgesachen Gegenstand des Rechtsmittels, so ist darüber einheitlich als Berufung zu entscheiden (§ 629a Abs. 2 S. 2 ZPO). In einer solchen – und damit auch in Hausrats- und Wohnungssachen – kann aber gegen den Berufungskläger ein Versäumnisurteil ergehen. Der Amtsermittlungsgrundsatz steht dem nicht entgegen. Zwar muss das Gericht bei seiner Entscheidung über FGG-Folgesachen grundsätzlich alle Tatsachen berücksichtigen, die ihm bekannt sind. Der Fall der Säumnis des Berufungsklägers steht aber dem Fall nahe, dass auf eine Berufung verzichtet oder eine Berufung zurückgenommen wird: Die Säumnis zeigt, dass dem Berufungskläger an seinem Rechtsmittel nicht gelegen ist. Sie muss daher entsprechend den für die Entscheidung über die Einlegung des Rechtsmittels geltenden Grundsätzen behandelt werden. Insoweit unterliegt es aber gerade der Dispositionsbefugnis des Betroffenen, ob er ein Rechtsmittel einlegt oder nicht.

Ein Versäumnisurteil gegen den Berufungsbeklagten kommt in Hausrats- und Wohnungssachen nicht in Betracht. In den FGG-Folgesachen steht dem der Amtsermittlungsgrundsatz entgegen; denn insoweit geht es nicht um die Disposition über ein von dem säumigen Ehegatten bzw. Lebenspartner eingelegtes Rechtsmittel, sondern vielmehr um die Frage, welche Tatsachen bei der Entscheidung zugrundezulegen sind.

7.1.2.1.3 Zusammentreffen von Berufung und Beschwerde

435   Legt ein Ehegatte bzw. Lebenspartner gegen die Entscheidung in der Hausrats- oder Wohnungssache Beschwerde ein, entscheidet sich dann aber doch noch zur Berufung gegen eine Entscheidung in einer ZPO-Folgesache oder in der Ehe- bzw. Lebenspartnerschaftssache, wird die Beschwerde zusammen mit der Berufung einheitlich als Berufung entschieden (§ 629a Abs. 2 S. 2 ZPO). Der umgekehrte Fall (erst Berufung gegen die Entscheidung in der Ehe- bzw. Lebenspartnerschaftssache

oder einer ZPO-Folgesache, dann Beschwerde gegen die Entscheidung in einer FGG-Folgesache) ist genauso zu behandeln (allgemeine Meinung; vgl. nur BGH NJW 1987, 1024, 1025). In diesen Fällen gilt daher dasselbe wie in dem Fall, dass von vornherein sowohl Entscheidungen in der Ehesache oder ZPO-Folgesachen als auch in FGG-Folgesachen angegriffen wurden. Zu beachten ist aber, dass die Rechtsmittel gegen die Entscheidungen in FGG-Folgesachen trotz der Zusammenfassung unter dem „Mantel" der Berufung sachlich Beschwerden bleiben und damit § 621e ZPO unterliegen. Wird die Berufung daher später zurückgenommen oder vorab entschieden, ist das Rechtsmittel in den FGG-Folgesachen wieder allein eine Beschwerde entsprechend § 621e ZPO (und deswegen durch Beschluss zu entscheiden, OLG Hamm FamRZ 1988, 625, 626; OLG Hamburg FamRZ 1984, 398; OLG München FamRZ 1991, 1452, 1453; a. A. OLG München FamRZ 1980, 374; OLG Stuttgart FamRZ 1981, 704).

Treffen eine von dem einen Ehegatten eingelegte Berufung und eine von dem anderen Ehegatten oder einem Dritten eingelegte Beschwerde zusammen, greift § 629a Abs. 2 S. 2 ZPO nicht ein (Zöller/Philippi, § 629a ZPO Rdnr. 5; Rolland/Roth, § 629a ZPO Rdnr. 19; Stein/Jonas/ Schlosser, § 629a ZPO Rdnr. 5; a. A. OLG Karlsruhe FamRZ 1991, 464; OLG München FamRZ 1980, 374, 375; FamRZ 1991, 1452, 1453). Das ergibt sich schon aus dem Wortlaut der Norm, in der es heißt, „so ist über das Rechtsmittel einheitlich ... zu entscheiden", aber auch aus dem Grundsatz, dass die Rechtsmittel jeweils den Grundsätzen des Verfahrens gehorchen, denen die Familiensache zugeordnet ist, die sie betreffen.

7.1.2.1.4 Rechtsmittelerweiterung

Die Frage einer Rechtsmittelerweiterung kann sich für den Rechtsmittelführer in zwei Fällen stellen: einmal kann er feststellen, dass sein Rechtsmittelantrag in einer bestimmten Folgesache zu kurz greift, so dass er ihn anpassen will (verfahrensimmanente Rechtsmittelerweiterung), zum anderen kann sich die Frage stellen, ob der Rechtsmittelführer sein Rechtsmittel noch nachträglich erweitern kann, wenn sich herausstellt, dass die Entscheidung in einer anderen Streitigkeit für ihn doch ungünstiger war als zunächst angenommen (verfahrensübergreifende Rechtsmittelerweiterung). 436

Für die verfahrensimmanente Rechtsmittelerweiterung ergeben sich weder aus § 629a ZPO noch aus den allgemeinen Regeln Einschränkungen. Hat ein Ehegatte oder Lebenspartner daher gegen die Entscheidung 437 in einer Folgesache ein Rechtsmittel eingelegt, kann er dieses in bezug auf denselben Verfahrensgegenstand ohne Einschränkungen erweitern. Dieser ist bereits Gegenstand des Rechtsmittels; es besteht daher kein schutzwürdiges Interesse der anderen Verfahrensbeteiligten daran, dass der Rechtsmittelführer bei seinem Antrag auf beschränkte Überprüfung der angegriffenen Entscheidung bleibt.

438   In bezug auf verfahrensübergreifende Rechtsmittelerweiterungen folgt die Zulässigkeit aus den allgemeinen Grundsätzen und aus § 629d Abs. 3 ZPO. Das bedeutet, dass eine Erweiterung des Rechtsmittels solange ohne weiteres zulässig ist, wie die Frist für seine Begründung noch läuft (arg. §§ 519 Abs. 3, 554 Abs. 3) und die betroffene Streitigkeit Gegenstand der ersten Instanz war (arg. e § 623 Abs. 2 ZPO). Nach Ablauf der Begründungsfrist ist eine Erweiterung der Berufung oder Beschwerde dagegen grundsätzlich nur noch möglich, wenn die rechtzeitig vorgetragene Begründung auch die Erweiterung trägt (BGH FamRZ 1982, 1196). Das ist in der Praxis nur selten der Fall. Von der Beschränkung der Rechtsmittelerweiterung nach Ablauf der Begründungsfrist lässt die Rechtsprechung eine Ausnahme zu, wenn das materielle Recht eine spätere Änderung der Entscheidung gestattet und die Voraussetzungen für eine Änderung vorliegen (BGH FamRZ 1986, 895). Hierher gehört auch die Änderungsmöglichkeit nach § 17 HausratsVO. Auch in diesen Fällen muss aber die Rechtsmittelerweiterung spätestens einen Monat nach Zustellung der Rechtsmittelbegründung an den Gegner erfolgen; denn nach allgemeiner Ansicht gelten die Fristen des § 629d Abs. 3 ZPO auch für die Rechtsmittelerweiterung (BGH NJW-RR 1993, 260, 261; OLG Schleswig NJW-RR 1988, 1479).

7.1.2.1.5 Rechtsmittelanschließung

439   Anschließungen innerhalb der Rechtsmittelfrist sind ohne weiteres zulässig. Es handelt sich um eigene Rechtsmittel des sich anschließenden Ehegatten bzw. Lebenspartner. Dagegen unterliegt die Anschließung an ein Rechtsmittel des anderen Ehegatten bzw. Lebenspartners oder Dritter nach Ablauf der Rechtsmittelfrist verschiedenen Einschränkungen, die sich zum Teil aus den allgemeinen Regeln und zum Teil aus § 629 Abs. 3 ZPO ergeben.

440   Rechtsmittelanschließungen der Ehegatten bzw. Lebenspartner in derselben Streitigkeit unterliegen keinen besonderen Beschränkungen. Zu beachten ist aber, dass eine Anschließung in denjenigen Streitigkeiten ausscheidet, in denen aufgrund des von dem anderen Ehegatten oder Dritten eingelegten Rechtsmittels eine reformatio in peius der angegrif-

fenen Entscheidung möglich ist. Dazu gehört keines der hier relevanten Verfahren (Rdnr. 409). Unzulässig ist die Anschließung in bezug auf dieselbe Streitigkeit, wenn ein Dritter ein Rechtsmittel eingelegt hat, mit dem er eine Änderung der Entscheidung zugunsten des anschließungswilligen Ehegatten erstrebt.

Anschließungen Drittbeteiligter an von den Ehegatten eingelegte *441* Rechtsmittel sind im Verbundverfahren unter denselben Voraussetzungen zulässig wie im isolierten Verfahren. Erforderlich ist, dass der Ehegatte, der das Hauptrechtsmittel eingelegt hat, ein anderes Ziel verfolgt als der Drittbeteiligte mit seiner Anschließung erreichen will. Ist das nicht der Fall, ist die Ausschließung als Hauptrechtsmittel zu behandeln und wegen Verfristung zu verwerfen (OLG Hamburg FamRZ 1988, 1063, 1064). Wegen der Zulässigkeit der reformatio in peius in den für eine Anschließung in Betracht kommenden Streitigkeiten muss das identische Ziel immer bejaht werden, wenn die Entscheidung des Gerichts in dieser Streitigkeit zur umfassenden Überprüfung gestellt wird. Zulässige Anschließungen können daher nur solche sein, in denen der rechtsmittelführende Dritte die Entscheidung nur teilweise angegriffen hat; denn nur in diesem Fall bleibt noch Raum für die Annahme eines weitergehenden Ziels des anschließungswilligen Dritten.

Eine Rechtsmittelanschließung ist nicht nur mit dem Ziel möglich, *442* selbst eine Änderung der Entscheidung in der von dem Rechtsmittel bereits betroffenen Familiensache zu erreichen. Zulässig ist vielmehr grundsätzlich auch die Anschließung an ein Rechtsmittel mit dem Ziel, die Änderung der Entscheidung in einer anderen Familiensache zu erreichen, die bislang nicht angegriffen wurde. Davon geht § 629d Abs. 3 ZPO als selbstverständlich aus. Es ist daher möglich, sich einem Rechtsmittel, mit dem der andere Ehegatte den Scheidungsausspruch (bzw. ein Lebenspartner den Aufhebungsausspruch) angreift, mit dem Ziel anzuschließen, die Folgesachenentscheidungen korrigieren zu lassen. Umgekehrt kann mit der Anschließung die Änderung des Scheidungs- bzw. Aufhebungsausspruchs angestrebt werden, selbst wenn der andere Ehegatte oder Lebenspartner nur die Entscheidungen in Hausrats- oder Wohnungssachen angegriffen hat (BGH FamRZ 1980, 233; NJW 1980, 1158; 1983, 514; OLG Celle FamRZ 1979, 532). Schließlich können mit der Anschließung auch nur Entscheidungen in anderen als durch das Rechtsmittel betroffenen Folgesachen angegriffen werden. Dabei ist es unerheblich, ob es sich bei den im Wege der Anschließung eingeführten Folgesachen um solche handelt, die derselben Verfahrensordnung unterliegen. Ein Anschlussrechtsmittel in einer Hausrats- oder Wohnungssache kann daher an eine Berufung oder Revision in einer ZPO-Folgesache oder der Scheidungs- bzw. Aufhebungssache anknüpfen (vgl. BGH FamRZ 1986, 455; OLG Celle NdsRpfl. 1981, 197, 198; OLG Hamm FamRZ 1983, 1241).

443   Die Zulässigkeit der verfahrensübergreifenden Rechtsmittelsanschließung richtet sich grundsätzlich nach den allgemeinen Regeln. Ein Sonderrecht für die Anschließung im Verbund besteht nicht. § 629d Abs. 3 ZPO enthält lediglich eine besondere Fristenregelung, mit der die Möglichkeit von Anschlussrechtsmitteln zeitlich limitiert wird. Aus dieser Systematik folgt, dass eine Anschließung dann zulässig ist, wenn die auch in den Normalverfahren geltenden Regeln eingehalten sind und die Frist des § 629d Abs. 3 ZPO gewahrt ist. Da sie nicht besonders verboten werden und auch keine sachlichen Gründe gegen ihr Zulassung im Verbund sprechen, sind auch eine Hilfsanschließung und eine Gegenanschließung (a. A. aber vor allem BGHZ 88, 360; BGH FamRZ 1986, 455) unter denselben Voraussetzungen möglich wie in den Regelverfahren.

444   Eine Anschließung setzt immer voraus, dass ein von dem Verfahrensgegner eingelegtes Hauptrechtsmittel existiert. Das ist unproblematisch, wenn ein Ehegatte bzw. Lebenspartner das Rechtsmittel einlegt und der andere eine Anschließung vornehmen will; denn im Scheidungs- bzw. Aufhebungsverfahren stehen die Eheleute und Lebenspartner in einer umfassenden Gegnerstellung (BGH NJW 1983, 176, 177).

Wird das Rechtsmittel nicht von einem der Ehegatten bzw. Lebenspartner, sondern von einem Dritten (vor allem dem Vermieter in Wohnungssachen) eingelegt, sind beide Ehegatten zur verfahrensübergreifenden Anschließung berechtigt, wenn sich das Rechtsmittel des Dritten zu Ungunsten beider Ehegatten auswirken kann. Das ist regelmäßig aber nur dann der Fall, wenn in dem Verfahren das Verbot der reformatio in peius nicht gilt. Ist es dagegen ausgeschlossen, dass das Rechtsmittel des Dritten zu einer Verschlechterung der Rechtsposition des anschließungswilligen Ehegatten führt, ist seine Anschließung unzulässig, weil es an einer Gegnerstellung des Anschließungswilligen zu dem rechtsmittelführenden Dritten fehlt. Das ist etwa der Fall bei der Beschwerde des Vermieters in Ehewohnungsstreitigkeiten in bezug auf den mittelbar durch dessen Rechtsmittel begünstigten Ehegatten.

445   Anschließungen Drittbeteiligter an von den Ehegatten eingelegte Rechtsmittel sind im Verbundverfahren an dieselben Voraussetzungen gebunden wie im isolierten Verfahren. Das bedeutet, dass auch ein Drittbeteiligter sich nur dann einem Rechtsmittel anschließen kann, wenn er Gegner des Rechtsmittelführers ist (OLG Köln FamRZ 1988, 411) und sowohl das Rechtsmittel als auch die Anschließung Verfahrensgegen-

stände betreffen, für die er beschwerdebefugt ist. Verfahrensübergreifende Anschließungen des Vermieters scheiden daher aus, weil er nur für eine einzelne Familiensache beschwerdebefugt ist.

Eine Gegenanschließung an eine Anschlussbeschwerde ist nach denselben Grundsätzen zuzulassen wie die Anschlussbeschwerde selbst. Die Gegenanschließung ist in gleicher Weise von der Anschließung abhängig wie diese vom Hauptrechtsmittel. Gleichzeitig hängt sie aber auch mittelbar vom Hauptrechtsmittel ab. Das bedeutet, dass die Gegenanschließung hinfällig ist bzw. wird, wenn entweder das Hauptrechtsmittel oder die Anschließung unzulässig sind oder zurückgenommen werden. 446

Für die Anschließung gelten auch im Verbundverfahren die allgemeinen Regeln. Außerdem ist § 629d Abs. 3 ZPO zu beachten, der die verfahrensübergreifende unselbständige Anschließung an bestimmte Fristen bindet. Die Anschließung muss durch Schriftsatz erklärt und begründet werden (§§ 522a, 556 Abs. 2 ZPO). Fehlt die Begründung, kann sie bis zum Ablauf der Frist des § 629d Abs. 3 ZPO nachgeholt werden. Unterbleibt sie, ist die Anschließung als unzulässig zu verwerfen (OLG Frankfurt FamRZ 1987, 496; OLG Hamm FamRZ 1989, 414; OLG Karlsruhe FamRZ 1988, 412). 447

Eine Frist für die Anschließung besteht nach § 629d Abs. 3 ZPO auch in der zweiten Instanz. Sinn der Norm ist es, eine vorgezogene Teilrechtskraft der Teile des Verbundurteils zu ermöglichen, die nicht angefochten wurden. Die Norm ist anwendbar, wenn eine nach § 629 ZPO ergangene Verbundentscheidung nur teilweise durch ein Rechtsmittel angefochten wurde und nachträglich im Wege der verfahrensübergreifenden unselbständigen Anschließung oder der verfahrensübergreifenden Rechtsmittelerweiterung die Änderung der Entscheidung in einer bislang nicht angegriffenen Familiensache begehrt wird. Als Frist für das Änderungsbegehren sieht § 629d Abs. 3 ZPO vor, dass die Änderung von zunächst nicht angegriffenen Teilen der Verbundentscheidung nur innerhalb eines Monats seit Zustellung der Rechtsmittelbegründung beantragt werden kann. Wenn – wie in vielen Wohnungssachen – die Rechtsmittelbegründung mehreren Beteiligten zugestellt werden muss, beginnt die Frist erst mit der letzten Zustellung zu laufen. 448

Die Frist verlängert sich um einen weiteren Monat, wenn innerhalb ihres Laufs eine weitere Änderung der bereits teilweise angegriffenen Verbundentscheidung beantragt wird (§ 629d Abs. 3 S. 2 ZPO). Erforderlich ist nur, dass sich der Gegenstand der neuen Anfechtung von demjenigen des Hauptrechtsmittels unterscheidet. Die Frist läuft dann grundsätzlich zwei Monate nach der (letzten) Zustellung der Rechtsmittelbegründung 449 ab. Wann die Anschließung selbst zugestellt wurde, ist für den Fristlauf nach dem insoweit klaren Wortlaut des § 629d Abs. 3 S. 2 ZPO unerheblich. Es ist daher möglich, dass die Frist abgelaufen ist, bevor die andere Partei von der Erstanschließung Kenntnis hatte. In derartigen Fällen kann nur mit einer Wiedereinsetzung in den vorigen Stand geholfen werden.

Für jedes weitere Änderungsbegehren, das rechtzeitig eingelegt wird, verlängert sich die Frist für weitere Anschließungen und Rechtsmittelerweiterungen erneut um einen Monat (§ 629d Abs. 3 S. 3 ZPO). Theoretisch kann sich die Frist daher auf soviele Monate verlängern, wie in dem Verbundurteil Folgesachen entschieden wurden.

450 Wird die Frist nicht gewahrt, ist die Anschließung unzulässig. Sie ist daher durch Beschluss zu verwerfen. Die rechtzeitige Anschließung hindert die Rechtskraft der Verbundentscheidung in bezug auf den angegriffenen Verfahrensteil. Die Rechtskraft der nicht durch das Hauptrechtsmittel angefochtenen Verbundentscheidungen kann daher erst eintreten, wenn feststeht, dass eine Anschließung in bezug auf diese nicht mehr möglich ist.

7.1.2.1.6 Der Verzicht auf Rechtsmittel und Anschlussrechtsmittel

451 Für den Verzicht auf Rechtsmittel gelten zunächst die allgemeinen Grundsätze. Der Verzicht auf ein Rechtsmittel kommt daher auch im Verbundverfahren erst nach dem Erlass des Urteils in Betracht. Wird ein Verzicht ohne Einschränkungen erklärt, erstreckt er sich auf die Scheidungssache und auf alle Folgesachen (BGH FamRZ 1986, 1089; NJW-RR 1986, 1327). Die Parteien sollten daher immer genau klarstellen, wie weit ihr Wille zum Rechtsmittelverzicht tatsächlich geht, wenn sie sich nicht unerwartet mit einem völligen Rechtsmittelausschluss konfrontiert sehen wollen. Für die Erklärung des Rechtsmittelverzichts besteht Anwaltszwang (BGH FamRZ 1984, 372).

Ein gegenseitiger Rechtsmittelverzicht der Ehegatten erstreckt sich ohne weiteres auch auf Anschlussrechtsmittel, wenn an dem Verfahren keine Dritten beteiligt sind, die selbst Rechtsmittel einlegen könnten, die als Anknüpfung für eine Anschließung dienen könnten. Sind Dritte beteiligt, erstreckt sich ein Rechtsmittelverzicht nur dann auf die Anschlussrechtsmittel, wenn alle Beteiligten auf Rechtsmittel verzichten. Ist das nicht der Fall, muss zusätzlich zum Rechtsmittelverzicht ein Verzicht auf Anschlussrechtsmittel erklärt werden. Nach der Grundregel des § 521 Abs. 1 ZPO ist das erst nach der Einlegung eines Hauptrechtsmittels möglich. Die verzichtende Partei soll so davor geschützt werden, voreilig einen Verzicht zu erklären und dann doch noch von einem Rechtsmittel einer anderen Partei überrascht zu werden. Bei dieser Regel bleibt es auch im Verbundverfahren in bezug auf alle Folgesachen (OLG Düsseldorf FamRZ 1978, 715; 1979, 1048; 1980, 817; OLG Karlsruhe FamRZ 1978, 820; OLG Köln FamRZ 1983, 824; OLG München FamRZ 1993, 1320, 1321). Die Sonderregelung des § 629d Abs. 4 ZPO ist nach seinem eindeutigen Wortlaut auf diese Fälle nicht anwendbar.

7.2 Änderung der Regelung

Im Zeitpunkt der Entscheidung über Wohnung und Hausrat ist nicht immer genau vorherzusehen, wie sich die Verhältnisse der Eheleute bzw. Lebenspartner entwickeln werden. Wie im Unterhaltsrecht auch (vgl. § 323 ZPO), hat es der Gesetzgeber deswegen erlaubt, die materielle Rechtskraft der Entscheidung über den Hausrat bzw. die Wohnung zu durchbrechen, wenn sich die Verhältnisse gegenüber denjenigen ändern, die bei der Entscheidung angenommen wurden. Für Gewaltschutzsachen fehlt es dagegen an einer entsprechenden Regelung. Wohnungszuweisungen nach § 2 GewSchG sind deswegen nicht änderbar. *452*

§ 17 HausratsVO erlaubt die Änderung der Entscheidung über Hausrat oder Wohnung, wenn sich die tatsächlichen Verhältnisse wesentlich geändert haben, sofern die Änderung erforderlich ist, um eine unbillige Härte zu vermeiden. Abänderbar sind gerichtliche Entscheidungen über den Hausrat oder die Wohnung (§ 17 Abs. 1 HausratsVO) und gerichtliche Vergleiche (§ 17 Abs. 2 HausratsVO), wenn in ihnen Regelungen über Hausrat oder Wohnung getroffen werden, auch wenn sie nicht im Hausrats- oder Wohnungsverfahren ergangen sind (OLG Celle FamRZ 1964, 511; Staudinger/Weinreich, § 17 HausratsVO Rdnr. 2). Allgemeine Einigkeit besteht aber darüber, dass die Vorschrift auf außergerichtliche Vergleiche entsprechend anzuwenden ist (BayObLG FamRZ 1975, 582). *453*

Vergleiche müssen jeweils aber genau daraufhin untersucht werden, ob sich ihr Regelungsgegenstand in der Hausrats- oder Wohnungsregelung erschöpft. Viele Vergleiche beziehen die Wohnungsnutzung zwar ein, stellen aber an sich keine Regelung der Rechtsverhältnisse an der Wohnung dar, sondern sind Vergleiche über den Unterhalt, in die die Wohnungsnutzung nur als Rechnungsposten eingestellt ist. Änderte man in diesen Fällen allein die Regelung über die Wohnung, käme es zu einem Ungleichgewicht in der Unterhaltsregelung. Diese muss deswegen ebenfalls abänderbar sein, wenn in die Wohnungsregelung eingegriffen werden soll.

454   Materielle Voraussetzung für die Änderung der Entscheidung über den Hausrat oder die Wohnung ist zunächst eine wesentliche Veränderung der tatsächlichen Verhältnisse gegenüber dem Zustand, wie er bestand, als die abzuändernde Entscheidung getroffen bzw. der zu ändernde Vergleich geschlossen wurde. Geringfügige Änderungen scheiden aus. Was jeweils als wesentlich oder geringfügig einzustufen ist, richtet sich nach den Lebensverhältnissen der Ehegatten bzw. Lebenspartner und nach den Kriterien, die gerade für die abzuändernde Entscheidung maßgebend waren.

455   Die Änderung ist nur zulässig, wenn sich die entscheidungsrelevanten Umstände nach dem Erlass der abzuändernden Entscheidung bzw. nach dem Abschluss des Vergleichs verändert haben. Alle Umstände, die das Gericht oder die Parteien bei der Entscheidung oder dem Vergleich zugrunde gelegt haben oder hätten berücksichtigen können, rechtfertigen keine Änderung. Ebensowenig kann das Änderungsbegehren auf Umstände gestützt werden, die zu dem relevanten Zeitpunkt bereits absehbar waren. Keine Berücksichtigung finden können deswegen vor allem Vermögensverschiebungen, zu denen es wegen des Zugewinnausgleichs kommt oder Veränderungen in der Familienzusammensetzung, die bereits bei der Scheidung bzw. Aufhebung vorhersehbar waren, wie der baldige Auszug der fast volljährigen Kinder.

Veränderungen, die z. B. für eine Änderung der Ursprungsentscheidung oder -vereinbarung ausreichen, können dann vorliegen, wenn sich die Sorgerechtsregelung in der Weise ändert, dass die Kinder nun bei dem anderen Ehegatten leben sollen oder wenn ein Ehegatte bzw. Lebenspartner, dem die Wohnung kostenlos überlassen wurde, auf Grund einer Erbschaft, eines Lottogewinns oder eines anderen, bei der Entscheidung nicht vorhergesehenen Vermögenszuwachses ohne weiteres in die Lage versetzt wird, eine angemessene Vergütung (Rdnr. 342) für die Nutzung der Wohnung zu entrichten.

456   Entsprechend anzuwenden ist § 17 HausratsVO, wenn sich die Umstände, auf denen die Entscheidung bzw. der Vergleich beruht, zwar nicht nachträglich geändert haben, aber nachträglich erst Umstände bekannt werden, die die bisherige Entscheidung als unbillig erscheinen lassen, vor allem, wenn die mangelnde Berücksichtigung darauf zurückzuführen ist, dass einer der Ehegatten oder Lebenspartner diesen Umstand verschwiegen und so die ihm günstige Regelung erst erschlichen hat (OLG Schleswig SchlHA 1949, 269). Entsprechendes wird angenommen, wenn das ursprüngliche Verfahren wiederaufgenommen werden könnte; denn dann bildet das Verfahren nach § 17 HausratsVO einen einfachen und kostengünstigen Weg, denselben Effekt zu erreichen.

Die gerade genannten Ausnahmen dürfen aber nicht zu der Annahme führen, dass jede Fehlentscheidung einfach mit Hilfe des § 17 HausratsVO korrigiert werden kann. Hat das Gericht zwar alle relevanten Tatsachen gekannt, sie aber unzutreffend gewichtet, kommt eine Änderung des Titels in der Hausrats- oder Wohnungssache nicht in Betracht (OLG Köln FamRZ 1997, 892).

Die Änderung der entscheidungserheblichen Umstände muss die bisherige Entscheidung oder den bisherigen Vergleich als unbillig erscheinen lassen. Für die Billigkeitsentscheidung spielen dieselben Aspekte eine Rolle wie bei der Zuweisung selbst (Rdnr. 243 ff.). Auch hier kommt es auf eine umfassende Interessenabwägung an, in die vor allem auch die Interessen der gemeinsamen minderjährigen Kinder eingestellt werden müssen. Es ist ein strenger Maßstab anzulegen, damit nicht jede Härte einer Entscheidung zur Durchbrechung der Rechtskraft führen kann. Allgemein wird deswegen über den Wortlaut des § 17 HausratsVO hinaus verlangt, dass die unbillige Härte eine grobe sein muss (BayObLG FamRZ 1875, 582; Staudinger/Weinreich, § 17 HausratsVO Rdnr. 9; Kuhnt AcP 150, 161). Erforderlich ist deswegen immer ein gesteigertes Maß an Unbilligkeit, das sich vor allem auch in außergewöhnlichen Umständen zeigen kann (LG Berlin FamRZ 1971, 31). *457*

Die Änderungsbefugnis des Gerichts wird durch die Voraussetzungen der Änderung begrenzt: Die Entscheidung oder der Vergleich darf deswegen nur insoweit korrigiert werden, als das erforderlich ist, um die grobe Unbilligkeit abzustellen. Das Verfahren nach § 17 HausratsVO ist dagegen kein Instrument zur Generalrevision der ursprünglichen Entscheidung oder des Vergleichs. Die Ausgangsregelung ist soweit aufrecht zu erhalten, wie das eben möglich ist. In Rechte Dritter darf nicht eingegriffen werden, wenn sie dem Eingriff nicht zustimmen (§ 17 Abs. 1 S. 2 HausratsVO). Das gilt selbst dann, wenn schon die Ausgangsentscheidung in die Rechte des Dritten eingegriffen hat. Soll eine Wohnung anders genutzt werden, kann auf § 17 HausratsVO gestützt auch eine Räumungsfrist angeordnet werden (OLG München FamRZ 1978, 196). *458*

8. Kostenverteilung

Für die Kostentragung in den Hausrats- und Wohnungsverfahren sowie   *459*
in den Gewaltschutzverfahren ist danach zu differenzieren, ob es sich um
ein isoliertes Verfahren oder eines handelt, dass im Verhandlungs- und
Entscheidungsverbund steht.

In allen auf vorläufige Regelungen gerichteten Verfahren (Verfahren
nach §§ 1361a und § 1361b BGB, nach §§ 13 und 14 LPartG sowie solchen nach § 2 GewSchG) wird nie eine Entscheidung für den Fall der
Scheidung oder Aufhebung der Ehe bzw. für den Fall der Aufhebung der
Lebenspartnerschaft begehrt; diese Verfahren richten sich daher in kostenrechtlicher Hinsicht nach § 20 HausratsVO, sofern es sich um ein
Verfahren nach der HausratsVO handelt (§§ 1361a, 1361b BGB, 13, 14
LPartG). Nach dieser Regelung, die auch für isolierte Verfahren in bezug auf endgültige Regelungen gilt (BayObLG NJW 1977, 1733), trifft
der Richter die Kostenentscheidung nach billigem Ermessen. Grundsätzlich sind die außergerichtlichen Kosten von jeder Partei selbst zu tragen
(OLG Brandenburg FamRZ 2002, 1356); das Gericht kann jedoch bestimmen, dass ausnahmsweise diese Kosten der anderen Partei ganz oder
teilweise zu erstatten sind.

In Gewaltschutzsachen richtet sich die Kostenentscheidung nach § 13a   *460*
FGG (Keidel/Kuntze/Zimmermann, § 13a FGG Rdnr. 76). Die Grundsätze für die Kostenverteilung entsprechen insoweit denen nach § 20
HausratsVO: Grundsätzlich trägt jeder Beteiligte seine Kosten selbst;
das Gericht kann aber eine Kostenerstattung anordnen, wenn das der
Billigkeit entspricht (§ 13a Abs. 1 S. 1 FGG). Dass die Regelung ausdrücklich vorsieht, dass einem Beteiligten die Kosten aufzuerlegen sind,
die er durch ein unbegründetes Rechtsmittel oder durch grobes Verschulden veranlasst hat, ist keine wesentliche Durchbrechung der Kos-
tentragungsgrundsätze, die im Hausrats- und Wohnungsverfahren gelten; denn in diesen Fällen entspricht es regelmäßig der Billigkeit, die
Kosten so zu verteilen, wie es § 13a Abs. 1 S. 2 FGG anordnet.

Im Verbund richtet sich die Kostenentscheidung nicht nach § 20 Haus-   *461*
ratsVO, sondern nach § 93a ZPO. Das gilt auch dann, wenn die Haus-
rats- oder Wohnungssache erst nach der Scheidungs- oder Aufhebungssache entschieden wird, weil sie abgetrennt wurde oder allein gegen die
Entscheidung in diesem Bereich ein Rechtsmittel eingelegt wurde. Nach
§ 93a ZPO sind die Kosten der Parteien grundsätzlich gegeneinander

aufzuheben; es gilt also nichts anderes als in § 13a FGG angeordnet ist: Jeder trägt grundsätzlich seine Kosten selbst. Die Kosten können aber auch im Verbund nach Billigkeit anders verteilt werden, wenn die an sich gegebene Kostenverteilung einen der Ehegatten oder Lebenspartner in seiner Lebensführung unverhältnismäßig beeinträchtigen würde. Auch eine Vereinbarung, welche die Parteien über die Kosten getroffen haben, kann das Gericht seiner Entscheidung zu Grunde legen (§ 93a Abs. 1 S. 3 ZPO).

9. Einstweiliger Rechtsschutz

Vor allem einige der auf Wohnungsbenutzung gerichteten Verfahren sind von sich aus auf eine schnelle Durchführung gerichtet und damit darauf, möglichst effektive Regelungen zu schaffen. Gleichwohl besteht häufig ein Bedürfnis nach Durchführung eines Eilverfahrens, um dem auf die Benutzung der Wohnung oder von Hausratsgegenständen Angewiesenen möglichst schnell Hilfe zuteil werden zu lassen.

462

9.1 Grundlagen

Ein Eilverfahren ist sowohl zulässig, wenn ein Hauptsacheverfahren anhängig ist oder ein dahingehender Antrag auf Prozesskostenhilfe gestellt ist als auch dann, wenn eine Ehesache oder eine Lebenspartnerschaftssache anhängig ist oder für diese ein Antrag auf Prozesskostenhilfe gestellt ist. Im einzelnen ist also für die Rechtsgrundlage zwischen den verschiedenen Verfahren zu differenzieren, ohne dass letztlich in der Sache Unterschiede bestehen:

463

Ist ein Verfahren auf vorläufige Zuweisung der Ehewohnung nach § 1361b BGB anhängig oder ist ein diesbezüglicher Antrag auf Prozesskostenhilfe gestellt, ist ein Verfahren auf Erlass einer einstweiligen Anordnung nach § 620 Nr. 7 ZPO statthaft. Das Gleiche gilt bei Anhängigkeit eines vorläufigen Hausratsverfahrens zwischen Eheleuten nach § 1361a BGB. Bei Verfahren auf eine vorläufige Benutzungsregelung über eine lebenspartnerschaftliche Wohnung nach § 14 LPartG oder in bezug auf Hausrat zwischen Lebenspartnern nach § 13 LPartG gilt entsprechendes; denn § 661 Abs. 2 ZPO verweist insofern auf § 620 ZPO. Für eine Wohnungszuweisung nach § 2 GewSchG ergibt sich die einstweilige Regelungsbefugnis des Familiengerichts aus § 620 Nr. 9 ZPO. Die dort genannten zusätzlichen Voraussetzungen für eine Zuständigkeit des Familiengerichts sind bei Wohnungsnutzungsverfahren nach § 2 GewSchG immer gegeben, weil sie spiegelbildlich den Voraussetzungen des § 2 GewSchG entsprechen. Auch insofern reicht die Anhängigkeit des Wohnungszuweisungsverfahrens oder die Anbringung eines dahingehenden Prozesskostenhilfegesuchs.

464

Das gerade Gesagte gilt auch für die Verfahren auf die endgültige Zuweisung der Wohnung, gleich, ob es sich um eine eheliche (§§ 2 ff. HausratsVO) oder um eine lebenspartnerschaftliche Wohnung (§§ 17 f.

LPartG) handelt (§ 620 Nr. 7 ZPO bzw. §§ 661 Abs. 2, 620 Nr. 7 ZPO). Die einstweilige Anordnung ist zulässig, sobald ein Antrag auf Durchführung des Hauptsacheverfahrens oder ein ein solches Verfahren vorbereitender Prozesskostenhilfeantrag gestellt ist.

465 Die zweite Möglichkeit, eine einstweilige Anordnung zu beantragen, besteht dann, wenn zwar ein Wohnungs- oder Hausratsverfahren noch nicht anhängig ist und ein entsprechender Antrag auf Prozesskostenhilfe noch nicht gestellt ist, wenn aber bereits eine Ehesache (vor allem ein Verfahren auf Scheidung oder Aufhebung der Ehe, vgl. § 606 Abs. 1 S. 1 ZPO) oder eine Lebenspartnerschaftssache (vor allem ein Verfahren auf Aufhebung der Lebenspartnerschaft, vgl. § 661 Abs. 1 ZPO) anhängig ist oder ein Antrag auf Bewilligung von Prozesskostenhilfe für ein derartiges Verfahren gestellt ist (§ 621g S. 1 ZPO). In diesen Fällen ist zunächst die Ehe oder Lebenspartnerschaft selbst im Streit, während sich die Regelungsbedürftigkeit der Wohnungs- oder Hausratssache erst später herausstellt, dann aber dringlich ist. Für das Verfahren verweist § 621g S. 2 ZPO auf §§ 620a bis 620g ZPO. Inhaltlich unterscheiden sich die einstweiligen Anordnungsverfahren also nicht. Auch die Fälle des § 621g ZPO fallen nicht in den Verhandlungs- und Entscheidungsverbund; denn die einstweiligen Anordnungsverfahren zielen gerade auf vorläufige Entscheidungen und nicht auf Entscheidungen für den Fall der Scheidung oder der Aufhebung der Lebenspartnerschaft.

466 Zwischen den Verfahren auf Erlass einer einstweiligen Anordnung nach § 620 ZPO und demjenigen nach § 621g ZPO besteht ein Wahlrecht, sofern die Voraussetzungen für beide vorliegen (KG FamRZ 1990, 183; OLG Köln FamRZ 1994, 623; a. A, LG Karlsruhe FamRZ 1991, 1440). Sobald aber eine Entscheidung in einem der Verfahren ergangen ist, fehlt das Rechtsschutzinteresse für das andere Verfahren – und zwar auch dann, wenn der Antragsteller im ersten Verfahren keinen Erfolg hatte. Nur auf diese Weise lassen sich gegenläufige Entscheidungen vermeiden. Allerdings lebt das Wahlrecht wieder auf, wenn die ergangene einstweilige Verfügung wieder wirkungslos geworden ist. In Betracht kommt insoweit vor allem, dass der Antrag im Hauptsacheverfahren zurückgenommen wurde, weil die Eheleute bzw. Lebenspartner ihre Lebensgemeinschaft zunächst wieder aufgenommen haben und von einer Beendigung ihrer Ehe bzw. Lebenspartnerschaft absehen wollen.

467 Wann eines der genannten Verfahren anhängig ist, richtet sich nach den allgemeinen Grundsätzen. Die Anhängigkeit tritt also mit der Einreichung der Klage bzw. der Antragsschrift ein. Sie dauert an bis zur Rechtskraft der Entscheidung, sie besteht in allen Instanzen. Ausgeschlossen ist einen einstweilige Anordnung nach § 621g ZPO daher

dann, wenn die Ehesache oder die Lebenspartnerschaftssache rechtskräftig abgeschlossen ist. Ist die Hauptsache eine Scheidung oder ein Aufhebungsverfahren, gilt das auch dann, wenn noch andere Folgesachen (§ 623 ZPO) anhängig sind. Allerdings kann die einstweilige Anordnung trotzdem zu erlassen sein, wenn noch die Voraussetzungen des § 620 ZPO vorliegen, wenn also ein Hauptsacheverfahren über die Wohnungsnutzung bzw. die Hausratsverteilung anhängig ist; denn Anordnungen nach § 620 ZPO sind solange zulässig, wie die Hauptsache selbst, also das Wohnungs- oder Hausratsverfahren, anhängig ist. Wird ohne vorgängige Anhängigkeit eines derartigen Verfahrens ein Antrag auf Erlass einer einstweiligen Anordnung gestellt, ist der Antrag gleichwohl nicht abzuweisen. Das Gericht muss vielmehr prüfen, ob der Antrag auch als stillschweigender Antrag auf Einleitung eines Hauptsacheverfahrens ausgelegt werden kann (OLG Stuttgart FamRZ 1996, 172).

Der Anhängigkeit gleichgestellt ist in allen genannten Fällen die Einreichung eines Prozesskostenhilfegesuchs (§ 620a Abs. 2 S. 1 ZPO).   *468*

Die Anhängigkeit bzw. das Prozesskostenhilfegesuch bestimmt auch die Reichweite des Verfahrens der einstweiligen Anordnung in persönlicher Hinsicht. Die einstweilige Anordnung kann nur für und gegen die am Hauptverfahren beteiligten Parteien ergehen, nicht aber gegenüber Dritten, denen gegenüber der Gegenstand der Folgesache regelungsbedürftig ist. Insoweit muss mit den allgemeinen Instituten Arrest und einstweiliger Verfügung gearbeitet werden, wenn einstweiliger Rechtsschutz angestrebt wird.

9.2 Verfahrensfragen

Das Verfahren setzt zwingend einen Antrag voraus (§§ 620, 620a Abs. 2   *469* ZPO); eine Entscheidung über eine einstweilige Anordnung von Amts wegen ist unzulässig. Der Antrag muss angebracht werden, solange die Instanz noch nicht abgeschlossen ist; eine rückwirkende Antragstellung ist unzulässig.

Für die Einreichung des Antrags besteht grundsätzlich kein Anwalts-   *470* zwang (§§ 620a Abs. 2 S. 2; 78 Abs. 3 ZPO). § 620a ZPO ist jedoch eng auszulegen. Der Gesetzgeber ging davon aus, dass das Anordnungsverfahren in das Verfahren der Ehesache eingegliedert ist, in dem generell Anwaltszwang herrscht (§ 78 Abs. 2 Nr. 2 ZPO). Daraus ergibt sich, dass die Freistellung vom Anwaltszwang nicht für das gesamte Verfahren, sondern nur für die Antragstellung gewollt war. Sofern also in dem Verfahren Anwaltszwang besteht (Rdnr. 103 ff.), gilt das dann auch für das Verfahren auf Erlass der einstweiligen Anordnung mit Ausnahme der

Stellung des Antrags, gleich ob es sich um einen solchen nach § 620 ZPO oder einen nach § 621g ZPO handelt.

471 Weitere Voraussetzung für eine einstweilige Anordnung ist ein Regelungsbedürfnis (entsprechend dem Rechtsschutzbedürfnis). Es fehlt dann, wenn die Entscheidung nicht eilbedürftig ist, so dass ohne Nachteile für die Betroffenen bis zur Hauptsacheentscheidung zugewartet werden kann. Daran sollten gerade bei Entscheidungen über den Wohnraum keine übersteigerten Anforderungen gestellt werden; denn dass die Parteien es für nötig halten, insofern eine gerichtliche Regelung herbeizuführen, weil sie sich nicht einigen können (Rdnr. 76 ff.) oder weil der eine Gewalt gegen den anderen ausübt oder ihn damit bedroht, zeigt schon, dass insoweit ein Regelungsbedürfnis besteht, damit es nicht ständig zu Reibereien, Streitigkeiten oder mehr kommt.

472 Schließlich muss die einstweilige Regelung im materiellen Recht ihre Grundlage finden. Das bedeutet, dass die Regelung materiellrechtlich gerechtfertigt sein muss, dass also nach dem gegenwärtigen Stand des Verfahrens wahrscheinlich ist, dass im Hauptsacheverfahren eine Entscheidung wie die beantragte ergehen wird. Es müssen also die Voraussetzungen für einen der genannten Regelungsansprüche gegeben sein.

473 Zuständig für den Erlass der einstweiligen Anordnung nach § 620 ZPO ist das Gericht der ersten Instanz, wenn sich die Ehesache oder die Lebenspartnerschaftssache noch dort befindet. Bei einstweiligen Anordnungen nach § 621g ZPO ist das Gericht erster Instanz zuständig, solange sich die Hauptsache noch dort befindet. Ist die die Ehesache oder die Lebenspartnerschaftssache in der Berufungsinstanz anhängig, dann ist das Berufungsgericht auch für die einstweilige Anordnung zuständig (§ 620a Abs. 4 S. 1 ZPO). Entsprechendes gilt für die einstweiligen Anordnungsverfahren nach § 621g ZPO im Hinblick auf die Hauptsache. Ist gegen die Entscheidung in der Ehe- oder Lebenspartnerschaftssache Revision eingelegt, entfällt die Zuständigkeit des OLG für einstweilige Anordnungen wieder; zuständig ist wieder das Familiengericht. Insofern gibt es keine Entsprechung bei den Verfahren nach § 621g ZPO; denn in den iolierten Hausrats- und Wohnungsverfahren findet die Rechtsbeschwerde nicht statt (§ 621e Abs. 2 ZPO).

Eine abweichende Zuständigkeitsregelung gilt für solche einstweiligen Anordnungen, die in der Sache einer Folgesachenentscheidung entsprechen. Das betrifft nur einstweilige Anordnungen bei gleichzeitiger Anhängigkeit einer Ehesache oder Lebenspartnerschaftssache, weil nur in diesen Fällen eine Folgesache vorliegen kann (vgl. § 623 ZPO). Für diese ist ebenfalls das Familiengericht zuständig, solange sich die Folgesache in der ersten Instanz befindet. Das gilt im vorliegenden Zusammenhang für alle Verfahren, die auf eine endgültige Regelung der Wohnungs- oder Hausratszuteilung abzielen, also die Verfahren nach §§ 2 ff. HausratsVO für Eheleute in bezug auf die Ehewohnung, nach §§ 8 ff. HausratsVO für Eheleute in bezug auf den Hausrat, nach §§ 17 f. LPartG über die lebenspartnerschaftliche Wohnung und nach §§ 17, 19 LPartG für Lebenspartner in bezug auf den Hausrat. Dagegen gilt die besondere Zuständigkeitsregelung nicht für die Verfahren nach §§ 1361a und 1361b BGB, nach §§ 13 und 14 LPartG sowie nach § 2 GewSchG, denn in diesen Verfahren wird gerade keine Entscheidung für den Fall der Scheidung bzw. Aufhebung der Lebenspartnerschaft begehrt, so dass in diesen Fällen keine Folgesache vorliegen kann und eine dahingehende einstweilige Anordnung sich demgemäß nicht mit einer Folgesachenentscheidung decken kann. Ist die Folgesache in der zweiten Instanz anhängig, ist das Berufungs- oder Beschwerdegericht der Folgesache auch für die einstweilige Anordnung zuständig (§ 620a Abs. 4 S. 2 ZPO). Auf diese Art und Weise sollen die Entscheidung in der Folgesache und im Verfahren der einstweiligen Anordnung harmonisiert werden. Außerdem fördert diese Konzentration die Prozessökonomie.

Über den Antrag auf Erlass einer einstweiligen Anordnung braucht *474* nicht mündlich verhandelt zu werden. Erfolgt eine Entscheidung ohne mündliche Verhandlung, kann ein Antrag auf nachträgliche mündliche Verhandlung gestellt werden (§ 620b ZPO).

9.3 Die Entscheidung über die einstweilige Anordnung

Die Entscheidung erfolgt durch Beschluss. Sie wird als „Einstweilige An- *475* ordnung" bezeichnet. Die Regelung selbst orientiert sich an der Sache, die zu entscheiden ist und an dem, was voraussichtlich die Entscheidung des Hauptverfahrens sein wird.

Grundsätzlich muss der Inhalt der einstweiligen Regelung demjenigen entsprechen, die nach dem gegenwärtigen Stand des Verfahrens auch für die Hauptsacheentscheidung wahrscheinlich ist, ohne dass diese aber vorweggenommen werden darf. Grundsätzlich kommen deswegen nur vorläufige Regelungen nach §§ 1361a, 1361b BGB, §§ 13, 14 LPartG oder § 2 GewSchG in Betracht – jedenfalls wenn es sich um Fallkonstellationen vor der Scheidung oder Aufhebung der Ehe bzw. Lebenspartnerschaft handelt. Ist ein Hausrats- oder Wohnungsverfahren nach deren Ende anhängig, muss die Entscheidung nach der HausratsVO bzw. nach §§ 17 ff. LPartG erfolgen, sofern nicht ein Gewaltschutzfall vorliegt. Das kann sogar dazu führen, dass in diesem Stadium eine Entscheidung zugunsten des Antragstellers leichter zu treffen ist als vorher; denn bei der Wohnungszuweisung ist beispielsweise nach der Beendigung der Ehe bzw. Lebenspartnerschaft nur noch eine Billigkeitsentscheidung zu treffen (§ 2 HausratsVO, § 18 LPartG) während zuvor eine Benutzungsregelung das Vorliegen einer unbilligen Härte zugunsten des Antragstellers voraussetzte (vgl. § 1361b BGB, § 14 LPartG).

476   Wird einem Ehegatten oder Lebenspartner die Wohnung zur Alleinbenutzung zugewiesen, ist zweckmäßigerweise zugleich eine Räumungsanordnung zu Lasten des anderen aufzunehmen, damit der Begünstigte aus dem Titel vollstrecken kann, wenn der Partner die Wohnung nicht freiwillig räumt. Das Gericht kann zur Sicherung der Benutzungsregelung im Wege einstweiliger Anordnung auch Verbote erlassen, sich der anderen Partei zu nähern, sie zu bedrohen oder zu misshandeln (OLG Saarbrücken FamRZ 1981, 64). Dazu kann auch das Verbot ausgesprochen werden, die bisherige gemeinsame Wohnung zu betreten. Allerdings ist auch insoweit zu beachten, dass das einstweilige Anordnungsverfahren nur unter den Parteien des Hauptverfahrens in Betracht kommt, so dass Anordnungen gegen Dritte ausgeschlossen sind (OLG Köln FamRZ 1995, 1424). Insoweit kann das Gericht aber versuchen, ein vergleichbares Ergebnis dadurch zu erreichen, dass es dem Ehegatten, der Veranlasser des Besuchs ist, verbietet, dem Dritten den Zutritt zur bisherigen gemeinsamen Wohnung zu gestatten.

477   Die einstweilige Anordnung muss begründet werden, wenn mündlich verhandelt wurde, wenn eine einstweilige Anordnung nach § 620b ZPO geändert oder aufgehoben wird oder wenn sie auf eine sofortige Beschwerde nach § 620c ZPO ergeht (§ 620d S. 2 ZPO).

478   Die einstweilige Anordnung ist Vollstreckungstitel (§ 794 Abs. 1 Nr. 3a ZPO). Sie muss deswegen so bestimmt sein, dass aus ihr vollstreckt werden kann. Die Vollstreckung erfolgt nach der ZPO. Dabei gelten allerdings weder § 717 Abs. 2 noch § 945 ZPO (BGH NJW 1984, 2095), wenn eine einstweilige Anordnung aufgehoben wird, aus der schon vollstreckt worden ist und dem Beschwerten dadurch Schaden zugefügt worden ist.

479   Eine eigene Kostenentscheidung enthält die Entscheidung nicht, da die im Verfahren nach §§ 620 ff. ZPO entstehenden Kosten als Kosten des Hauptverfahrens gelten (§ 620g ZPO). Insoweit gilt allerdings § 96 ZPO entsprechend; d. h. die Kosten können gegebenenfalls auch der in der Hauptsache obsiegenden Partei auferlegt werden, wenn sie mit ihrem Antrag auf Erlass einer einstweiligen Anordnung unterlegen war.

9.4 Rechtsbehelfe und Rechtsmittel

9.4.1 Antrag auf Aufhebung oder Änderung der einstweiligen Anordnung

Rechtsbehelf gegen die einstweilige Anordnung ist zunächst der jederzeit *480* mögliche Antrag auf Aufhebung oder Änderung der einstweiligen Anordnung nach § 620b Abs. 1 ZPO. Dieser Rechtsbehelf setzt in Hausrats-, Wohnungs- und Gewaltschutzsachen einen Antrag voraus (§ 620b Abs. 1 S. 2 ZPO). Der Antrag ist zu begründen (§ 620d S. 1 ZPO). Die Möglichkeit einer sofortigen Beschwerde nach § 620c ZPO (Rdnr. 486 ff.) schließt die Änderung oder Aufhebung nach § 620b nicht aus.

Die Zuständigkeit für die Entscheidung über den Antrag auf Aufhe- *481* bung oder Änderung der einstweiligen Anordnung richtet sich grundsätzlich wie beim Erlass der einstweiligen Anordnung selbst nach § 620a Abs. 4 ZPO (Rdnr. 469 ff.). Allerdings ist das Rechtsmittelgericht auch für die Änderung oder Aufhebung von Entscheidungen der ersten Instanz zuständig.

Geändert oder aufgehoben werden kann jede einstweilige Anordnung, *482* auch wenn sie bereits einmal oder mehrfach geändert wurde. Ebenfalls in Betracht kommt die Änderung der Ablehnung einer einstweiligen Anordnung und wegen der sonst entstehenden Regelungslücke die Änderung oder Aufhebung eines Vergleichs, der anstelle einer einstweiligen Anordnung geschlossen wurde (OLG Hamm FamRZ 1982, 410). Ausgeschlossen ist die Änderung oder Aufhebung der einstweiligen Anordnung aber, wenn sie schon nach § 620f ZPO (Rdnr. 490) außer Kraft getreten ist. In diesen Fällen kann nur noch das Außerkrafttreten durch Beschluss festgestellt werden.

Geändert oder aufgehoben werden kann die einstweilige Anordnung *483* schon dann, wenn das Gericht die Rechtslage anders beurteilt als im Zeitpunkt des Erlasses der einstweiligen Anordnung bzw. der Ablehung des darauf abzielenden Antrags. Die Änderung der tatsächlichen Umstände ist nicht erforderlich.

Das Verfahren entspricht demjenigen beim Erlass der abzuändernden *484* bzw. aufzuhebenden einstweiligen Anordnung. Eine Ausnahme besteht nur in bezug auf die mündliche Verhandlung. Während bei der Erstentscheidung die Durchführung einer mündlichen Verhandlung nicht zwingend ist, muss auf Grund einer mündlichen Verhandlung entschieden werden, wenn die zu ändernde Entscheidung ohne mündliche Verhandlung ergangen war und nun die Durchführung einer mündlichen Verhandlung beantragt wird (§ 620b Abs. 2 ZPO). Auch dieser Antrag ist zu begründen. Liegen die Voraussetzungen von § 620b Abs. 2 ZPO nicht vor, ist die mündliche Verhandlung fakultativ. Wird keine durchgeführt, muss dann bei einem erneuten Antrag auf Änderung wiederum eine mündliche Verhandlung erfolgen, wenn dies beantragt wird.

485   Die Entscheidung über den Änderungsantrag erfolgt durch einen Beschluss, durch den entweder die einstweilige Anordnung aufrecht erhalten, aufgehoben oder geändert wird. Der Beschluss muss begründet werden (§ 620d S. 2 ZPO). Im übrigen gilt das zum Ersterlass Gesagte (Rdnr. 475 ff.) entsprechend.

Das Gericht kann die Vollziehung der einstweiligen Anordnung bis zur Entscheidung aussetzen (§ 620e ZPO). Ein dahingehender Antrag ist nicht erforderlich. Die Entscheidung ergeht durch Beschluss. Der Inhalt der Regelung steht im Ermessen des Gerichts. Die Aussetzung kann jederzeit aufgehoben oder geändert werden. Sie tritt mit dem Wirksamwerden der Entscheidung über die Änderung oder Aufhebung der einstweiligen Anordnung außer Kraft.

9.4.2 Sofortige Beschwerde

486   Hat das Gericht aufgrund mündlicher Verhandlung eine Regelung über die Wohnung getroffen, dann findet gegen diese einstweilige Anordnung die sofortige Beschwerde (§ 577 ZPO) statt (§ 620c S. 1 ZPO). Das gilt sowohl bei Entscheidungen auf der Grundlage der HausratsVO als auch nach § 1361b BGB als auch nach §§ 14, 17 f. LPartG als auch nach § 2 GewSchG. Die früher geltende Einschränkung, dass die Entscheidung sich auf die gesamte Wohnung beziehen musste, ist durch das Gewaltschutzgesetz mit Wirkung zum 1. 1. 2002 beseitigt worden.

Im übrigen sind die Entscheidungen nach § 620 und § 621g ZPO unanfechtbar, soweit sie den Rahmen dieser Untersuchung betreffen; denn die anderen in § 620c ZPO genannten Streitigkeiten, in denen ebenfalls eine sofortige Beschwerde statthaft ist, betreffen andere Gegenstände als Hausrat und Wohnung.

487   Die sofortige Beschwerde erfordert einen Antrag, der innerhalb der Beschwerdefrist (§ 577 Abs. 2 S. 1 ZPO) begründet werden muss (§ 620d S. 1 ZPO). Fehlt die Begründung, ist die Beschwerde unzulässig.

488   Die Entscheidung über die Beschwerde muss begründet werden (§ 620d, 2 ZPO).

489   Das Beschwerdegericht kann die Vollziehung der einstweiligen Anordnung aussetzen (§ 620e ZPO). Ein dahingehender Antrag ist nicht erforderlich. Die Entscheidung ergeht durch Beschluss. Der Inhalt der Regelung steht im Ermessen des Gerichts. Die Aussetzung kann jederzeit

aufgehoben oder geändert werden. Sie tritt mit dem Wirksamwerden der Entscheidung über die Beschwerde außer Kraft.

9.5 Außerkrafttreten der einstweiligen Anordnung

Die einstweilige Anordnung tritt außer Kraft, wenn sich das Hauptver- *490* fahren durch Abweisung oder Rücknahme des Antrags bzw. der Klage erledigt (einschließlich der Erledigung durch den Tod einer Partei, § 619 ZPO) oder wenn eine andere Regelung über den Gegenstand der einstweiligen Anordnung wirksam wird (§ 620f Abs. 1 S. 1 ZPO). Das kann eine neue einstweilige Anordnung, aber auch eine Vereinbarung der Parteien sein. Es reicht, dass diese Regelung wirksam ist; sie braucht nicht rechtskräftig zu sein, wenn es sich um eine gerichtliche Entscheidung handelt.

Die Wirkung tritt automatisch ein, wenn die Voraussetzungen von § 620f Abs. 1 S. 1 ZPO erfüllt sind. Sie erfasst nur die Zukunft.

Das Außerkrafttreten ist auf Antrag (mindestens) eines der Parteien durch Beschluss auszusprechen (§ 620f Abs. 1 S. 2 ZPO). Gegen diese, das Außerkrafttreten aussprechende Entscheidung findet die sofortige Beschwerde (§ 577 ZPO) statt. Entsprechendes gilt, wenn der Beschluss ausspricht, dass die einstweilige Anordnung nicht erloschen ist.

10. Hausratsverteilung und Wohnungszuweisung bei nicht miteinander verheirateten oder verpartnerten Lebensgefährten

Auf nicht miteinander verheiratete oder verpartnerte Personen sind die vorstehend genannten Regelungen über die Zuweisung von Hausrat und Wohnung grundsätzlich nicht anwendbar. Eine Ausnahme bilden lediglich die Regelungen des Gewaltschutzgesetzes, die nicht nach dem Status der Parteien differenzieren, sondern allein an das Bestehen des gemeinsamen Haushalts anknüpfen (Rdnr. 198 ff.). Eine Zuweisung von Hausrat kommt deswegen ebensowenig in Betracht wie diejenige der Wohnung, wenn kein Gewaltschutzfall (Rdnr. 197 ff.) vorliegt.   *491*

Sind beide Mitglieder der Lebensgemeinschft Mieter der Wohnung, müssen sich bcidc darüber einigen, das Mietverhältnis zu beenden und diese Beendigung dann auch gegenüber dem Vermieter durch Kündigung oder den Abschluss eines Aufhebungsvertrags herbeiführen. Gegen den Willen des anderen kann ein Partner die Kündigung nicht aussprechen. Er muss erst das Innenverhältnis kündigen und kann erst danach von dem anderen Mitglied der Lebensgemeinschaft verlangen, dass es der Kündigung oder sonstigen Beendigung des Mietvertrages zustimmt. Insofern werden gesellschaftsrechtliche Regelungen entsprechend angewendet, um überhaupt einen Weg zu finden, die Auflösung des Mietverhältnisses zu erreichen (LG Karlsruhe FmRZ 1995, 94; FA-FamR/Weinreich, Rdnr. 11–92). Diesen Grundsätzen entsprechend, sind dann auch die Kosten der Vertragsbeendigung zwischen den Parteien zu teilen. Ist die Wohnung gekündigt, kann der Vermieter mit einem der beiden bisherigen Mieter ein neues Mietverhältnis eingehen. Gezwungen ist er dazu aber nicht, und er ist auch nicht an die Konditionen des alten Mietvertrages gebunden – das ist das Risiko der Mieter, die den Vertrag wegen des Auseinanderbrechens ihrer Beziehung gekündigt haben.   *492*

Bei einer Wohnung im beiderseitigen Miteigentum der Lebensgefährten richtet sich die Frage einer Benutzungsregelung nach § 745 BGB. Daraus wird sich aber regelmäßig nichts ergeben, wenn die Gemeinschaft an der Wohnung nur aus diesen beiden Personen besteht; denn aus dem Eigentümerverhältnis folgende Billigkeitskriterien für eine die Interessen beider Lebensgefährten berücksichtigende Entscheidung wird es kaum geben. Sofern die Parteien sich nicht einigen, kann es im Extremfall zu einer Aufhebung der Gemeinschaft nach § 749 BGB und da-   *493* mit zum Verkauf der Wohnung bzw. des Hauses kommen (vgl. § 753 BGB).

494   Ist einer der Lebensgefährten Alleineigentümer der Wohnung, hat der andere nur dann einen Anspruch auf ihre Überlassung, wenn er der Mieter des Eigentümers ist. Ob ein derartiger Mietvertrag besteht, ist von dem Lebensgefährten zu beweisen, der ihn behauptet. Er kann zwar auch stillschweigend geschlossen sein; allein aus der Überlassung der Räume an ihn folgt das aber regelmäßig noch nicht. Der Mietvertrag kann vom Vermieter-Lebensgefährten nach den allgemeinen mietrechtlichen Regeln beendet werden.

495   Ist nur einer der Lebensgefährten allein Partei des Mietvertrags oder ist er Alleineigentümer der Wohnung oder des Hauses, ohne dass er mit dem Lebensgefährten einen Mietvertrag geschlossen hat, muss der andere die Wohnung auf sein Verlangen räumen. Ein Recht zum Besitz hat er nicht, weil er dieses nur von dem anderen Lebensgefährten ableitet. Durchzusetzen ist das Räumungsverlangen mittels einer Räumungsklage nach den allgemeinen Regeln; Hilfen können dem anderen Partner nur durch den Räumungsschutz nach § 721 ZPO geboten werden. Umgekehrt ist aber auch die Selbsthilfe ausgeschlossen: Der Nichtmieter hat Besitzschutzansprüche nach § 861 BGB, wenn ihn der mietende Partner eigenmächtig aus der Wohnung vertreibt (LG Braunschweig NJW-RR 1991, 832).

496   Für Hausrat gelten entsprechende Grundsätze; auch insoweit kommt eine entsprechende Anwendung der HausratsVO nicht in Betracht. Jeder der ehemaligen Lebensgefährten kann daher die ihm gehörenden Gegenstände nach § 985 BGB herausverlangen. Miteigentum muss grundsätzlich in Natur geteilt (§ 752 BGB) oder versteigert werden (§ 753 BGB), damit der Erlös geteilt werden kann.

Literaturverzeichnis

Baumbach/Lauterbach, Zivilprozessordnung, 62. Aufl. 2004

Baumgärtel, Handbuch der Beweislast im Privatrecht, 1985

Bergerfurth, Zur gesetzlichen Geschäftsverteilung, DRiZ 1978, 230

Büte, Zugewinnausgleich bei Ehescheidung, 2. Aufl. 2002

Dose, Einstweiliger Rechtsschutz in Familiensachen, 2000

Erman, Bürgerliches Gesetzbuch, 10. Aufl., 2000

Ehinger, Zivilrechtliche Schutzmöglichkeiten gegen häusliche Gewalt,FPR 1999, 262

Ewers, Zur Bindungswirkung einer gerichtsinternen Abgabe gemäß HausratsV § 18 vom Prozeßgericht an das Familiengericht, FamRZ 1990, 1373

Fachanwalts-Handbuch, Handbuch des Fachanwalts, Familienrecht, 4. Aufl. 2002

Grziwotz, Schutz vor Gewalt in Lebensgemeinschaften und vor Nachstellungen, NJW 2002, 872

Handkommentar BGB, Schulze (Hrsg.), Bürgerliches Gesetzbuch, Handkommentar, 3. Aufl. 2003 (zitiert: HK-BGB)

Handkommentar Lebenspartnerschaft, Bruns/Kemper (Hrsg.), LPartG, Handkommentar, 2001 (zitiert: HK-LPartG)

Heintzmann, Zur Anfechtbarkeit und Bindungswirkung der Abgabeentscheidung nach § 18 HausratsVO, FamRZ 1983, 957

Henrich, Kollisionsrechtliche Fragen der eingetragenen Lebenspartnerschaft, FamRZ 2002, 137

Jauernig, Der Zuständigkeitsstreit zwischen allgemeinem Zivilsenat und Familiensenat des OLG, FamRZ 1978, 675

Johannsen/Henrich, Eherecht, 3. Aufl. 1998

Keidel/Kuntze/Winkler, Freiwillige Gerichtsbarkeit, 15. Aufl. 2003

Kemper, Ehe und Eingetragene Lebenspartnerschaft, FPR 2001, 449

Kemper, Rechtsanwendungsprobleme bei der Eingetragenen Lebenspartnerschaft, FF 2001, 156

Kemper, Die Lebenspartnerschaft in der Entwicklung, FPR 2003, 1

KK-FamR, Weinreich/Klein, Kompakt-Kommentar Familienrecht, 2002

Löhnig/Sachs, Zivilrechtlicher Gewaltschutz, 2002

Münchener Kommentar, Bürgerliches Gesetzbuch, 4. Aufl. 2000

Münchener Kommentar, Zivilprozessordnung, 2. Aufl. 2000

Muscheler, Das Recht der Eingetragenen Lebenspartnerschaft, 2001

Musielak, Zivilprozessordnung, 3. Aufl. 2002

Palandt, Bürgerliches Gesetzbuch, 63. Aufl. 2004

Peschel-Gutzeit, Gesetz zur Verbesserung des zivilgerichtlichen Schutzes bei Gewalttaten und Nachstellungen sowie zur Erleichterung der Überlassung der Ehewohnung bei Trennung (Gewaltschutzgesetz), FPR 2001, 243

Qualmbusch, Zur rechtlichen Behandlung der Vorräte bei Ehescheidung und Getrenntleben, FamRZ 1989, 691

RGRK, Das Bürgerliche Gesetzbuch, herausgegeben von Mitgliedern des Bundesgerichtshofs, 12. Aufl. 1999

Rolland, FamR, Kommentar, 3. Aufl. 1995

Schlüter/König, Die Konkurrenz von Familiengericht und Vormundschaftsgericht in Sorgerechtsangelegenheiten – ein ungelöstes Problem, FamRZ 1982, 1159

Scholz/Uhle, „Eingetragene Lebenspartnerschaft" und Grundgesetz, NJW 2001, 393

Schuhmacher, Mehr Schutz bei Gewalt in der Familie, FamRZ 2002, 645

Schwab, Neue Rechtsprechung zum Zugewinnausgleich, FamRZ 1984, 429

Schwab, Zivilrechtliche Schutzmöglichkeiten bei häuslicher Gewalt,FamRZ 1999, 1317

Soergel, Bürgerliches Gesetzbuch, 13. Aufl. 2000 ff.

Staudinger, Kommentar zum Bürgerlichen Gesetzbuch, 13. Bearbeitung, 1999

Stein/Jonas, Kommentar zur Zivilprozeßordnung, 21. Aufl. 1993 ff.

Thorn, Entwicklungen des Internationalen Privatrechts 2000 – 2001, IPrax 2002, 349

Tiarks, Das Erfordernis des vollstreckbaren Schuldtitels nach ZPO § 630, NJW 1977, 2303

Thomas/Putzo, Zivilprozeßordnung, 25. Aufl. 2003

Wellenhofer-Klein, Die eingetragene Lebenspartnerschaft, 2003

Wieczorek/Schütze, Zivilprozeßordnung, 3. Aufl. 1998

Zöller, Zivilprozessordnung mit GVG und Nebengesetzen, 23. Aufl. 2002

Stichwortverzeichnis

(Die Zahlen verweisen auf die Randnummern)

Die Berechnung des Ehegattenunterhalts

Bedarf – Bedürftigkeit – Leistungsfähigkeit

von Dr. JÜRGEN SOYKA, Richter am Oberlandesgericht Düsseldorf

2., überarbeitete u. erweiterte Aufl. 2003, 360 Seiten, 15,8 x 23,5 cm, kartoniert, € (D) 49,80/sfr. 82,–. ISBN 3 503 06676 4

❚ Die Einkommensermittlung, ein wesentlicher Faktor für die Unterhaltsberechnung, bedarf spezieller Kenntnisse, die auch das Steuer- und Sozialrecht einbeziehen. Dadurch ist die Berechnung des Ehegattenunterhalts auch im Hinblick auf die besonderen Strukturen der Unterhaltsberechnung zu einer schwierigen ja sogar unüberschaubaren Materie geworden. Dies stellt sowohl an den Rechtsanwalt als auch den Richter bei der Entscheidung von Unterhaltsrechtsstreitigkeiten hohe Anforderungen.

❚ Um vor allem auch die praktischen Schwierigkeiten zu bewältigen, wurde bewusst auf eine Vielzahl von Praxisbeispielen zurückgegriffen. Zudem ist es wie eine Unterhaltsberechnung aufgebaut. Es orientiert sich an der dafür vorgegebenen Prüfungsreihenfolge.

❚ Grundlagen für die Ermittlung des Durchschnittseinkommens werden ebenso erläutert wie der Wohnvorteil in allen Facetten, die Abschöpfung von Steuervorteilen durch den Unterhaltsberechtigten, die gleichzeitige Berechnung von Ehegattenunterhalt und Haftungsanteil beim Volljähri-genunterhalt, der häufig vernachlässigte trennungsbedingte Mehrbedarf und der Mangelfall, dessen Berechnung erhebliche Probleme aufwirft. Es wird jeweils darauf hingewiesen, wie die einzelnen Berechnungspositionen in die Unterhaltsberechnung einzustellen sind.

❚ **Ziel des Buches ist es, ein auf die praktische Anwendung ausgerichtetes Wissen an die Hand zu geben. Es richtet sich daher an alle mit der Berechnung von Unterhaltsansprüchen befassten Juristen, also Rechtsanwälte, Richter und Notare. Es ist sowohl als Lehrbuch wie auch als Nachschlagewerk und aufgrund seines Aufbaus sogar als Checkliste geeignet, um die unterhaltsrechtlich relevanten Positionen zu ermitteln.**

ERICH SCHMIDT VERLAG

Postfach 30 42 40 • 10724 Berlin
Fax 030/25 00 85-275
www.ESV.info
E-Mail: ESV@ESVmedien.de

Der Versorgungsausgleich

**Berechnung
Durchführung
Auswirkungen
Verfahren**

Von HARTMUT WICK, Vors. Richter
am Oberlandesgericht Celle

2004, 378 Seiten, 15,8 x 23,5 cm, kartoniert,
€ (D) 49,80/sfr. 82,–. ISBN 3 503 07815 0

❚ Diese Neuerscheinung enthält eine grundlegende, praxisbezogene Darstellung aller Rechtsgebiete des Versorgungsausgleichs. Sie berücksichtigt alle aktuellen Rechtsänderungen im Versorgungsausgleich (z. B. Neufassung der Tabellen der Barwertverordnung, Änderungen der Beamtenversorgung durch das Versorgungsänderungsgesetz 2001, Systemumstellung in der Zusatzversorgung des öffentlichen Dienstes) und erörtert die durch neue Formen der kapitalgedeckten Altersvorsorge („Riester-Rente") aufgeworfenen Fragen sowie die von der Bundesregierung beabsichtigte Strukturreform des Versorgungsausgleichs. Rechtsprechung und Schrifttum sind durchgehend bis September 2003 verarbeitet.

❚ Das materielle Recht wird ebenso dargestellt wie die verfahrensrechtlichen Besonderheiten sowohl im Scheidungsverbund als auch im selbständigen Verfahren. Die Berechnung und Bewertung der auszugleichenden Anrechte sowie die verschiedenen Ausgleichsformen werden durch zahlreiche Beispiele und vereinfachte Rechenformeln verständlich erläutert. Besonderer Wert wurde darauf gelegt, die verfahrensrechtlichen Fragen nicht isoliert zu behandeln, sondern in die Darstellung des materiellen Rechts zu integrieren, was nach der Klärung einer Rechtsfrage die Entwicklung der richtigen Verfahrensstrategie erleichtert.

❚ Entsprechend seiner praktischen Bedeutung wird der öffentlich-rechtliche Versorgungsausgleich besonders eingehend behandelt. Die teilweise schwer verständlichen gesetzlichen Vorschriften, die die Berechnung des Ehezeitanteils der einzelnen Versorgungsanwartschaften und deren Bewertung sowie die Durchführung des Ausgleichs in verschiedenen Formen regeln, werden verständlich erläutert und durch Beispiele und Berechnungsformeln veranschaulicht.

Gern senden wir Ihnen hierzu unseren Sonderprospekt

ERICH SCHMIDT VERLAG

Postfach 30 42 40 • 10724 Berlin
Fax 030/25 00 85-275
www.ESV.info
E-Mail: ESV@ESVmedien.de